Vom lästigen Publikum zum mündigen Darsteller

Europäische Hochschulschriften
Publications Universitaires Européennes
European University Studies

Reihe II
Rechtswissenschaft

Série II Series II
Droit
Law

Bd./Vol. 4743

PETER LANG
Frankfurt am Main · Berlin · Bern · Bruxelles · New York · Oxford · Wien

Susanne Kramer

Vom lästigen Publikum zum mündigen Darsteller

Die Entwicklung der Beteiligungsrechte im Recht der öffentlichen Vorhaben seit dem 19. Jahrhundert in Deutschland, Frankreich und England

PETER LANG
Internationaler Verlag der Wissenschaften

Bibliografische Information der Deutschen Nationalbibliothek
Die Deutsche Nationalbibliothek verzeichnet diese Publikation in der Deutschen Nationalbibliografie; detaillierte bibliografische Daten sind im Internet über <http://www.d-nb.de> abrufbar.

Zugl.: Frankfurt (Main), Univ., Diss., 2008

D 30
ISSN 0531-7312
ISBN 978-3-631-58137-7

www.peterlang.de

Vorwort

Diese Arbeit wurde von der Johann Wolfgang Goethe-Universität, Frankfurt am Main, als Dissertation angenommen. Die Gutachten wurden von Herrn Prof. Dr. Dr.h.c. Michael Stolleis (Betreuung der Arbeit und Erstgutachten) und Herrn Prof. Dr. Georg Hermes (Zweitgutachten) erstellt. Die Disputation fand am 08.02.2008 statt.

Mein herzlicher Dank gilt meinen akademischen Lehrern der Johann Wolfgang Goethe-Universität.

Mein besonderer Dank gilt der Studienstiftung des deutschen Volkes für die großzügige Förderung sowohl in materieller als auch in ideeller Hinsicht während des Studiums und im Rahmen der Promotion.

Dankbar bin ich zudem den Mitarbeiterinnen und Mitarbeitern der Archive und Bibliotheken, die mich bei meinem Vorhaben aktiv unterstützt haben, insbesondere im Rahmen meiner Forschungsaufenthalte in England und Frankreich, darunter insbesondere die Mitarbeiter der British Library, London, der Bodleian Library, Oxford, der Bibliothèque nationale de France (BNF), Paris, und der Archives nationales, Paris.

Last not least danke ich meinen Eltern für ihre immerwährende Unterstützung.

Um Nachsicht bittet die Verfasserin bezüglich der Silbentrennung, soweit diese im Einzelfall – insbesondere im Bereich der Fachbegriffe, fremdsprachlichen Begriffe, Wortlautzitate, Quellenzitate und Eigennamen – fehlerhaft bzw. zumindest ungewöhnlich ist. Dies beruht auf ausdrücklichen verlagsseitigen Vorgaben zur (uneingeschränkten) Verwendung eines automatischen Silbentrennungsprogramms zur Vermeidung von Blocksatzlücken.

Frankfurt am Main, im April 2008 *Susanne Kramer*

Inhaltsverzeichnis

Abkürzungsverzeichnis

Wegen der verwendeten gebräuchlichen juristischen Abkürzungen wird verwiesen auf:

H. Kirchner, Abkürzungsverzeichnis der Rechtssprache

Fundhefte für Öffentliches Recht

R. Romi, Droit et Administration de l'Environnement, 3e Édition, Paris 1999

S. Bell / D. McGillivray, Environmental Law, 5th Edition, London 2000

D. Hughes, Environmental Law, Third Edition, London 1996

M. Grant / R. Hawkins, Concise Lexicon of Environmental Terms, London 1995

Einleitung

Die vorhabenbezogene Öffentlichkeitsbeteiligung ist als Ausprägung des Verfahrenskonzepts der informierten Öffentlichkeit[1] mittlerweile sowohl Bestandteil des europäischen Umweltrechts[2] als auch des Umweltvölkerrechts[3]. Erwartungsgemäß sind daher in Genehmigungsverfahren zur Erteilung einer immissionsschutzrechtlichen Betriebserlaubnis in England, Frankreich und Deutschland gleichermaßen Beteiligungsrechte verankert. Mit der Harmonisierung der Anforderungen an das formelle Anlagenzulassungsrecht durch die Vorgaben des internationalen Umweltrechts allein können allerdings weder die bestehenden Gemeinsamkeiten noch die (fortbestehenden) strukturellen und konzeptionellen Unterschiede des jeweiligen nationalen Anlagenzulassungsrechts erklärt werden, da die Umsetzung der Richtlinien in den einzelnen Ländern auf sehr unterschiedliche Art und Weise erfolgte und noch immer erfolgt.

1. Untersuchungsgegenstand

Das in der rechtspolitischen Diskussion immer noch (oder schon wieder) aktuelle Stichwort der "Öffentlichkeitsbeteiligung" umreißt diverse - "heterogene"[4] - Arten und Gestaltungsformen von Beteiligungsrechten am Umweltverfahren. Gemeinsame Basis dieser Beteiligungsrechte ist ihr charakteristischer Unterschied im Vergleich zur "bloßen" Betroffenenbeteiligung[5]. Während im Rahmen

---

[1] Im Rahmen der Umweltpolitik der Europäischen Union nimmt das Verfahrenskonzept der informierten Öffentlichkeit von Anfang an eine herausgehobene Stellung ein. Während das Konzept im 4. Umweltaktionsprogramm (Entschließung 87/C328/01) in einem eigenen Kapitel "abstrakt" angesprochen wird, wird die Information der Öffentlichkeit im 5. Umweltaktionsprogramm (Entschließung 93/C138/01) eingehend erörtert und in die Liste der Prioritäten aufgenommen (Schmidt-Aßmann/Ladenburger § 18 Rz. 4) Für die Etablierung dieses Grundsatzes sind die gemeinschaftsweite Festschreibung der Öffentlichkeitsbeteiligung als Teil der Umweltverträglichkeitsprüfung nach der UVP-Richtlinie sowie die Verankerung eines allgemeinen, voraussetzungslosen Informationszugangsanspruchs nach der Umweltinformationsrichtlinie (Richtlinie 90/313, ABl. 1990 EG Nr L 158, S. 56) wesentliche Marksteine.

[2] Ausgangspunkt: Richtlinie des Rates vom 27.06.1985 über die Umweltverträglichkeitsprüfung bei bestimmten öffentlichen und privaten Projekten (85/337/EWG), ABl. EG Nr. L 175 vom 5.7.1985 S. 40 (UVP-Richtlinie).

[3] Die Öffentlichkeitsbeteiligung bei konkreten Entscheidungen über bestimmte Vorhaben (Art. 6), bei der Vorbereitung von Plänen, Programmen und Politiken (Art. 7) und bei der Vorbereitung von bestimmten Vorschriften der Exekutive (Art. 8) ist neben dem Recht auf Umweltinformation und dem Zugang zu Gerichten eine der drei Säulen der Aarhus-Konvention.

[4] Graffe S. 3.

[5] Laubinger Öffentlichkeitsbeteiligung HdUR II Sp. 1493 ff (1493).

der bloßen Betroffenenbeteiligung lediglich diejenigen am verwaltungsbehördlichen Verfahren beteiligt werden, deren subjektive Rechte bzw. rechtlich geschützten Interessen durch den Ausgang des Verfahrens nachteilig berührt werden könnten, liegt eine Öffentlichkeitsbeteiligung erst dann vor, wenn das Recht zur Beteiligung am Verwaltungsverfahren unabhängig ist von einer eventuellen individuellen Betroffenheit[6].

Eine Öffentlichkeitsbeteiligung im Sinne der nachfolgenden Untersuchung liegt vor, wenn (1) Privaten (2) unabhängig von einer persönlichen Vorhabenbetroffenheit (3) im Rahmen eines administrativen Genehmigungsverfahrens[7] (4) verbindlich (5) eine rechtlich institutionalisierte (6) unmittelbare Beteiligungsmöglichkeit gewährt wird, die auf einen (7) konstruktiven (8) mehrpoligen Diskurs zwischen der Verwaltung, dem Vorhabenträger und der Öffentlichkeit zielt[8].

Ungeachtet der fortschreitenden Europäisierung des Umwelt(-verfahrens-)rechts offenbart ein Vergleich der geltenden Rechtslage in Deutschland, Frankreich und England erhebliche Unterschiede nicht nur in der praktischen Verfahrensgestaltung, sondern auch und vor allem mit Blick auf Funktion und Stellenwert der Beteiligungsrechte (1. Teil). Diese Unterschiede haben sich bislang erfolgreich behauptet gegenüber den Einwirkungs- und Reaktionsprozessen, die zwischen dem europäischen Gemeinschaftsrecht und dem nationalen Verwaltungsrecht in erheblichem Umfang stattfinden.

Im Rahmen der Auseinandersetzung mit der Geschichte der Beteiligungsrechte im immissionsschutzrechtlichen Genehmigungsverfahren sollen im wesentlichen ihre

- Ursprünge bzw. Wurzeln,
- Entstehungsbedingungen (Zeit, Ort, äußere Umstände) und
- Weiterentwicklung (Existenz von markanten Entwicklungsschüben)

---

[6] Laubinger Öffentlichkeitsbeteiligung HdUR II Sp. 1493 ff (1494).

[7] Vor dem Hintergrund des Immissionsschutzrechts ist eine weitere Präzisierung dahingehend möglich, dass sich die Beteiligung Privater nicht auf den eigentlichen Erlass des Verwaltungsaktes erstreckt, sondern dass ihre Hauptaufgabe ein Beitrag zum Willensbildungsprozeß der Behörde ist.

[8] Begriffsbestimmung in Anlehnung an die Definition von Graffe (S. 12): "Bürgerbeteiligung ist die rechtlich institutionalisierte, unmittelbare, d.h. die außerhalb der allgemeinen Wahlen zu den Vertretungskörperschaften sowie der Mitgliedschaft in politischen Parteien erfolgende, Teilhabe von Bürgern, die nicht Antragsteller sind - und zwar nicht nur der Betroffenen im rechtstechnischen Sinne, sondern gerade auch einer weiteren Allgemeinheit - an den Entscheidungen der öffentlichen Verwaltung.".

herausgearbeitet werden. Als Orientierung dienen dazu folgende Leitfragen: Zu welchem Zeitpunkt und unter welchen Ausgangsbedingungen "entstehen" Beteiligungsrechte im modernen Sinne? Kann man überhaupt von einer "Entstehung" sprechen? Verläuft die Entwicklung der Beteiligungsrechte in den untersuchten Rechtsräumen parallel? Gibt es greifbare Wechselwirkungen zwischen den Rechtsentwicklungen oder verlaufen sie völlig unabhängig voneinander?

Der zeitliche Schwerpunkt der Untersuchung liegt mit Rücksicht auf die Intensität der Rechtsentwicklung auf dem 19. Jahrhundert, wobei insbesondere die entscheidenden, punktuellen Entwicklungs"schübe" dargestellt werden.

2. Materiallage

Die Fragestellung impliziert einen Schwerpunkt auf der Gesetzgebungsgeschichte[9], die unter Berücksichtigung der Gesetzgebungsmaterialien zu analysieren ist. Für die französische und deutsche Rechtsentwicklung sind dafür insbesondere Archivalien (Archives Nationales (Paris), Deutsches Zentralarchiv, Sächsisches Hauptstaatsarchiv) heranzuziehen. Hinsichtlich der englischen Rechtsentwicklung ist zu berücksichtigen, dass erst 1990 im Rahmen eines Umweltschutzgesetzes, nämlich des Environmental Protection Act, 1990 (EPA)[10], ein immissionsschutzrechtliches Anlagenzulassungsverfahren verankert wurde. Die für die Entwicklung der Beteiligungsrechte wesentlichen Entwicklungen finden im 19. Jahrhundert im Bereich des Parlamentsrechts - genauer: des Gesetzgebungsverfahrens bezüglich der Privatgesetzgebung - statt, und zwar im Rahmen der Revisionen der parlamentarischen Geschäftsordnungen. Sowohl die parlamentarischen Geschäftsordnungen als auch die Anregungen und Vorarbeiten von Revisionen durch parlamentarische Ausschüsse werden als Parlamentsdrucksachen veröffentlicht. Weitere Materialien befinden sich in den Archiven des Private Bill Office[11].

[9] Einblicke in die Verwaltungspraxis ermöglichen für Deutschland und Frankreich die Archive von Kommunen und Regionen, für England sind demgegenüber insbesondere die Bestände des Private Bill Office heranzuziehen.

[10] 1990 Chapter 43.

[11] Instruktiv zur Quellenlage im Bereich der Privatgesetzgebung: Maurice Bond, Records of Parliament: 2. Private Bill Records, in: The Amateur Historian, Vol. 4, No. 7, 1960, S. 267 - 274.

1. Teil: Beteiligungsrechte im Rahmen immissionsschutzrechtlicher Genehmigungsverfahren zwischen Verwaltungseffizienz und "environmental democracy" - eine Bestandsaufnahme

1. Grundzüge des Beteiligungsverfahrens im geltenden deutschen, französischen und englischen Anlagenzulassungsrecht

a. Gegenstand und Reichweite der immissionsschutzrechtlichen Genehmigungspflicht

Das Anlagenzulassungsrecht (im Sinne einer vorhabenbezogenen präventiven staatlichen Zulassungskontrolle, "Kontrollerlaubnis") steht heute im Mittelpunkt des öffentlich-rechtlichen Immissionsschutzrechts in Deutschland[12], Frankreich[13] und England[14]. Ziel des jeweiligen (nationalen) Anlagenzulassungsrechts ist der - vor allem auf das Medium Luft ausgerichtete - Schutz der Umwelt vor schädlichen Einwirkungen durch Luftverunreinigungen, Lärm, Erschütterungen und ähnliche Erscheinungen. Dazu werden Vorhaben, die als besonders gefährlich bzw. lästig eingeschätzt werden, einer speziellen Genehmigungspflicht unterworfen. Die Genehmigungspflicht gewährleistet eine behördliche Vorabprüfung einer umweltrelevanten Verhaltensweise und ist strukturell überwiegend als präventives normatives Verbot mit Erlaubnisvorbehalt ausgestaltet.

Die immissionsschutzrechtlich genehmigungsbedürftigen Vorhaben werden in allen drei Rechtsordnungen landeseinheitlich verbindlich und abschließend durch untergesetzliche Regelwerke vorgegeben[15], wobei nicht nur das Bestehen einer Genehmigungspflicht normativ bestimmt, sondern auch die Zugehörigkeit zu einer bestimmten Verfahrensklasse (abschließend) festgelegt wird, denn die Anforderungen an das Genehmigungsverfahren variieren in Abhängigkeit von dem Gefährdungspotential einer Anlage[16]. Eine Öffentlichkeitsbeteiligung ist in

[12] Gesetz zum Schutz vor schädlichen Umwelteinwirkungen durch Luftverunreinigungen, Geräusche, Erschütterungen und ähnliche Vorgänge - Bundes-Immissionsschutzgesetz (BImSchG).

[13] Code de l'environnement - Loi n°99-1071 du 16 décembre 1999, Ordonnance du 18 septembre 2000 (materiell übereinstimmend mit: Loi n°76-663 du 19 juillet 1976, Relative aux installations classées pour la protection de l'environnement).

[14] Pollution Prevention And Control Act, 1999 (PPCA) (Gesetz vom 27.07.1999 - 1999 Chapter 24).

[15] Deutschland: Anhang zur 4. BImSchV; England: Pollution Prevention an Control (England and Wales) Regulations (SI 2000 No. 1973 Schedule 1 [Activities, Installations and Mobile Plants]; Frankreich: Loi n°76-663 Art 2.

[16] Deutschland: (1) förmliches Genehmigungsverfahren nach § 10 BImSchG in Verbindung mit der 4. BImSchV für Anlagen, die in Spalte 1 des Anhangs der 4. BImSchV aufgeführt

Deutschland und Frankreich nur für Anlagen vorgesehen, die als besonders gefahrenträchtig eingeschätzt werden und deshalb im förmlichen Verfahren genehmigt werden.

Im Rahmen des Genehmigungsverfahrens wird geprüft, ob das geplante Vorhaben mit den materiell-rechtlichen einschlägigen Rechtsvorschriften vereinbar ist oder nicht, wobei es regelmäßig dem Vorhabenträger in seiner Eigenschaft als Antragsteller obliegt, das Vorliegen der materiellen Genehmigungsvoraussetzungen nachzuweisen.

Die auf der Basis einer immissionsschutzrechtlichen Genehmigung errichtete Anlage genießt in Deutschland und Frankreich eigentumsrechtlichen Bestandsschutz. Die Genehmigung schützt ihren Inhaber vor abweichenden Regelungen so weit, wie ihr jeweiliger Regelungsgehalt reicht. Begrenzt wird der Bestandsschutz durch die Zulässigkeit nachträglicher Anordnungen einerseits und die Genehmigungspflicht wesentlicher Änderungen andererseits.

In England ist demgegenüber eine regelmäßige ("periodically") nicht-anlaßbezogene Revision der Genehmigung vorgesehen[17]. Unabhängig von diesen turnusmäßigen Überprüfungen soll immer dann eine (anlaßbezogene) Revision erfolgen, wenn im Zusammenhang mit der praktischen Durchführung eines Vorhabens die Notwendigkeit einer solchen Kontrolle zutage tritt. "Anlässe" in diesem sind (außerplanmäßige) bedeutsame Umweltbeeinträchtigungen, eine erhebliche Weiterentwicklung der "besten verfügbaren Techniken" sowie Schwachstellen auf dem Gebiet der technischen Sicherheit[18].

---

sind, (2) vereinfachtes Genehmigungsverfahren gem. § 19 BImSchG in Verbindung mit der 4. BImSchV für Anlagen, die in dem Anlagenkatalog der Spalte 2 des Anhangs zur 4. BImSchV aufgeführt sind; England: Die Genehmigungspflichtigen Anlagen werden in Abhängigkeit von dem von ihnen ausgehenden Gefährdungspotential zwei Klassem zugeordnet (A Lists, B Lists), wobei allerdings die Unterschiede bezüglich des Genehmigungsverfahrens geringfügig sind; Frankreich: (1) autorisation [L. 512-1 ff Code de l'environnement = Art. 3, Artt. 5 ff Loi n°76-663, (2) déclaration [L. 512-9 ff Code de l'environnement = Art. 3, Artt. 10 ff Loi n°76-663].

[17] S.I. 2000/1973 reg. 15: "(1) Regulators shall periodically review the conditions of permits and may do so at any time. ..." .

[18] S.I. 2000/1973 reg. 15: "(2) Without prejudice to paragraph (1), a review of a permit under this regulation shall be carried out where -

(a) the pollution caused by the installation or mobile plant covered by the permit is of such influence that the existing emission limit values of the permit need to be revised or new emission limit values need to be included in the permit;

(b) substantial changes in the best available techniques make it possible to reduce emissions from mobile plants significantly without imposing excessive costs; or

(c) the operational safety of the activities carried out in the installation or mobile plant requires other techniques to be used."

Genehmigungspflichtig ist nicht nur die Neuerrichtung einer Anlage, sondern auch die Vornahme nachträglicher Änderungen auf Initiative und Betreiben des Vorhabenträgers, wenn und soweit die Änderung des Vorhabens die Genehmigungsfrage neu aufwirft[19]. Das Verfahren zur Erteilung einer förmlichen Änderungsgenehmigung korrespondiert im wesentlichen mit dem Verfahren zur Erteilung einer Erstgenehmigung und sieht folglich auch die Beteiligung der Öffentlichkeit vor. Neben dem förmlichen Verfahren zum Erlass von Änderungsgenehmigungen sehen sowohl das englische[20] als auch das französische Recht[21] vereinfachte Anzeigeverfahren vor für Änderungen, von denen keine wesentlichen Auswirkungen auf die Schutzgüter (Menschen und Umwelt) zu erwarten sind.

Für den Fall nachträglicher Anordnungen zur Gefahrenabwehr durch die Genehmigungsbehörde ist demgegenüber keine Öffentlichkeitsbeteiligung vorgesehen.

b. Überblick über den Gang immissionsschutzrechtlicher Genehmigungsverfahren

In den untersuchten Rechtsordnungen ist das Anlagenzulassungsrecht jeweils als "mehrphasiges" Verfahrenselement ausgestaltet.

---

[19] Frankreich: Art. 512-15 Abs. 2 Code de l'environnement; England: S.I. 2000/1973 reg. 17 (Variation of conditions of permits).

[20] Der Betreiber einer Anlage kann einen Antrag auf Erteilung einer Änderungsgenehmigung stellen (S.I. 2000/1973 reg. 17 (Variation of conditions of permits)). Er kann sich aber auch mit einem bloßen Anzeigeverfahren begnügen. Bei Änderungen genehmigungsbedürftiger Anlagen besteht grundsätzlich nämlich nur die Verpflichtung, der Genehmigungsbehörde die anvisierten Änderungen des genehmigungspflichtigen Vorhabens mindestens 14 Tage vor ihrer Realisierung schriftlich mitzuteilen. Die Genehmigungsbehörde hat daraufhin ihrerseits zu prüfen, ob angesichts dieser Änderung eine Anpassung der Genehmigung ("variation of conditions of permits") erforderlich ist.

[21] In Frankreich hat der Vorhabenträger der Genehmigungsbehörde eine beabsichtigte Änderung in einer Weise anzuzeigen, die der Genehmigungsbehörde die Bewertung der Änderung ermöglicht. Nach einer Konsultation der Fachbehörden entscheidet die Genehmigungsbehörde (ohne zuvor die Öffentlichkeit konsultiert zu haben) auf Grundlage der vom Antragstellers vorgelegten Unterlagen in Verbindung mit den Stellungnahmen der Fachbehörden darüber, ob es sich überhaupt um eine wesentliche Änderung handelt oder ob die Änderung von der bisherigen Betriebserlaubnis abgedeckt wird. Falls die Genehmigungsbehörde eine wesentliche Änderung annimmt, hat sie weiterhin darüber zu entscheiden, ob die Änderung durch einen schlichten Ergänzungsbescheid (ohne Öffentlichkeitsbeteiligung und ohne UVP) zugelassen werden kann oder ob der Vorhabenträger dazu angehalten werden muss, ein förmliches Genehmigungsverfahren mit Öffentlichkeitsbeteiligung (und UVP) zu betreiben. Dabei hat die Genehmigungsbehörde einen weiten Einschätzungsspielraum.

aa. Genehmigungsantrag

Das förmliche Genehmigungsverfahren wird durch einen schriftlichen Antrag des Vorhabenträgers bei der zuständigen Genehmigungsbehörde eingeleitet[22], wobei sowohl formelle als auch materielle Anforderungen an einen derartigen Antrag durch (unter-) gesetzliches Regelwerk konkretisiert werden[23].

bb. Einleitung des Beteiligungsverfahrens

Das Beteiligungsverfahren wird in Deutschland durch die Bekanntmachung des Vorhabens in Gang gesetzt, wobei die Bekanntmachung in Deutschland als amtliche Bekanntmachung der Genehmigungsbehörde erfolgt[24], was die "Verfahrenshoheit" der Genehmigungsbehörde über das Beteiligungsverfahren veranschaulicht. Im weiteren Verlauf nimmt die Genehmigungsbehörde selbst unmittelbar die Einwendungen entgegen und leiten Mitarbeiter der Genehmigungsbehörde regelmäßig auch den Erörterungstermin bzw. nehmen zumindest als Verfahrensbeteiligte an dem Erörterungstermin teil.

Demgegenüber liegt die Verfahrenshoheit über das Beteiligungsverfahren in Frankreich zwar auch beim Staat, aber nicht unmittelbar bei der Genehmigungsbehörde. Das Beteiligungsverfahren wird mit der Ernennung des Verfahrensleiters, des sog. "commissaire enquêteur" (bzw. - im Fall eines Gremiums - der "commission d'enquête"), durch den Präsidenten des örtlich zuständigen Verwaltungsgerichts in Gang gesetzt, wobei dem Verfahrensleiter zugleich die Verfahrenshoheit bzw. die Durchführungsverantwortung für das Beteiligungs-

---

[22] Deutschland: §§ 10 Abs. 1 und 2 BImSchG; §§ 2-7 9. BImSchV; England: S.I. 2000/1973 Schedule 4 para. 1 (1); Frankreich: Art. L. 512-1, Artt. 2 und 3 des Décret n°77-1133 du 21 septembre 1977, Pris pour l'application de la loi n°76-663 du 19 juillet relative aux installations classées pour la protection de l'environnement (Décr. n°94-484 du 9 juin 1994).

[23] In allen untersuchten Rechtsordnungen werden beispielsweise der Mindestinhalt eines solchen Genehmigungsantrages sowie die vorzulegenden Unterlagen gesetzlich vorgegeben - Deutschland: § 10 Abs. 1 BImSchG in Verbindung mit §§ 3 f 9. BImSchV; England: Abgesehen von speziellen anlagenbezogenen Vorgaben müssen die Antragsunterlagen Informationen über die Person des Antragstellers (S.I. 2000/1973 Schedule 4 para. 1 (1) a), über das projektierte Vorhaben (S.I. 2000/1973 Schedule 4 para. 1 (1) d), über den ausgewählten Standort (S.I. 2000/1973 Schedule 4 para. 1 (1) b) und seine Bodenbeschaffenheit (S.I. 2000/1973 Schedule 4 para. 1 (1) d), über die voraussichtlichen Einsatzstoffe (S.I. 2000/1973 Schedule 4 para. 1 (1) f) und die möglichen, vorhersehbaren Emissionen (S.I. 2000/1973 Schedule 4 para. 1 (1) g) sowie die geplanten Vorsorgemaßnahmen zur Optimierung des Umweltschutzes (S.I. 2000/1973 Schedule 4 para. 1 (1) h) und der Anlagensicherheit beinhalten; Frankreich: Artt. 2 und 3 des Décret n°77-1133 du 21 septembre 1977, Pris pour l'application de la loi n°76-663 du 19 juillet relative aux installations classées pour la protection de l'environnement (Décr. n°94-484 du 9 juin 1994).

[24] § 10 Abs. 3 S. 1, Abs. 4 BImSchG; §§ 8 und 9 9. BImSchV.

verfahren übertragen wird[25]. Bei diesem Verfahrensleiter soll es sich um einen unbeteiligten (und unbefangenen) Dritten handeln, der nicht einmal Angehöriger des öffentlichen Dienstes zu sein braucht[26]. Ihm wird - was die konkreten Abläufe des Beteiligungsverfahrens angeht - ein erheblicher Ermessensspielraum zugebilligt. Nach seiner Ernennung ist es die Aufgabe des Verfahrensleiters, das Vorhaben öffentlich bekannt zu machen.

Im Unterschied zu Deutschland und Frankreich schließlich obliegt in England die form- und fristgerechte Bekanntmachung dem Antragsteller[27].

cc. Verfahrensakzessorisches Informationsrecht

Der beteiligungsberechtigten Öffentlichkeit wird durch Auslegung der Antragsunterlagen die Möglichkeit gegeben, Kenntnis über den Verfahrensgegenstand zu erlangen[28], wobei in allen drei Rechtsordnungen die Betriebs- und Geschäftsgeheimnisse besonders geschützt werden und das verfahrensakzessorische Informationsrecht unabhängig von den allgemeinen Informationsrechten der Öffentlichkeit besteht.

dd. Einwendungsrecht

Innerhalb gesetzlich vorgegebener Fristen können Einwendungen, also ein sachliches, auf die Verhinderung oder Modifizierung des beantragten Vorhabens ab-

---

[25] In den Aufgaben- und Zuständigkeitsbereich des Verfahrensleiters unterfallen insbesondere (1) die Bekanntmachung, (2) die Entscheidung über das Erfordernis der Konsultation von Sachverständigen, (3) die Festlegung der Modalitäten des Beteiligungsverfahrens - insbesondere Durchführungsort und Durchführungszeitraum und (4) die Entscheidung über die Durchführung einer öffentlichen Anhörung.

[26] In der rechtspolitischen Diskussion um das Beteiligungsverfahren nehmen die Diskussionen um Qualifikation und Kompetenzen des Verfahrensleiters einen erheblichen Raum ein, insbesondere die Frage seiner Unabhängigkeit und Überparteilichkeit, die nicht nur an seiner Person festgemacht wird, sondern auch an derjenigen Stelle, die das Verzeichnis der geeigneten Kandidaten führt, nämlich den Verwaltungsgerichten.

[27] S.I. 2000/1973 Schedule 4; Die Bekanntmachung des Vorhabens muss mindestens einmal in einer örtlichen Tageszeitung erfolgen, in deren "Vertriebsgebiet" die Anlage errichtet werden soll. Außerdem müssen die besonders umweltrelevanten Vorhaben der A lists in der London Gazette (Staatsanzeiger) bekanntgemacht werden. Die wesentlichen Inhalte der Bekanntmachung werden in Paragraph 6 der Schedule 4 der S.I. 2000/1973 konkretisiert. Bestandteil der Bekanntmachung ist insbesondere auch die detaillierte Aufklärung der Öffentlichkeit über die bestehenden Beteiligungsmöglichkeiten. Die 28-tägige Frist, die dem Antragsteller zur Erfüllung dieser Pflicht eingeräumt wird, beginnt 14 Tage nach Antragsstellung zu laufen.

[28] Deutschland: § 10 Abs. 3 S. 2 BImSchG, § 10 Abs. 1 S. 1 9. BImSchV; England: S.I. 2000/1973 reg. 29 in Verbindung mit S.I. 2000/1973 Schedule 9 (Registers); Frankreich: Art. L. 123-15.

zielendes Gegenvorbringen, erhoben werden, wobei die Einwendungen grundsätzlich schriftlich (oder zur Niederschrift) vorzubringen sind[29] und zudem hinreichend substantiiert sein müssen, d.h. der Einwender muss erkennen lassen, welches seiner Rechtsgüter seiner Einschätzung nach gefährdet ist, wobei er das gefährdete Rechtsgut bezeichnen und die befürchtete Beeinträchtigung darlegen muss[30].

ee. Anhörung

Nach deutschem Recht wird zur Besprechung der rechtzeitig erhobenen Einwendungen ein Erörterungstermin durchgeführt, in dem die erhobenen Einwendungen mit dem Antragsteller und den Einwendern erörtert werden, soweit dies für die Prüfung der Genehmigungsvoraussetzungen von Bedeutung sein kann. Dabei erhalten die Einwender die Gelegenheit, ihre Einwendungen zu erläutern, und der Vorhabenträger kann seine Konzeption verteidigen. Mit Durchführung des Erörterungstermins ist in Deutschland das Beteiligungsverfahren beendet.

Im Unterschied zur deutschen Rechtslage ist die Durchführung einer Anhörung in Frankreich nicht als gesetzliche Regel vorgesehen. Ausnahmsweise kann der Verfahrensleiter die Durchführung einer öffentlichen Anhörung (réunion publique) veranlassen. In der Praxis wird allerdings nur bei besonders bedeutsamen Vorhaben die Durchführung einer öffentlichen Anhörung angeordnet. Im Rahmen dieser Anhörung kommen der Verfahrensleiter, die Öffentlichkeit und der Vorhabenträger zusammen, um sich wechselseitig zu informieren und auszutauschen. Eine unmittelbare Beteiligung der Genehmigungsbehörde an dieser öffentlichen Anhörung ist allerdings nicht vorgesehen. Die öffentliche Anhörung französischer Prägung bietet ein Forum, in dem ein unmittelbarer Meinungsaustausch zwischen dem Verfahrensleiter als Repräsentanten der staatlichen Autorität und der vorhabenbetroffenen Öffentlichkeit stattfinden und eine kontroverse Debatte über einzelne Streitfragen sowohl in tatsächlicher als auch in rechtlicher Hinsicht (insbesondere in Bezug auf die Bewertung einzelner Streitpunkte) geführt werden kann.

---

[29] Deutschland: § 10 Abs. 3 S. 2 BImSchG, § 12 Abs. 1 9. BImSchV; England: S.I. 2000/1973 Schedule 4 para. 12; anders in Frankreich, wo die Form der Stellungnahmen der interessierten Öffentlichkeit nicht vorgegeben ist. Nach Art. L. 123-9 Abs. 5 Code de l'environnement muss sich der Verfahrensleiter insbesondere auch bereithalten, um mündliche Stellungnahmen interessierter Bürger unmittelbar entgegenzunehmen. Zur Sachverhaltsermittlung kann der Verfahrensleiter außerdem Schriftstücke entgegennehmen, Ortsbesichtigungen durchführen, Sachverständige anhören und den Vorhabenträger vorladen (Art. L. 123-9 Abs. 2 Code de l'environnement).

[30] In England kann die Genehmigungsbehörde darüber hinaus bei "jedermann" durch Einzelanordnung diejenigen Informationen anfordern, die sie zur Entscheidungsfindung benötigt.

In England besteht ebenfalls eine Möglichkeit der Durchführung einer Anhörung, und zwar insbesondere in den Fällen, in denen die Landesregierung wegen der Bedeutung und Tragweite eines Vorhabens das Genehmigungsverfahren übernimmt. Der Secretary of State kann per Weisung[31] anordnen, dass ihm bestimmte Genehmigungsverfahren zur Entscheidungsfindung überlassen werden (sog. "call in")[32]. Im Falle seiner Zuständigkeit kann der Secretary of State sowohl dem Antragsteller als auch den örtlichen Behörden die Möglichkeit bieten, vor einer von ihm ernannten Person (dem sog. "inspector") zu erscheinen und gehört zu werden[33]. Macht er von dieser Option von sich aus keinen Gebrauch, können sowohl der Antragsteller als auch die örtlichen Behörden einen Antrag auf Durchführung einer solchen "Anhörung" ("hearing") stellen. Nur ein begrenzter Kreis von Personen hat überhaupt ein Recht darauf, im Rahmen der Anhörung gehört zu werden. Dazu gehören der Antragsteller, die Ausgangsbehörde und die konsultierten Fachbehörden. Darüber hinaus kann der Verfahrensleiter nach seinem Ermessen weitere Personen anhören[34].

ff. Abschluss des Beteiligungsverfahrens

In Frankreich wird das Beteiligungsverfahren schließlich durch den Abschlußbericht des Verfahrensleiters beendet. Der Verfahrensleiter fasst einen begründeten Abschlußbericht ab, der zu veröffentlichen ist. Wesentlicher inhaltlicher Bestandteil dieses Berichtes sind die Kritik der interessierten Öffentlichkeit und die gegebenenfalls vorliegenden Erwiderungen des Vorhabenträgers. Dieser Abschlußbericht wird der Genehmigungsbehörde vorgelegt, die die Ergebnisse des Beteiligungsverfahrens bei der Entscheidungsfindung berücksichtigt[35]. Im

---

[31] Diese Weisungen sind entweder einzelfallbezogen, oder sie betreffen alle Genehmigungsverfahren eines bestimmten "Vorhabentyps".

[32] S.I. 2000/1973 Schedule 4 para. 14 (1).

[33] Spezifische Verfahrensvorschriften über die Art und Weise der Durchführung einer solchen Anhörung im immissionsschutzrechtlichen Genehmigungsverfahren gibt es nicht. Stattdessen wird die entsprechende Anwendung der Vorschriften über die Durchführung eines Anhörung im Widerspruchsverfahren angeordnet (S.I. 2000/1973 Schedule 4 para. 14). Eine Anhörung kann auf Anordnung des Verfahrensleiters ganz oder teilweise unter Ausschluß der Öffentlichkeit durchgeführt werden. Datum, Zeit und Ort der Anhörung müssen sowohl dem Antragsteller als auch der Ausgangsbehörde mindestens 28 Tage vor ihrer Durchführung angekündigt werden. Eine öffentliche Anhörung muss 21 Tage vor der Durchführung in einer örtlichen Tageszeitung öffentlich bekanntgemacht werden. Außerdem müssen sowohl die konsultierten Fachbehörden als auch die privaten Einwender individuell benachrichtigt werden.

[34] Die Erlaubnis, im Rahmen einer Anhörung gehört zu werden, darf interessierten Dritten allerdingss nicht willkürlich versagt werden.

[35] Ausdruck der "Verwaltungsbezogenheit" der Öffentlichkeitsbeteiligung ist die Tatsache, dass der Abschlußbericht des Verfahrensleiters regelmäßig nicht gezielt zur öffentlichen Debatte gestellt wird. Der Akzeptanzfunktion der Öffentlichkeitsbeteiligung ("la recherche de l'acceptabilité", Romi S. 113 ff) verpflichtet ist die Tatsache, dass der Bericht - entsprechend

Rahmen des Genehmigungsverfahrens kommt der Öffentlichkeitsbeteiligung somit eine lediglich beratende Funktion zu. Die Stellungnahme des Verfahrensleiters bindet die Genehmigungsbehörde nämlich grundsätzlich[36] nicht.

Auch in England soll - sofern eine Anhörung durchgeführt worden ist - der Verfahrensleiter nach Beendigung der Anhörung einen schriftlichen Bericht abfassen, der seine im Rahmen der Anhörung gewonnenen Schlussfolgerungen und Empfehlungen enthält. Falls der Verfahrensleiter von Empfehlungen absehen sollte, muss er diese Entscheidung begründen. Dieser Bericht wird dem entscheidungsbefugten Secretary of State übergeben[37].

gg. Entscheidung über den Genehmigungsantrag

Die Entscheidung über den Genehmigungsantrag erfolgt schließlich in Form eines förmlichen Genehmigungsbescheides, der schriftlich zu erlassen, schriftlich zu begründen und sowohl dem Antragsteller als auch den Einwendern bekanntzugeben ist[38].

2. Struktur der Öffentlichkeitsbeteiligung im immissionsschutzrechtlichen Genehmigungsverfahren

In den untersuchten Rechtsordnungen kann übereinstimmend die Verantwortung der Verwaltung dafür festgestellt werden, dass nach Einleitung des Genehmigungsverfahrens durch den Antragsteller das Beteiligungsverfahren ordnungsgemäß durchgeführt wird. Während sich diese Verantwortung in Deutschland und Frankreich in einer unmittelbaren und umfassenden Verfahrenshoheit des Staates ausdrückt, hat die englische Verwaltung in den Fällen, in denen sie die Verfahrenshandlung nicht selbst vornimmt - also beispielsweise die Bekanntmachung des Vorhabens - jedenfalls die ordnungsgemäße Erfüllung der gesetzlichen Anforderungen nachzuprüfen.

---

der Prinzipien eines demokratischen Verwaltungsrechts - grundsätzlich öffentlich zugänglich ist (Chaumet S. 85).

[36] Lediglich im Rahmen des gegen ein Vorhaben gerichteten einstweiligen Rechtsschutzes wirkt sich eine ablehnende Stellungnahme des Verfahrensleiters aus, und zwar dergestalt, dass das Verwaltungsgericht bei Vorliegen einer ablehnenden Stellungnahme verpflichtet ist, auf Antrag eines vorhabenbetroffenen Rechtsmittelführers die Fortsetzung des Anlagenbetriebes einstweilen zu untersagen, sofern die Stellungnahme des Verfahrensleiters ablehnend war.

[37] S.I. 2000/1973 Schedule 4 para. 14 (5) i.V.m. Schedule 8 (Appeals to the Secretary of State) para. 4 (9).

[38] Deutschland: § 10 Abs. 7 BImSchG; England: S.I. 2000/1973 Schedule 4 para. 15 f; Frankreich: Art. L. 512-3.

In den untersuchten Rechtsordnungen sind übereinstimmend als Verfahrensschritte vorgesehen:

1. Bekanntmachung des Vorhabens in einem frühen Verfahrensstadium
2. Auslegung der Antragsunterlagen (spezieller Informationsanspruch im Entscheidungsverfahren)
3. Einwendungsrecht
4. Öffentliche Bekanntmachung der (begründeten) Entscheidung

Ausgehend von der geltenden Rechtslage können diese Verfahrensschritte somit als integrale Bestandteile eines verfahrensakzessorischen Beteiligungsrechts herausgestellt werden. Entscheidendes gemeinsames Merkmal dieser Verfahrensschritte ist ihre Verbindlichkeit, wobei die Sanktionsmöglichkeiten für den Fall der Nichteinhaltung des gesetzlich vorgegebenen Verfahrens allerdings erheblich variieren.

Der "Erörterungstermin", das "Herzstück" des deutschen Modells, gehört signifikanterweise nicht zu diesen Wesensmerkmalen. Eine derartige mehrseitige mündliche Verhandlung ist weder der französischen noch der englischen Rechtsordnung gänzlich fremd (réunion publique, public inquiry/public hearing), sie ist aber - zumindest im Anlagenzulassungsrecht - kein obligatorischer Verfahrensbestandteil, sondern die Durchführung einer solchen Verhandlung wird in das Ermessen des die Entscheidung über einen Genehmigungsantrag vorbereitenden Organs gestellt.

3. Wirkung des Beteiligungsverfahrens

a. Präklusionswirkung

Das Recht, im Genehmigungsverfahren Einwendungen vorzubringen, wird in allen drei Rechtsordnungen ergänzt durch das Recht, Rechtsbehelfe gegen die Entscheidung einzulegen. Während das Einwendungsrecht im Rahmen des Genehmigungsverfahrens unabhängig davon gewährt wird, ob der Einwender selbst unmittelbar von dem Vorhaben betroffen ist, setzt die Rechtsbehelfsbefugnis - von den Sonderfällen der altruistischen Verbandsklagen einmal abgesehen - jeweils grundsätzlich eine persönliche Betroffenheit in Form einer möglichen Rechtsverletzung voraus. Während diese ex-post Kontrolle in England und Frankreich weitgehend unabhängig davon gewährt wird, ob der Rechtsbehelfsführer sich zuvor an dem Verwaltungsverfahren beteiligt hat, kommt dem Beteiligungsverfahren in Deutschland eine Präklusionswirkung zu, wonach mit

Ablauf der Einwendungsfrist alle nachfolgenden Einwendungen ausgeschlossen werden, die nicht auf besonderen privatrechtlichen Titeln (Vertrag, Grunddienstbarkeit) beruhen.

Für den Stellenwert des Beteiligungsverfahren im deutschen immissionsschutzrechtlichen Genehmigungsverfahren von zentraler Bedeutung ist die Tatsache, dass diese Präklusionswirkung nicht nur eine formelle ist mit der Folge, dass die Einwendungen im Genehmigungsverfahren nicht mehr erörtert werden müssen, sondern auch eine materielle Wirkung dergestalt hat, dass ein später gegen die Zulassungsentscheidung von Dritten eingelegter Rechtsbehelf (Widerspruch, Anfechtungsklage) nicht mehr auf Umstände gestützt werden kann, die bereits im Beteiligungsverfahren - im Wege der Einwendung - hätten geltend gemacht werden können. Diese Präklusionswirkung beruht auf der Annahme, dass dem Inhaber eines subjektiven Rechts eine Mitwirkungslast im Verfahren obliegt, die dazu führt, dass er sein subjektives Recht verwirkt, wenn er seine Beteiligungsmöglichkeit nicht wahrnimmt. Eine solche Verwirkungspräklusion ist sowohl dem französischen als auch dem englischen Anlagenzulassungsrecht fremd.

b. Entscheidungskonzentration

Ein für Gegenstand und Reichweite der Beteiligungsrechte im immissionsschutzrechtlichen Genehmigungsverfahren wesentlicher Unterschied zwischen der deutschen Rechtslage einerseits und der englischen und französischen Rechtslage andererseits ist das Bestehen einer Entscheidungskonzentration (einschließlich einer Zuständigkeits- und Verfahrenskonzentration)[39], die sowohl das französische als auch das englische Anlagenzulassungsrecht nicht kennen. Die französische Betriebserlaubnis sieht keine (umfassende) Entscheidungskonzentration vor[40]. Die immissionsschutzrechtliche Betriebserlaubnis entbindet allerdings nicht von dem Erfordernis einer (gesonderten) Baugenehmigung ("permis de construire"), die im Rahmen eines eigenständigen[41] Verfahrens durch den Bürgermeister der Standortgemeinde nach den Vorgaben des Bau-

[39] Nach § 13 BImSchG ("schließt ... ein") erstreckt sich die Konzentrationswirkung der immissionsschutzrechtlichen Betriebserlaubnis auf die meisten bundes- und landesrechtlichen anlagenbezogenen Genehmigungen.

[40] Das Anlagenzulassungsrecht ist lediglich mit dem speziellen (medienbezogenen) Umweltrecht, insbesondere mit dem Abfall- und Wasserrecht, direkt verzahnt. Hinsichtlich des Baurechts - konkret: der baurechtlichen Genehmigungspflicht - fehlt es demgegenüber an einer Konzentrationswirkung.

[41] Zentraler - und von der Rechtsprechung beständig bekräftigter - Grundsatz ist die Unabhängigkeit des Anlagenzulassungsrechts vom Baurecht, wobei sich diese Unabhängigkeit sowohl auf formelle (Ablauf des Genehmigungsverfahrens) als auch auf materielle Gesichtspunkte bezieht.

gesetzbuches ("code urbanisme") erteilt wird[42]. In der Praxis bestehen allerdings "Schnittstellen" zwischen den beiden Regimen, die sich vor allem auf die materiellen Anforderungen beziehen[43]. Im Hinblick auf die insoweit bestehenden Wechselwirkungen hat der französische Gesetzgeber lediglich einen verfahrensmäßigen Gleichlauf vorgeschrieben, wonach die Genehmigungsanträge für die Baugenehmigung und die immissionsschutzrechtliche Betriebserlaubnis zeitgleich gestellt werden sollen[44]. Auch im englischen Recht hat die Betriebserlaubnis prinzipiell weder eine formelle noch eine materielle Konzentrationswirkung[45]. Allein das untergesetzliche Regelwerk empfiehlt - allerdings unverbindlich - die zeitlich parallele Antragstellung[46]. Ein etwaiger vorgezogener Baubeginn erfolgt jedoch auf alleiniges Risiko des Vorhabenträgers und bindet die Genehmigungsentscheidung nicht[47].

Das Fehlen einer Entscheidungskonzentration kann einerseits zu einer gewissen Aushöhlung des Beteiligungsverfahrens führen in dem Sinne, dass durch die Aufspaltung in eine Reihe von Verfahren die Wirkungsmacht der Beteiligung in jedem einzelnen Verfahren reduziert wird. Andererseits kann diese Aufspaltung aber auch dazu beitragen, dass sich die Beteiligung in den einzelnen Verfahren auf die jeweils relevanten Gesichtspunkte konzentriert, sofern bei umweltrelevanten Fragestellungen eine derartige eindeutige Zuordnung überhaupt möglich ist.

Die Praxis offenbart jedoch, dass die zentrale Rolle des immissionsschutzrechtlichen Genehmigungsverfahrens im deutschen System den Beteiligungsrechten

---

[42] Die fehlende Entscheidungskonzentration der immissionsschutzrechtlichen Betriebserlaubnis erweist sich insbesondere seit der Dezentralisierung des Baurechts, in deren Folge die Befugnis zur Erteilung der Baugenehmigung auf die Kommunen übertragen wurde, als problematisch. Seither fallen die Zuständigkeiten für die Erteilung der Genehmigungen auseinander. Dieses Auseinanderfallen der Entscheidungszuständigkeit erhöht das Risiko inkohärenter Entscheidungen.

[43] So muss beispielsweise die Errichtung einer genehmigungspflichtigen Anlage vereinbar sein mit den jeweiligen bauplanungsrechtlichen Vorgaben, insbesondere den Ausweisungen eines rechtskräftigen Bebauungsplanes.

[44] Um das immissionsschutzrechtliche Genehmigungsverfahren nicht vor vollendete Tatsachen zu stellen und insbesondere das Beteiligungsverfahren nicht zu einer bloßen Formalität zu degradieren, darf die Baugenehmigung seit 1992 allerdings nicht vor Beendingung des Beteiligungsverfahrens erteilt werden.

[45] Weder im Bau(planungs)recht noch im IPC-System gibt es einen Verweis auf potentielle Berührungspunkte bzw. Überschneidungen der beiden Regime, und zwar weder in materieller Hinsicht (also in Bezug auf die Anforderungen an die Anlagentechnik, die auf einer bestimmten Standortwahl beruhen) noch in Bezug auf den Verfahrensgang. So ist es beispielsweise nicht erforderlich, dass der Vorhabenträger eine Baugenehmigung beantragt, bevor oder sobald er den Antrag auf Erteilung einer immissionsschutzrechtlichen Betriebserlaubnis stellt.

[46] Department for Environment, Food and Rural Affairs Practical Guide S. 21.

[47] Department for Environment, Food and Rural Affairs Practical Guide S. 21.

in diesem Verfahren ein besonderes Gewicht verleihen, während die "Aufspaltung" der Verfahren im englischen und französischen System dazu führt, dass das Beteiligungsverfahren zur Erteilung einer immissionsschutzrechtlichen Betriebserlaubnis von geringerer Bedeutung ist, da in Anbetracht des parallel durchzuführenden baurechtlichen Zulassungsverfahrens regelmäßig eine inhaltliche/gegenständliche Beschränkung auf immissionsschutzrechtliche Belange im engeren Sinne erfolgt, die dem Querschnittscharakter umweltrechtlicher Fragestellungen nicht vollumfänglich gerecht wird. Der unterschiedliche Stellenwert der immissionsschutzrechtlichen Erlaubnis spiegelt sich (indirekt) auch darin wider, dass in England und Frankreich - verglichen mit Deutschland - ein deutlich geringerer Teil der Anlagengenehmigungen mit Rechtsbehelfen (Widerspruch, Anfechtungsklage) angefochten wird. Dieser Befund beruht nicht etwa auf einer höheren Akzeptanz der Anlagengenehmigungen, sondern darauf, dass "Bezugspunkt" der Anfechtung in England und Frankreich vor allem die Baugenehmigung ist.

c. Privatrechtsgestaltende Wirkung

Eine für einen Betroffenen unanfechtbare Genehmigung hat nach Maßgabe des deutschen Rechts (§ 14 BImSchG) eine privatrechtsgestaltende Wirkung dergestalt, dass der Betroffene selbst bei erheblich beeinträchtigenden Immissionen keinen auf Einstellung des Betriebes gerichteten Abwehranspruch hat, sondern nur Vorkehrungen zum Ausschluss der benachteiligenden, nicht schon kraft Gesetzes zu duldenden Immissionen verlangen kann. Sind Vorkehrungen nach dem Stand der Technik nicht durchführbar oder wirtschaftlich nicht vertretbar, bleibt dem vorhabenbetroffenen Dritten nur ein Schadensersatzanspruch als Surrogat für die im Nachbarrechtsverhältnis ausgeschlossenen zivilrechtlichen Unterlassungsansprüche.

Im französischen Recht hat die immissionsschutzrechtliche Genehmigung demgegenüber keine privatrechtsgestaltende Wirkung (L. 514-19)[48]. Das Fehlen einer solchen privatrechtsgestaltenden Wirkung wird damit begründet, dass das Anlagenzulassungsrecht polizeirechtlicher Natur sei und sich weder mit dem Zivilrecht noch mit dem Handelsrecht befasse[49]. Eine immissionsschutzrechtliche Betriebserlaubnis beinhalte keine "Lizenz für Umweltverschmutzungen"[50], sondern stelle lediglich den Versuch dar, das Ausmaß von Umweltverschmutzungen soweit wie möglich zu reduzieren[51].

---

[48] Bocquet S. 164.
[49] Gousset S. 71.
[50] Bocquet S. 164.
[51] Bocquet S. 164.

Auch nach englischem Recht hat eine immissionsschutzrechtliche Betriebserlaubnis grundsätzlich keine privatrechtsgestaltende Wirkung[52]. Infolge des integrierten Ansatzes des IPPC-Regimes ist es den örtlichen Behörden allerdings verwehrt, gegen genehmigte Anlagen eine Untersagungsverfügung nach allgemeinen Grundsätzen (insbesondere der "statutory nuisance") zu erlassen[53].

4. Funktion(en) des Beteiligungsrechts

In allen drei untersuchten Rechtsordnungen wird den Beteiligungsrechten nicht eine einzige Funktion zugeschrieben, sondern mehrere Funktionen, die sich zum Teil komplementär ergänzen.

Von besonderem Gewicht ist in allen drei Rechtsordnungen die Informationsfunktion, die eine zweiseitige ist in dem Sinne, dass sowohl die Information der Verwaltung als auch die Information der Öffentlichkeit angestrebt wird[54]. Die (vorhabenbetroffene) Öffentlichkeit wird im Rahmen des Verfahrens aufgeklärt über das Vorhaben und seine voraussichtlichen Auswirkungen. Für die Verwaltung stellen die erhobenen Einwendungen eine zusätzliche Informationsquelle dar, die sich nicht nur auf mögliche Tatsacheninformationen bezieht, sondern auch ein Stimmungsbild bezüglich der öffentlichen Meinung vermittelt[55].

Im Unterschied zur Betroffenenbeteiligung, die vorrangig dem präventiven Rechtsschutz dient[56], spiegelt die Öffentlichkeitsbeteiligung im immissionsschutzrechtlichen Genehmigungsverfahren zudem die partizipatorische Komponente[57] des Kooperationsprinzips wider. Eine frühzeitige Beteiligung bzw. Mit-

[52] Lediglich den sogenannten "statutory powers", also gesetzlichen Erlaubnissen, kommt eine gewisse privatrechtsgestaltende Wirkung zu. Danach sind diejenigen Beeinträchtigungen, die sich zwingend aus dem genehmigten Betrieb ergeben, entschädigungsfrei hinzunehmen. Folglich wird nicht der erlaubte Anlagenbetrieb per se privilegiert, sondern nur der enge Bereich der unvermeidbaren Beeinträchtigungen, der durch die Rechtsprechung verhältnismäßig eng interpretiert wird.

[53] Bell/McGillivray S. 390.

[54] Prieur S. 118.

[55] Chaumet S. 45, 81; Murdie S. 46.

[56] Laubinger Öffentlichkeitsbeteiligung HdUR II Sp. 1943 ff (1494).

[57] Zu den Prinzipien des Umweltrechts gehört im englischen Recht ausdrücklich das "principle of citizen participation", das im wesentlichen auf der Einschätzung beruht, dass eine Beteiligung der Bürger an umweltrelevanten Entscheidungen zum Abbau des Vollzugsdefizits beiträgt (Suskin Sourcebook S. 34). Die Anerkennung des "principle of citizen participation" gibt allerdings keinen Aufschluß über Gegenstand und Reichweite der praktischen Umsetzung dieses Prinzipes im Rechtsalltag. Das Spektrum der auf diesem Prinzip beruhenden Beteiligungsrechte erstreckt sich von bloßen prozeduralen Rechten - insbesondere Informations- und Konsultationsrechte - bis hin zu rechtlich durchsetzbaren Umweltrechten (Suskin Sourcebook

wirkung am umweltrelevanten Willensbildungs- und Entscheidungsprozeß soll zur Herstellung eines ausgewogenen Verhältnisses zwischen der individuellen Freiheit und den gesellschaftlichen Bedürfnissen beitragen[58,59].

Dem Rechtsstaatsprinzip verpflichtet ist die Aufgabe, rechtliches Gehör zu gewährleisten und Bestandteil eines vorgelagerten, effektiven Rechtschutzes zu sein[60]. Die Rechtsschutzfunktion der Beteiligungsrechte wird in England (im Vergleich zur deutschen und französischen Rechtslage) dadurch gestärkt[61], dass Dritte gegen eine Zulassungsentscheidung grundsätzlich keinen Drittwiderspruch einlegen können[62].

S. 34). Die Funktion, die den Beteiligungsrechten jeweils zugeschrieben wird, hängt von den jeweiligen konkreten Bedingungen ab.

[58] Rehbinder, Ziele, Grundsätze, Strategien und Instrumente, 04/058, in: Salzwedel (Hrsg.), Grundzüge des Umweltrechts, 2.A., Berlin 1997.

[59] In Frankreich wird in der aktuellen rechtspolitischen Diskussion die Partizipationsfunktion der Beteiligungsrechte hervorgehoben (Prieur (S. 118 f) ordnet die enquête publique beispielsweise dem "principe de participation" zu.) und ein Zusammenhang mit der Forderung nach Ausweitung der partizipatorischen Demokratie hergestellt. Ob es sich bei der Anhörung der Öffentlichkeit allerdings tatsächlich um eine "procédure vivante de démocratie locale" (Chaumet S. 22.) handelt, erscheint mit Blick auf die Ausgestaltung des Beteiligungsverfahrens zumindest zweifelhaft. Ebenso zweifelhaft erscheint der Beitrag der enquête publique zur Erhöhung der Akzeptanz der Verwaltungsentscheidung. Aus der Schriftlichkeit des Verfahrens und aus dem Fehlen einer mündlichen (kontradiktorischen) Verhandlung folgt, dass diese Funktion in der Praxis allenfalls eingeschränkt erfüllt werden kann..

[60] Deutschland: Udo Graffe S. 13; Frankreich; Indikator dafür, dass den Beteiligungsrechten auch in Frankreich eine Rechtsschutzfunktion zukommt, ist das französische Selbstverständnis, nach dem das (Menschen-) Recht auf Eigentum eine Wurzel des Beteiligungsverfahrens ist (Chaumet S. 15, 19). Die verhältnismäßig untergeordnete Rolle der Rechtsschutzfunktion tritt allerdings im Rahmen der präzisen Standortbestimmung der enquête publique zutage. Danach ist sie Bestandteil eines Verwaltungsverfahren, nicht aber Rechtsbehelf, also weder Bestandteil eines Widerspruchsverfahrens (pré-contentieux) (Chaumet S. 19) noch Bestandteil eines gerichtlichen Verfahrens (Chaumet S. 20).

[61] Abhängig von der jeweiligen Schwerpunktsetzung wird das Beteiligungsverfahren in England entweder der administrativen Sachverhaltsermittlung oder den "extra-judicial avenues of redress" (Zum Beispiel: Scott/Felix S. 260 ff) zugeordnet. Aus Perspektive des Verwaltungsrechts ("administrative view") ist die öffentliche Anhörung "a step leading to a ministerial decision in the exercise of discretion for which the minister was responsible only to Parliament" (Bradley/Ewing S. 747). Bei Betonung des Gesichtspunktes der Gerechtigkeit ("judicial view") erscheint die Anhörung "to take on something of the nature of a trial and the inspector to assume the guise of a judge so that the ensuing decision must be based directly upon the evidence presented at the inquiry" (Bradley/Ewing S. 748).

[62] Lomas, Die Anwendung der EG-Richtlinie über die Umweltverträglichkeitsprüfung in Großbritannien, DVBl. 1990, 1201 - 1207 (1202) - Nicht verfahrensbeteiligten Dritten bleiben allein die außerordentlichen "Rechtsbehelfe", insbesondere die Rechtsbeschwerde ("application for judicial review") zum High Court of Justice, die allein zu einer Überprüfung der Rechtsfragen führt. Außerdem können sie einen Antrag auf Rücknahme oder Widerruf ("revocation") der Erlaubnis stellen. Beide Handlungsalternativen spielen in der Praxis allerdings

Ausdruck der demokratischen Funktion der Beteiligungsrechte ist ihr Beitrag zur Selbstbestimmung und Selbstverwirklichung der Bürger sowie zur Kontrolle und Verteilung der Macht[63]. Darüber hinaus wird in Frankreich die Verankerung der Öffentlichkeitsbeteiligung im Rahmen immissionsschutzrechtlicher Genehmigungsverfahren sowie die Wahrnehmung dieser Rechte als Ausdruck allgemeiner staatsbürgerlicher Rechte und Pflichten angesehen[64]. Als zentrales Recht wird in diesem Kontext die Meinungsfreiheit herausgestellt[65].

Die grundsätzliche Akzeptanz der Entscheidungen der Verwaltung ist eine elementare Voraussetzung des demokratischen Rechtsstaates[66]. Demzufolge wird in der verwaltungswissenschaftlichen Forschung der sozialpsychologische Aspekt der Öffentlichkeitsbeteiligung bei der Genehmigung von umweltrelevanten Großvorhaben herausgestellt[67]. Die sozialstaatliche Komponente der Öffentlichkeitsbeteiligung besteht in ihrem Beitrag zur Erhöhung der Sachrichtigkeit der Entscheidung einerseits[68] und der Absicherung einer dem Art. 1 Abs. 1 GG entsprechenden Subjektstellung des Individuums andererseits[69,70].

---

keine nennenswerte Rolle, zumal Rücknahme- oder Widerruf des Erlaubnisbescheides in der Regel nur gegen Entschädigung (für den Erlaubnisinhaber) zulässig ist (House of Commons Fifth Environmental Report S. XI).

[63] Udo Graffe S. 13 - In diesem Zusammenhang ist zu berücksichtigen, dass die Entscheidungskompetenz für Vorhaben von erheblicher Bedeutung in England traditionell der Zentralgewalt zukommt, und zwar regelmäßig den jeweils zuständigen Fachministerien (Sewell/O'Riordan S.6). Nach englischem Rechtsverständnis obliegen derartige Entscheidungen einem Entscheidungsträger, der demokratisch legitimiert und der dem Parlament gegenüber (und somit mittelbar auch der Öffentlichkeit) persönlich - politisch - verantwortlich für sein Handeln ist (Dobry S. 9). Vor diesem Hintergrund ergänzen die Beteiligungsrechte die Rechenschaftspflicht des Ministers gegenüber dem Parlament (Robson S. 27) und tragen dadurch zu der Kontrolle des Entscheidungsträgers bei.

[64] So wird beispielsweise herausgestellt, dass der Verfahrensleiter auch bei der Ausübung seines Amtes über allgemeine staatsbürgerliche Rechte und Pflichten verfügt (Chaumet S. 71).

[65] Chaumet S. 71.

[66] Würtenberger S. 5.

[67] Wenz S. 85.

[68] Graffe S. 14.

[69] Walter Dollinger, Bürgerbeteiligung in Genehmigungsverfahren von Großprojekten. Ein Beitrag zur Akzeptanz von Verwaltungsentscheidungen, Spardorf 1986, S. 24.

[70] Aufgrund der spezifischen Besonderheiten des englischen Staatswesens - Neben der Landesregierung verfügen allein die Organe der kommunalen Selbstverwaltung (local government) über eine unmittelbare demokratische Legitimation (Lomas, Die Anwendung der EG-Richtlinie über die Umweltverträglichkeitsprüfung in Großbritannien, DVBl. 1990, 1201 - 1207 (1201)). - spielt in England außerdem die Integrationsfunktion eine nicht unbeachtliche Rolle. Als wesentliches Element für eine wirksame "Einbeziehung" der Öffentlichkeit wird ihre rechtzeitige Information angesehen, die es ihr erst ermögliche "to play a mire effective part in the decision-making process" (Dobry S. 3).

Im Rahmen der Bewältigung von Massenverfahren, insbesondere bei politisch besonders umstrittenen Technologien, stoßen die drei Regelungssysteme auf vergleichbare Probleme, wobei das englische Genehmigungsverfahren mit der Rolle eines "quasi-parlamentarischen" Forums am ehesten zurecht zu kommen scheint. Im Zusammenhang mit großen Infrastrukturvorhaben - Kernenergie, Flughafenneu- und -ausbau - stoßen die Beteiligungsrechte allerdings auch in England an ihre Grenzen. In der im Rahmen eines energierechtlichen Verfahrens abgehaltenen "Sizewell B inquiry" kulminiert diese Entwicklung, die zuvor insbesondere die "Windscale inquiry"[71] und die "Stansted inquiry"[72] geprägt hat. 336 Tage lang werden nicht nur vorhabenbezogene Fragen erörtert, sondern vor allem politische Grundsatzdebatten geführt mit der Folge, dass der Eindruck eines "governing by planning inquiry" entsteht[73]. Im Rahmen von Analyse und Aufarbeitung dieser Verfahren wird verstärkt die Forderung erhoben, zukünftig derartige politische Debatten auszuschließen[74]. Insoweit wird vor allem auf die Gewaltenteilung verwiesen, wonach Politisches dem Parlament und die Verwaltung der Exekutive obliege. Für die Durchführung politischer Grundsatzdebatten sei die public inquiry nicht das geeignete Forum[75]. Signifikanterweise wird gleichzeitig aber anerkannt, dass eine solche "Instrumentalisierung" der Anhörung nicht gänzlich verhindert werden könne. Ursächlich dafür sei die Verfahrenhoheit derjenigen, die die Anhörung im Einzelfall abhalten würden[76]. Die durch die Öffentlichkeitsbeteiligung bedingte Verfahrensverlängerung wird überwiegend als notwendige Folge eines demokratischen Entscheidungsprozesses angesehen und folglich akzeptiert[77].

Als Reaktion auf die Probleme bemühen sich der englische und der französische Gesetzgeber um die Optimierung des Verfahrens. Eine Verkürzung der Verfahrensrechte entsprechend des - in den 1990er Jahren eingeschlagenen - deutschen

---

[71] Baugenehmigungsverfahren; Dauer der inquiry: 100 Tage.

[72] Dauer der inquiry: 258 Tage.

[73] Silsoe, Governing by Planning Inquiry, 1988.

[74] Silsoe, Governing by Planning Inquiry, 1988, S. 8.

[75] Silsoe, Governing by Planning Inquiry, 1988, S. 18 f.

[76] Silsoe, Governing by Planning Inquiry, 1988, S. 15 (So hat das Department of Energy - im Rahmen der ihm zustehenden Verfahrenshoheit über das Beteiligungsverfahren - bei der Vorbereitung der Sizewell B inquiry beispielsweise angekündigt, die Erörterung der Regierungspolitik zuzulassen.).

[77] George Dobry QC, Department of the Environment, Welsh Office, Review of the Development Control System, Interim Report presented to the Secretary of State for the Environment and the Secretary of State for Wales, S. 3, London 1974: "Not all delay is unacceptable. It is the price we must pay for the democratic planning of the environment. Delay is unacceptable where it causes hardship, relates to the provision of housing or other urgent needs, or impedes development of importance to the local, regional or national economy and is always requires explanation.".

Weges[78] wird in diesen beiden Ländern allenfalls vereinzelt diskutiert. Dieser erhebliche Unterschied zwischen der aktuellen Rechtsentwicklung in Deutschland und der Rechtsentwicklung in England und Frankreich kann mit den nicht unerheblichen konzeptionellen und strukturellen Unterschieden zwischen dem französischen und dem deutschen Verwaltungsrecht, auch und vor allem beim Rechtsschutz gegenüber der Verwaltung erklärt werden. Während das englische und insbesondere das französische Verwaltungsrecht auf die administrative Leistungsfähigkeit besonderen Wert legen, steht im deutschen Verwaltungsrecht der Schutz subjektiver Rechte des Einzelnen im Vordergrund.

[78] Um die Genehmigungsverfahren für industrielle Anlagen zu beschleunigen, ändert der Gesetzgeber in den 1990er Jahren des BImSchG sowie die 4. BImSchV und die 9. BImSchV mehrfach, wodurch es zu einer Reihe von Beschränkungen der Beteiligungsrechte kommt. Zu diesen Änderungsgesetzen gehören insbesondere das Gesetz zur Umsetzung der UVP-Richtlinie vom 12.02.1990 (BGBl. I 1990 S. 205), die Novelle vom 14.05.1990 (BGBl. I 1990 S. 880) und das Investitionserleichterungs- und Wohnungsbaulandgesetz vom 22.04.1993 (BGBl. I 1993 S. 466).

2. Teil: Frühe umweltrelevante Verfahren mit Beteiligungsmöglichkeiten

1. Faktische Mitwirkungsmacht des Nachbarn als Vorläufer institutionalisierter Beteiligungsrechte?

Nutzungskonflikte aufgrund widerstreitender Grundstücksnutzungen stellten bereits vor dem Zeitalter der Industrialisierung in allen drei Rechtsordnungen das (zivile) Nachbarrecht vor die Aufgabe, einen Interessenausgleich herbeizuführen. Die bipolare Struktur des zivilen Nachbarrechts war bis zum Einsetzen der Industrialisierung prinzipiell auch geeignet, konkrete Konflikte zu bewältigen, die einer konfligierenden Nutzung benachbarter Grundstücke entsprangen, da Risiken und Beeinträchtigungen, die von der Grundstücksnutzung ausgingen, kalkulierbar und grundsätzlich auch technisch beherrschbar erschienen und ein Interessenausgleich unter den Beteiligten möglich war, denn der Kreis der vorhabenbetroffenen Nachbarn war eingrenzbar. Mit Einsetzen des Wandels von der (reinen) Agrargesellschaft hin zur Industriegesellschaft erreichten die von der industriellen Grundstücksnutzung ausgehenden Beeinträchtigungen allerdings eine neue Qualität mit der Folge, dass eine rein bipolare Konfliktlösung für eine nachhaltige Problembewältigung (und dauerhafte Befriedung) nicht mehr geeignet (und ausreichend) erschien. Im Zuge der Industrialisierung erreichten die Belästigungen durch Rauch, Dampf und sonstige Immissionen nach Art und Maß eine neue Qualität, insbesondere mit Blick auf den Einwirkungsradius der emittierenden Anlage und die Anzahl der relevanten Belastungspfade. Verglichen mit den traditionellen Handwerksbetrieben markierten insoweit bereits die ersten Fabriken mit ihren - nach zeitgenössischer Einschätzung - "hohen" Schornsteinen einen Wendepunkt[79].

In dem Maße, in dem die Industrialisierung Nutzungskonflikte hervorrief, stellte sich das Nachbarrecht den Herausforderungen der Industrialisierung. Dabei wurden die traditionellen nachbarrechtlichen Rechtsbehelfe auch eingesetzt, um (mittelbar und indirekt) Einfluss auf die Vorhabengestaltung zu nehmen bzw. die Vorhabenrealisierung zu verhindern. Dabei war jedoch zu berücksichtigen, dass die Rechtsbehelfe des zivilen Nachbarrechts strukturell nicht auf mitwirkende Gestaltung, sondern ausschließlich auf abwehrenden Individualrechtsschutz zugunsten des vorhabenbetroffenen Nachbarn gerichtet waren. Die

[79] Die Errichtung und der Betrieb einer Gasbereitungs-Anstalt wurden beispielsweise durch das Appellations-Gericht Dresden ausdrücklich als "außergewöhnliche Benützung eines Grundstückes" qualifiziert. Durch das "Einströmen des Steinkohlen-Rauches und der Dämpfe der täglich zur Abkühlung gebrachten Coaks" werde ein "erheblicher Nachtheil in Bezug auf die gewöhnliche Benützung des klägerischen Hauses zum Wohnen und des Gartens zur Erbauung von Gartengewächsen zugefügt". Dieser Nachtheil berechtige zur Negatorienklage (v. Schelhaß S. 28 f).

Durchsetzung von Belangen des Umwelt- und Naturschutzes erfolgte allenfalls mittelbar im Rahmen individueller Verfahren zur Durchsetzung von "Partikularinteressen". Eine mittelbare Gestaltungswirkung der privatrechtlichen Rechtsbehelfe dergestalt, dass die Vorhabenträger ex ante im Rahmen der Vorhabenkonzeption die Belange der Nachbarn berücksichtigten, um gerichtlichen Verfahren vorzubeugen, war und ist nicht quantifizierbar.

Wie eine Reihe von umwelthistorischen Studien zur Entwicklung des Umweltbewusstseins in Deutschland belegen[80], gab es im süddeutschen Raum bereits um 1800 Bürgerproteste gegen die Errichtung potentiell umweltbelastender Anlagen. Auf den ersten Blick wiesen diese Proteste formal und inhaltlich nahezu alle Elemente auf, die im Rahmen heutiger Auseinandersetzungen eine Rolle spielen, wie zum Beispiel der Zusammenschluss zu Bürgerinitiativen, die Einschaltung von Anwälten und Gerichten, die Publikation von Appellen an die Öffentlichkeit, die Erstellung von Gutachten, das öffentliche Engagement von Wissenschaftlern, aber auch der wissenschaftliche Disput um (Langzeit-) Folgen des technologischen Fortschritts und die Unsicherheit im Umgang mit Risiken[81]. Diese Bürgerproteste formten sich (überwiegend) außerhalb von Genehmigungsverfahren mit einer formalisierten, institutionalisierten Öffentlichkeitsbeteiligung. Diese aus eigenem Antrieb erfolgte Mobilisierung der Öffentlichkeit und der von ihr ausgehende politische Druck veranschaulichten jedoch die Notwendigkeit, das gesellschaftliche Potential zu integrieren.

Die den Trägern der Protestbewegung eingeräumte Möglichkeit, die Gerichte anzurufen[82], veranschaulicht allerdings, dass sich diese Bürgerproteste nicht im "rechtsfreien Raum" abspielten, sondern dass sie auf eine Rechtsgrundlage (im weitesten Sinne) gestützt werden konnten, und zwar insbesondere auf die "traditionellen Nachbar- und Eigentumsrechte"[83] römischrechtlichen Ursprungs in

---

[80] Bayerl, Günter, Vorindustrielles Gewerbe und Umweltbelastung - das Beispiel der Handpapiermacherei, Technikgeschichte 48, 1981, S. 206 - 238; Brüggemeier, Franz Josef, Das unendliche Meer der Lüfte. Luftverschmutzung, Industrialisierung und Risikogesellschaft im 19. Jahrhundert, 1996, S. 21 - 45; Brüggemeier, Franz Josef, Natur, Gesundheit, Eigentum. Zur Entwicklung des Umweltbewußtseins in Deutschland im 19. und 20. Jahrhundert, in: Kloepfer (Hrsg.), Schübe des Umweltbewußtseins und der Umweltrechtsentwicklung, Bonn 1995, S. 1 - 17; Gilhaus, Ulrike, "Schmerzenskinder der Industrie". Luftverschmutzung, Umweltpolitik und sozialer Protest im Industriezeitalter in Westfalen 1845 - 1914, Paderborn 1995.

[81] Brüggemeier Zur Entwicklung des Umweltbewußtseins in Deutschland im 19. und 20. Jahrhundert, S. 5 f.

[82] Brüggemeier Zur Entwicklung des Umweltbewußtseins in Deutschland im 19. und 20. Jahrhundert, S. 4; detaillierter: ders, Das unendliche Meer der Lüfte S. 21 - 45.

[83] Brüggemeier Das unendliche Meer der Lüfte S. 68.

ihrer gemeinrechtlichen Gestalt[84], vor allem auf die vorbeugende Unterlassungsklage ("operis novi nuntiatio, (D. 39, 1)"[85]) und die Beseitigungsanordnung ("interdictum quod vi aut clam, (D. 43, 24)"[86]). Diese Rechtsbehelfe waren darauf angelegt, die Errichtung eines Baues zu verhindern (operis novi nuntiatio)[87] bzw. die Beseitigung eines - widerrechtlich - errichteten Baues zu veranlassen (interdictum quod vi aut clam). Das Bauverbot (operis novi nuntiatio) setzte nicht die Fehlerhaftigkeit einer Anlage oder eines sonstigen Bauvorhabens vor-

---

[84] Sofern sich die Bürgerproteste des 19. Jahrhunderts auf die operis novi nuntiatio stützten, bezogen sie sich allerdings nicht auf den römisch-rechtlichen Privatakt, sondern auf das gemeinrechtliche Rechtsmittel, das in seiner rezipierten Form im Vergleich zu dem römischrechtlichen Rechtsinstitut erhebliche Unterschiede aufweist. Im Detail waren die Voraussetzungen der gemeinrechtlichen operis novi nuntiatio während des gesamten 19. Jahrhunderts heftig umstritten, wobei nicht nur Detailfragen zu einzelnen Anspruchsvoraussetzungen umstritten waren, sondern sogar ganz grundsätzlich die Frage der Fortgeltung dieser Institute aufgeworfen wurde (Zusammenfassung des Meinungsspektrums bei Windscheid S. 1038 f Fußnote 9).

[85] Im römischen Recht war die operis novi nuntiatio kein richterlicher oder überhaupt amtlicher Akt, sondern ein privater (Pfizer "Baurecht" Rechtslexikon S. 163), durch den ein dinglich berechtigter Nachbar außergerichtlich ankündigen konnte, dass er sich der Fortsetzung eines begonnenen Baues widersetzte, mit der Folge, dass dem Bauherrn die Bauausführung einstweilen untersagt war. Widersetzte sich der Vorhabenträger dem Verbot, konnte der Verbietende im Wege der Selbsthilfe die Beseitigung des (widerrechtlichen) Baus vornehmen. Durch diesen privat veranlassten "Baustop" wurde allerdings keine endgültige Klärung der Rechtslage herbeigeführt. Dazu war vielmehr die Durchführung eines gerichtlichen Bestätigungsverfahrens erforderlich, welches regelmäßig auf Betreiben des Verbietenden durchgeführt wurde. Baute der Vorhabenträger trotz der Bauuntersagung weiter, so konnte der verbietende Nachbar mit dem (prohibitorischen) interdictum demolitorium auf Beseitigung des Bauwerks klagen (D. 39, 1, 20 pr.). In diesem Interdiktsverfahren wurde aber nur über die Verbotswidrigkeit der Bauausführung, nicht aber über das materielle Recht zu diesem Verbot entschieden.

[86] Ähnlich wie die operis novi nuntiatio war auch das interdictum quod vi aut clam ursprünglich ein außergerichtlicher Rechtsbehelf, durch den der betroffene Nachbar eine beeinträchtigende Veränderung von Grund und Boden untersagen konnte, sofern diese heimlich oder ohne eine erforderliche Einwilligung vorgenommen worden war. Im Unterschied zur operis novi nuntiatio, die zeitlich beschränkt war auf den Zeitraum der Durchführung des Bauvorhabens, konnte das interdictun quod vi aut clam auch gegenüber bereits vollendeten Handlungen erhoben werden. Darüber hinaus war der Kreis der beanstandungsfähigen Handlungen weiter, da nicht nur Bauvorhaben im engeren Sinne, sondern auch eine Vielzahl bodenbezogener Handlungen als Beanstandungsgegenstand eines interdictum quod vi aut clam in Betracht kam.

[87] In den Fällen, in denen die Ausführung des Baues nicht verhindert werden konnte, konnte (unter bestimmten Voraussetzungen) eine Sicherheitsleistung für Schäden aus dem Bau gefordert werden (cautio damni infecti - D. 39, 29). Mit der cautio damni infecti konnte sich der durch die fehlerhafte Beschaffenheit eines Nachbargrundstücks (oder von Anlagen auf dem Nachbargrundstück) bedrohte Eigentümer oder dinglich Berechtigte von dem Besitzer der fehlerhaften Anlage Schadloshaltung für den Fall eines hierdurch hervorgerufenen Schadens versprechen lassen, so lange die Gefahr durch zweckmäßige Maßnahmen noch abwendbar erschien (Reimers S. 7 f).

aus, sondern eine Baumaßnahme schlechthin, unabhängig davon, ob das Bauwerk neu errichtet, verändert oder niedergerissen wurde[88]. In Anbetracht der Existenz dieses außergerichtlichen Einspruchsrechts erwies es sich als ratsam, dass der Vorhabenträger seinen Nachbarn frühzeitig von einem geplanten Bauvorhaben in Kenntnis setzte (denuntiatio), um dem Vorwurf einer heimlichen Ausführung vorzubeugen, eine rechtliche Verpflichtung zur denuntiatio bestand allerdings nur bei Vorhaben, von denen nachteilige Auswirkungen auf das Nachbargrundstück erwartet wurden. Die Beurteilung der Auswirkungen eines Vorhabens oblag dem Vorhabenträger, der letztendlich auch die Konsequenzen einer Fehleinschätzung zu tragen hatte.

Die gemeinrechtlichen Rechtsbehelfe wurden allerdings in dem Maße in den Hintergrund gedrängt, in dem "äquivalente" (Verfahrens-) Vorschriften erlassen wurden. Dazu gehörte insbesondere die Verankerung von Baugenehmigungspflichten in den Partikularrechten[89]. Diese Entwicklung - das "Zurückdrängen" nachbarrechtlicher Bauverbote und Beseitigungsanordnungen gegen Vorhaben, die mit einer hoheitlichen Erlaubnis errichtet und betrieben wurden auf Grundlage eines Genehmigungsverfahrens mit Beteiligungsmöglichkeit - kann (soweit es überhaupt Äquivalente zur dem gemeinrechtlichen Bauverbot und der gemeinrechtlichen Untersagungsverfügung gab[90]) in den untersuchten Rechts-

---

[88] Reimers S. 8.

[89] Pfizer "Baurecht" in: Rechtslexikon, herausgegeben unter Mitwirkung vieler Rechtsgelehrter von Dr. Franz von Holtzendorff, Zweite Auflage, Leipzig 1875, S. 166 und Dritte Auflage, Leipzig 1880, S. 243.: "Im Uebrigen geht das Württemb. Gesetz von dem im Allgemeinen auch sonst in Deutschland anerkannten Grundsatz aus, dass über Einwendungen gegen einen Bau, wenn sie privat- bzw. nachbarrechtlicher Natur sind, ein Zivilrichter -, wenn sie anderer Natur sind, die Verwaltungsbehörde, bzw. die Administrativjustiz zu entscheiden habe. Die gemeinrechtliche Kontroverse über die fortdauernde Geltung der römisch-rechtlichen Rechtsmittel der operis novi nuntiatio und der Prohibitio (interd. quod vi aut clam) sowie der Interdikte zum Schutz des Gebrauchs öffentlicher Sachen (interd. ne quid in loco publico u. dgl.) scheint, sofern dasselbe ausführliche Bestimmungen über das bei Baustreitigkeiten einzuhaltende Verfahren gibt und zwar dem Civilrichter die Befugnis ertheilt, bei diesen privatrechtlichen Einwendungen das polizeilich zugelassene Bauwesen einzustellen, eines Rechts des Einsprechenden aber, durch seine privatim vorgenommene Einsprache einen Bann auf das Werk zu legen, keine Erwähnung thut; ..."; Kayser "Operis novi nuntiatio" Rechtslexikon S. 268: "In den neueren Particularrechten ist meistens durch baupolizeiliche Anordnungen, wie z.B. in Würtemberg ... jedem Rechtsstreit vorgebeugt. Besonders ist dies im A.L.R. geschehen. In der Regel muss die Anlage eines neuen Baues der Obrigkeit angezeigt werden, die auch die Befugnis hat, einen Bau, der ohne Anzeige erfolgte, niederzureißen. Ebenso entscheidet bei Mühlen und bei den Verhältnissen der Nachbargrundstücke in Bezug auf Vorfluth die Polizeibehörde ohne Gestattung des Rechtsweges ...".

[90] Frankreich: "dénonciation du nouvel oeuvre"; England: "injunction (quia timet)", wobei es sich allerdings um einen ermessensabhängig ausgestalteten Rechtsbehelf handelt, der auf den Rechtsbereich der "equity" zurückgeht, bei dem die Vergünstigungen als Gnaden ausgestaltet waren (Pill S. 132).

ordnungen in vergleichbarer Weise nachgezeichnet werden[91]. Bezeichnender Weise wurde diese "privatrechtsgestaltende" Wirkung eines kontradiktorischen Genehmigungsverfahrens erst von der rechtswissenschaftlichen Literatur und Rechtsprechung entwickelt, nicht aber bereits vom Gesetzgeber im Zusammenhang mit der Ausgestaltung des Verfahrensgangs in Erwägung gezogen.

2. Stellenwert der fakultativen Nachbarprotokolle im Verhältnis zwischen Bauerlaubnis und Nachbarrecht

Gegen Ende des 19. Jahrhunderts unterlagen Bauvorhaben in nahezu allen deutschen Ländern einer Baugenehmigungspflicht[92]. Baugenehmigungen (Bauerlaubnisse, Baukonsense) wurden auf Antrag des Bauherrn von der örtlichen Bauverwaltung erteilt. Dem Genehmigungsantrag mussten die zur Prüfung der Genehmigungsfähigkeit erforderlichen Unterlagen beigefügt werden. Der Bauantrag wurde daraufhin geprüft, ob sich das Bauvorhaben im Einklang mit den - im öffentlichen Interesse aufgestellten - Bestimmungen des Baupolizeirechts befand. Traten im Rahmen dieser Prüfung keine Bedenken mit Blick auf die "der polizeilichen Fürsorge unterstellten Interessen" zutage, hatte der Antragsteller ein subjektives Recht auf Erteilung der Baugenehmigung[93].

Entgegenstehende Privatrechte der Nachbarn wurden demgegenüber nicht berücksichtigt[94]. "Privatrechtliche Streitigkeiten" über den Baugrund, Rechte an Grundstücken usw. hatte die Baupolizeibehörde grundsätzlich nicht zu beachten[95]. Zur Geltendmachung privater Interessen standen dem Nachbarn die überkommenen zivilprozessualen Rechtsbehelfe zur Verfügung. Die Durchsetzung stand dabei im "freien Belieben" des Berechtigten[96]. Die Berücksichtigung nachbarlicher Rechte im Verfahren zur Erteilung einer Baugenehmigung stieß deshalb auch auf massive kompetentielle Bedenken, da die Kompetenz zur Ent-

---

[91] In Frankreich konnte die Errichtung und die Inbetriebnahme einer neuen Anlage untersagt werden auf der Grundlage der gewohnheitsrechtlich anerkannten *operis novi nuntiatio* ("dénonciation du nouvel oeuvre") (Avisse S. VI) , die selbst nach der Kodifikation des Zivilrechts noch als "action juridique" geltend gemacht werden konnte (Fournel 3. Auflage S. 401). Eine hoheitliche Anordnung oder Autorisierung des Vorhabens (Genehmigung, Konzession, Privileg etc.) schloß allerdings den Rückriff auf die "dénonciation du nouvel oeuvre" aus (Fournel 4. Auflage S. 481).

[92] In Hamburg, Straßburg, Metz und Mülhausen begnügte man sich demgegenüber mit einem Bauanzeigeverfahren. In den übrigen Teilen Elsaß-Lothringens bestanden um die Jahrhundertwende herum weder eine Anzeige- noch eine Genehmigungspflicht (Rosenkampff S. 10).

[93] Rosenkampff S. 32.

[94] Rosenkampff S. 53.

[95] Rosenkampff S. 31 Fn. 13.

[96] Rosenkampff S. 31.

scheidung über das Bestehen und (nach stark vertretener Ansicht) die Reichweite von Nachbarrechten exklusiv den Gerichten zugewiesen war und allein zur Wahrnehmung nachbarlicher Rechte die Genehmigungserteilung ohnehin nicht versagt werden durfte[97].

Die - zunächst in Literatur und Rechtsprechung vertretene[98] - Forderung nach einer Berücksichtigung nachbarlicher Verhältnisse wirkte sich zunächst auf den Gang des Genehmigungsverfahrens aus, indem sich verstärkt (baurechtliche) "Nachbarprotokolle" etablierten. Grundlage dafür war, dass sich die Ansicht durchsetzte, wonach die Baugenehmigungspflicht nicht nur dem öffentlichen Interesse diente, sondern auch dem Schutz privater nachbarlicher Rechtsverhältnisse. Einen rechtlich begründeten Anspruch auf diesen Schutz hatten die Nachbarn jedoch nicht[99]. Misslang der Versuch, eine Einigung zwischen dem Bauunternehmer und dem Nachbarn hinsichtlich der sich aus den Nachbarprotokollen ergebenden Streitigkeiten zu erzielen, musste die Genehmigungsbehörde trotzdem ohne weiteren Aufschub die Genehmigung erteilen, sofern dem Bauvorhaben keine öffentlichen Interessen entgegenstanden[100].

Das Verfahren zur Aufnahme von Nachbarprotokollen setzte die Bekanntmachung des Bauvorhabens voraus. Zumindest die Eigentümer der angrenzenden Grundstücke mussten von (wesentlichen) Bauprojekten vorab informiert werden. Gleichzeitig musste den Anrainern Gelegenheit gegeben werden, ihre Einwendungen gegen das Bauvorhaben vorzubringen. Dieses Verfahrenselement bereicherte infolgedessen die Sachverhaltsaufklärung. Davon profitierte nicht nur die Verwaltung, sondern auch der Vorhabenträger. Bereits im Planungsstadium wurde das Bewusstsein des Bauherrn dafür sensibilisiert, dass sein Bauvorhaben möglicherweise Rechte Dritter, insbesondere der Nachbarn, verletzen würde. Die frühzeitige Information entfaltete auch gegenüber den Nachbarn Schutzwirkungen. Diese wurden rechtzeitig, also noch vor Eintritt einer Rechtsverletzung, in die Lage versetzt, ihre Rechte geltend zu machen[101].

---

[97] Rosenkampff S. 31.
[98] Rosenkampff S. 23 m.w.N. (mit Blick auf § 68 I 8 ALR).
[99] Rosenkampff, Bauerlaubnis und Nachbarrecht, Greifswald 1914, S.23: "Die Aufnahme von Nachbarprotokollen findet also nur zu dem Zwecke statt, um durch Vermittlung der Polizeibehörden eine gütliche Einigung unter den Beteiligten zu erzielen, nicht aber etwa, um der Polizeibehörde Gelegenheit zu geben, in die Erörterung oder gar in die völlig außerhalb des Kreises ihrer Zuständigkeit liegende Entscheidung streitiger Privatrechtsverhältnisse einzugreifen.".
[100] Rosenkampff S. 31 Fn. 12.
[101] Rosenkampff S. 23.

3. "Mitwirkung" in Stadtrechten

Seit dem Mittelalter verfügten einzelne deutsche Städte über ein Stadtrecht. Erste Stadtrechte entstanden nach römischem Vorbild gegen Ende des 11. Jahrhunderts. Eine Vielzahl von Stadtrechtsreformationen des Spätmittelalters (Nürnberg 1479/84, Worms 1499, Frankfurt 1509, Freiburg 1520) belegt, dass die Rezeption des römischen Rechts auch das Stadtrecht prägte.

Einzelne Stadtrechte sahen ein Einspruchsrecht des Nachbarn vor. Bezüglich der Neuansiedelung "unleidlicher Gewerbe" räumte das Rostocker Stadtrecht von 1757 beispielsweise ein Untersagungsrecht ein[102]. Vor der Neuansiedelung eines "unleidlichen" Gewerbebetriebes musste der vorhabenbezogene "Wille" der Nachbarn eingeholt werden. Ohne Zustimmung der Nachbarn, also der passiv betroffenen Bürger, war die Ansiedelung oder Ausdehnung des Gewerbes nicht möglich. Infolgedessen stand den Nachbarn ein Untersagungsrecht zu[103]. Alleinige Funktion des Einspruchsrechts war somit der effektive Rechtsschutz.

Eine Verknüpfung von einem Einspruchsrecht der Nachbarn mit einem hoheitlichen Genehmigungsverfahren erfolgte im Rahmen von Art. 14 des Rostocker Stadtrechts. Danach wurde der Bau von Badehäusern und Backstuben durch das Rostocker Stadtrecht einer Genehmigungspflicht unterworfen[104].

Entsprechende Vorschriften findet man auch in anderen Stadtrechten, so zum Beispiel in dem (berühmten) Lübischen Recht von 1586, Theil III, Titel 12, Art. 11 f, wonach für einige spezifizierte sowie weiter alle "dergleichen gefährliche unleidliche Handwerke" die Errichtung von Betriebsstätten von einer nachbarlichen Einwilligung abhing.

---

[102] Rostocker Stadtrecht von 1757, Bd. III, Titel 12, Art. 16: "Niemand soll von neuen Brau-, Schmiede-, Töpfer- oder Sehm-Häusern mit ihrem Zubehör anrichten, da vormals keine gewesen, ohne seiner Nachbaren Willen, desgleichen Fischweiher, Tallig-Schmelzer, Gold- und Kupfer-Schläger, Grappen-, Giesser, Knochen-Hauser, Bötticher, Seifensieder, Brandweinbrenner, Krüger und der gleichen gefährliche unleidliche Handwerke mögen in den Häusern nicht angerichtet noch geübt werden, da sie zu vorn nicht gewesen, ohne des Nachbarn Willen, und wenn gleich die Häusern zuvorn alle diese Gerechtigkeit gehabt hätten, wenn sie aber in zwanzig Jahren nicht gebraucht, so ist dieselbe verloschen.".

[103] Bei dem Untersagungsrecht nach Art. 16 des Rostocker Stadtrechts handelte es sich nicht um ein "Beteiligungsrecht", weil das Untersagungsrecht nicht im Anschluß an einen "mehrpoligen" Diskurs ausgeübt wurde und von seinem formellen Ablauf her *nicht* im Rahmen eines öffentlich-rechtlichen Verwaltungs- bzw. Genehmigungsverfahrens erfolgte.

[104] Rostocker Stadtrecht von 1757, Bd. III, Titel 12, Art. 14: "Es sollen auch keine neue gemeine Badestuben noch Back-Häuser, ohne ausdrückliche Bewilligung des Raths und der Nachbarn angelegt werden.".

Dem Nachbarrecht verpflichtete Beschränkungen der Eigentumsfreiheit findet man auch im mittelalterlichen Frankreich in diversen Stadtrechten ("coutume")[105], wobei Niederlassungsverbote im Vordergrund standen[106].

Die coutume der Stadt Metz verankerte nicht nur schlichte Niederlassungsverbote für bestimmte Teile des Stadtgebietes, sondern sie etablierte sogar eine Genehmigungspflicht für Schmieden[107]. Zudem durfte die Genehmigung erst nach einer formalisierten Anhörung der Öffentlichkeit (in Form der Durchführung einer enquête de *commodo* et *incommodo*) erteilt werden[108].

Verfahrensvorschriften bezüglich der Art und Weise der Durchführung einer solchen Anhörung beinhalteten diese Stadtrechte allerdings nicht, so dass - zumindest seit der Kodifikation des Zivilprozeßrechts durch königliche Verordnung des Jahres 1667[109] - eine Orientierung an den entsprechenden zivilprozessualen Vorschriften über die Sachverhaltsermittlung und Beweisaufnahme erfolgte. Die gerichtliche enquête *de commodo et incommodo* reifte im Rahmen von Rekursverfahren heran[110]. Ursprünglich war sie ein Verfahren zur Sachverhaltsermittlung. Zwei Mitglieder des Parlement de Paris, ein Geistlicher und ein Laie, machten eine Ortsbesichtigung in der Absicht, vor Ort die streitenden Parteien sowie mögliche Zeugen zu vernehmen[111]. Vom ursprünglichen Leitbild eines mündlichen Verfahrens entfernte sich die enquête im Laufe der Zeit mit Zunahme der Bedeutung schriftlicher Akten und Eingaben[112].

---

[105] Baube S. 83.

[106] Die coutume von Berry aus dem Jahr 1539 beispielsweise verbot mit Blick auf die öffentliche Gesundheit die Ansiedelung von Viehzuchtbetrieben und Müllhalden in der Stadt (titre 11, art. 18). Ähnliche Regelungen findet man auch in anderen Kommunen (Baube S. 83; Bunel S. 3).

[107] Avisse S. XIV.

[108] Art. 17, titre 13: "Nul ne peut, sans permission du magistrat, construire forge de maréchal dedans la ville, en lieu où il n'y en a point eu au paravant, les voisins préalablement ouys sur la commodité ou incommodité du lieu où on la veut construire." (zitiert nach: Henry Avisse, Établissements Industriels, Industries Dangereuses, Insalubres er Incommodes, Tome Premier, Paris 1851, S. XIV).

[109] Die zivilprozessuale Verordnung von 1667 ("Ordonnance civile touchant la réformation de la justice, Saint-Germain-en-Laye, avril 1667" [*Code Louis*]) modernisierte und verkürzte das bisherige Verfahren mit dem Ziel, Prozesse zu beschleunigen und die Gerichtskosten zu reduzieren (Shennan S. XVII; Sueur S. 104). Dazu vereinigte sie die über zahlreiche ältere Verordnungen verstreuten prozeßrechtlichen Bestimmungen in einem (Verfahrens-) Gesetz (Olivier-Martin S. 354). Eine verstärkte Hinwendung zu schriftlichen Verfahrenselementen (Shennan S. XVII) sollte zur Rationalisierung der Verfahrensabläufe beitragen.

[110] Shennan S. IX.

[111] Shennan S. IX.

[112] Shennan S. 57.

Titel XXII (Enquêtes de commodo et incommodo) der Verordnung von 1667 wurde mangels spezieller "verwaltungsverfahrensrechtlicher" Vorgaben[113] bis in das 19. Jahrhundert hinein als normative Grundlage der enquêtes administratives *de commodo et incommodo* herangezogen[114], was ihnen einen gewissen "justizförmigen" Charakter verlieh[115]. Die analogen Handlungsformen[116] wurden dadurch gerechtfertigt, dass Administration und Justiz ein gemeinsames Ziel verbinden würde, und zwar die Ausgewogenheit und Gerechtigkeit der Entscheidung[117]. Im Bereich des Anlagenzulassungsrechts wurde die ordonnance civile erst durch die instruction ministerielle vom 20.04.1815 abgelöst.

Außerdem wurden in Frankreich etwa seit dem 15. Jahrhundert gefahrenträchtige Gewerbe durch Polizeiverordnungen der Überwachung unterworfen. Praxisrelevant waren vor allem die frühen abfallrechtlichen Normen (le contrôle des déchets), wie z.B. die Vorschriften, die den Umgang mit Schlachtabfällen regelten[118]. Durch Beschluss des Parlement vom 11. August 1729 wurde die (Neu-) Ansiedlung von Schlachthöfen im Stadtgebiet von Paris einer Genehmigungspflicht unterworfen[119]. Für die Erteilung dieser Genehmigungen war der Lieutenant de Police zuständig. Im Rahmen des Genehmigungsverfahrens musste eine enquête de commodo et incommodo durchgeführt werden[120]. Ähnliche Vorschriften findet man auch mit Blick auf andere Gewerbe der Lebensmittelindustrie.

Dem Gesundheitsschutz verpflichtete Polizeiverordnungen wurden nicht nur mit Blick auf den Lebensmittelsektor erlassen. Wegen der gesundheitsschädlichen Rauchentwicklung[121] wurde den Töpfern in Paris beispielsweise seit 1486 verboten, sich im Stadtinneren niederzulassen[122].

---

[113] De Gérando Institutes S. 361: "La procédure administrative n'est gouvernée que par des règlemens ou des usages; elle se plie aux circonstances.".

[114] De Gérando Institutes S. 363 (Art. 1000); De Chabrol-Chaméane S. 410.

[115] De Gérando Institutes S. 360: "Il y a une manière de procéder dans les affaires administratives comme dans les contestations judiciaires.".

[116] De Gérando Institutes S. 360.

[117] De Gérando Institutes S. 360: "Toutes deux ont, à quelques égards, un but commun, et dans quelques parties des formes analogues. Ce but consiste à offrir toutes les garanties possibles pour l'équitè des décisions".

[118] Boivin S. 14.

[119] Fromageau S. 197, S. 460.

[120] "La Cour ordonne qu'à l'avenir aucun boucher ne pourra désormais établir nouvellement aucune tuerie aucun échaudoir ni fonderie en quelque bien que ce puisse être de cette ville de Paris qu'il n'ait obtenu la permission expresse du Lieutenant Général de Police précédé d'une information de commodo vel incommodo quand bien même il ne s'agirait que d'un simple changement d'un lieu dans un autre.", zit. nach Fromageau S. 460.

[121] "Attendu que la fume qui sortait de ces établissements était préjudiciable à la santé du corps humain et que de ce pouvait survenir plusieurs maladies et accidens ...".

[122] Ordonnance du Prévôt de Paris (1486); Arrêt du Parlement (04.09.1497), Trebuchet S. I.

Auch vor dem Erlass einer derartigen Polizeiverordnung wurde regelmäßig eine umfangreiche Sachverhaltsermittlung vorgenommen, bei der neben Sachverständigen auch die Bewohner oder Nachbarn angehört wurden[123].

In der ersten Hälfte des 19. Jahrhunderts widmeten sich in England insbesondere "Ortsgesetze", die im Wege der Privatgesetzgebung erlassen wurden, der Bekämpfung der Rauchplage. In die Ortsgesetze von Städten und Ballungszentren - z.B. dem Liverpool Act - wurden Klauseln aufgenommen, die die Verursachung von Beeinträchtigungen durch Rauch verboten. Während diese Verbote anfangs eng gefasst waren - sie bezogen sich regelmäßig nur auf einen einzigen Beeinträchtigungs"pfad" (z.B. die Luft durch Rauch oder das Wasser durch Abfälle) und strebten regelmäßig nur einen beschränkten Schutzumfang an (Sauberkeit und Reinheit von Wegen und Straßen, von Marktplätzen) - dehnte sich das Schutzkonzept entsprechend des Fortschreitens der Industrialisierung und des Bevölkerungswachstums aus mit der Folge, dass die Ortsgesetze um die Mitte des 19. Jahrhunderts das vollständige (kommunale) Konzept der Hygiene- und Sanitätspolizei beinhalteten.

4. Einhegungen in Frankreich und England

Im Anschluss an den 30-jährigen Krieg sollten in Frankreich in den vom Krieg besonders betroffenen Regionen (insbesondere Lothringens) Flurbereinigungsmaßnahmen für ein stabiles Fundament der Wirtschaftsentwicklung sorgen. Die Maßnahmen zur Flurbereinigung zielten darauf ab, die zum Teil verwüsteten Landstriche "Eigentümern" zuzuweisen, die auf - durch die Zuweisung - gefestigter Grundlage ihre landwirtschaftlichen Betriebe wiederaufbauen konnten. Als "Gegenleistung" für die gleichsam staatlich vermittelte Stabilität war der Eigentümer verpflichtet, Steuern (impôts) zu zahlen.

Die Flurbereinigungsmaßnahmen wurden auf kommunaler Ebene durchgeführt. Die örtlichen Verwaltungsstellen - lieutenant und greffier au baillage - kündigten die Durchführung der Maßnahmen durch Aushang an der Kirchentüre an. Während des Gottesdienstes - im Anschluss an die Predigt - wurde diese schriftliche Bekanntmachung mündlich wiederholt. Dieses Procedere wurde insgesamt dreimal durchgeführt, um eine möglichst große Verbreitung der Informationen zu gewährleisten. Beim Verlassen der Kirche konnten weitere Informationen erfragt werden, "alors que les gens sortaient en grand nombre"[124].

[123] Baube S. 85.
[124] David S. 55.

Die landwirtschaftliche "Bodenreform" (Einhegungen) vollzog sich in England zu Beginn des 19. Jahrhunderts. In einer relativ kurzen Zeitspanne wurde das überkommene mittelalterliche Landwirtschaftssystem, das auf dem genossenschaftlichen Prinzip der **"village community"** basierte, zugunsten einer modernen und (in Ansätzen) industriellen Landwirtschaft beseitigt[125]. Hintergrund dieses Wandels war der Einsatz wissenschaftlichen und technischen Know-hows in der Landwirtschaft[126].

Auf Initiative einzelner Landwirte hin erfolgte regelmäßig die Neuordnung der landwirtschaftlichen Nutzflächen, also eine auf Privatinitiative hin basierende örtliche "Bodenreform". Die oftmals zerklüfteten, kleinteiligen Flächen wurden zu wirtschaftlich rentablen Parzellen zusammengeschlossen. Flächen, die bis dahin nicht im Privateigentum standen, wurden zur "Arrondierung" mit herangezogen. Gewohnheitsrechtliche Nutzungsrechte wurden dabei ausgeschlossen. In Einzelfällen kam es sogar zu Enteignungen.

Rechtsgrundlage dieser Maßnahmen waren Privatgesetze[127], sogenannte "inclosure bills". Im Rahmen des Gesetzgebungsverfahrens bestanden zum Schutz der Vorhabenbetroffenen weitreichende Publikationspflichten sowie ein Einwendungsrecht (zugunsten der Betroffenen). Um die Mitte des 19. Jahrhunderts herum waren etwa ein Zehntel aller Gesetzesvorlagen umstritten[128].

5. Die Erteilung von Gewerbekonzessionen

a. Gewerbekonzessionen im französischen Recht

Für ausgewählte Gewerbe wurden - überwiegend durch Polizeiverordnungen - Genehmigungspflichten eingeführt. Dabei lag die Zuständigkeit für gewerbepolizeiliche Maßnahmen primär bei den örtlichen Behörden[129]. Dem Genehmigungsantrag waren die zur Entscheidung erforderlichen Unterlagen beizufügen. Vor der Bewilligung oder Ablehnung eines Genehmigungsantrages wurde regelmäßig von Amts wegen ("enquête d'office"[130]) eine Anhörung der Nachbarschaft (enquête préalable[131]) durchgeführt. Diese Anhörung diente der Kon-

[125] Hart S. 8.
[126] Hart S. 8 (im Anschluß an die Ausführungen von Wraith m.w.N.).
[127] Zur Privatgesetzgebung siehe auch 5. Teil.
[128] Im Zeitraum zwischen 1845 und 1869 passierten von insgesamt 958 Gesetzesvorlagen immerhin 852 ohne Opposition (Clifford Vol. 2 S. 677).
[129] Boivin S. 15; Constant S. 6; Fromageau S. 395.
[130] Fromageau S. 396.
[131] Constant S. 6.

sultation der Öffentlichkeit ("afin de consulter le public"[132]). Im Verlauf dieser förmlichen Untersuchung konnten Nachbarn ihren Widerstand ("opposition") artikulieren[133]. Schriftliche Beschwerden ("réclamations") konnten an den Verfahrensleiter gerichtet werden[134]. Gegen die Entscheidung der örtlichen Behörde war ein Rechtsmittel statthaft[135].

Eine Anhörung der Öffentlichkeit erfolgte regelmäßig auch im Rahmen der Prüfung eines Antrages auf Erteilung eines Wirtschaftsprivilegs. Durch Privileg zugestandene Wirtschaftslizenzen gewährten dem Begünstigten das Recht, unter Ausschluss aller Konkurrenten den Handel mit bestimmten Gütern oder die Herstellung bestimmter Waren gewerbsmäßig zu betreiben[136]. Die Erteilung von Wirtschaftslizenzen erfolgte in Frankreich im Rahmen eines aufwendigen Eintragungsverfahrens ("enregistrement")[137] in dessen Verlauf - im Rahmen der Sachverhaltsermittlung - die Öffentlichkeit angehört werden konnte (und zumindest bei kontroversen Vorhaben regelmäßig wohl auch angehört wurde). Durch die Registrierung sollte der Inhalt des Rechtsaktes dauerhaft festgehalten werden als Vorsorge für den Fall, dass seine Kenntnis für den König, für die Öffentlichkeit im allgemeinen oder für ein bestimmtes Individuum wichtig wurde. Gleichzeitig diente das Eintragungsverfahren der Bekanntmachung des Rechtsaktes[138].

Die Erteilung eines Privilegs erfolgte auf einen begründeten Antrag eines Privaten hin, der das Erfordernis der Begünstigung darlegen musste. Der Antrag wurde an den Secrétaire d'État à la Maison du Roi gerichtet, der ihn an diverse Fachbehörden (Bureau de la Ville, Procureur Général du Parlement, Lieutenant Général de Police) und Expertengremien (Société savant, Académie des Sciences) zur Begutachtung weiterleitete[139]. Stieß der Entwurf im Anschluss an diese Konsultationen im Conseil-d'État auf Zustimmung, wurde er dem örtlich zustän-

---

132 Constant S. 6 m.w.N.; Fromageau S. 395.

133 Constant S. 6.

134 Constant S. 6.

135 Constant S. 6.

136 Solche Exklusivlizenzen wurden insbesondere im Zusammenhang mit Erfindungen verliehen, so dass das Privilegienwesen auch als Vorläufer und Wurzel des modernen Patentrechts angesehen werden muss.

137 Wörtlich genommen bezeichnete "enregistrement" nur den formellen (Schrift-) Akt der Eintragung in das Register. Mit Blick auf den Bereich der Gesetzgebung war darüber hinaus auch ein weiteres Verständnis verbreitet, nach dem sich der Begriff auf das gesamte zweiaktige Eintragungsverfahren, bestehend aus einer (umfassenden) Prüfung der Gesetzesvorlage einerseits und der eigentlichen Registrierung des gebilligten Gesetzestextes andererseits, bezog.

138 Shennan S. 4.

139 Fromageau S. 387.

digen Parlement zur Registrierung vorgelegt[140], das die Registrierung auf Grundlage einer eigenverantwortlichen Prüfung der Vorlage vornahm, wobei vorrangig die Authentizität der Vorlage, d.h. die Verantwortlichkeit des Monarchen, sowie die Einhaltung des verbindlichen Verfahrensgangs, geprüft wurden.

Es stand im Ermessen des zuständigen Parlements, zunächst einen Ermittlungsbeschluß ("arrêt de plus ample informé") zu fassen, durch den eine umfassende Informationsbeschaffung angeordnet wurde. Zur Informationsbeschaffung konnten die Parlements die Durchführung einer Ermittlungsmaßnahme ("mesure d'information") bzw. einer Anhörung der Öffentlichkeit ("enquête de commodo et incommodo") anordnen[141]. Mit der Durchführung dieser Maßnahme wurden regelmäßig (untergeordnete) Polizeibehörden betraut[142]. Gleichzeitig wurden die einschlägigen Fachbehörden konsultiert.

Eine bedeutsame Nebenfolge der Anordnung einer Ermittlungsmaßnahme war die unvermeidliche Publizität des Entwurfes. Die öffentliche Auseinandersetzung mit dem Vorhaben war Grundlage des Interessenausgleichs ("balance") zwischen dem Privilegienempfänger einerseits und dem durch die Erteilung des Privilegs potentiell belasteten Dritten andererseits. Der für die Durchführung der enquête verantwortliche Verfahrensleiter sorgte deshalb insbesondere dafür, dass der Antragsteller die bestehenden Publizitätspflichten einhielt.

Die Anhörung der Öffentlichkeit musste rechtzeitig öffentlich angekündigt werden, so dass all diejenigen ihre Anregungen vorbringen konnten, die angehört werden wollten[143]. Thema der Stellungnahmen war die Zweckmäßigkeit des Vorhabens[144]. Die interessierte Öffentlichkeit konnte sich in mündlicher oder in schriftlicher Form sowohl positiv als auch negativ äußern[145]. Der Widerstand (l'opposition) konnte sowohl von einzelnen Privaten als auch von Vereinigungen vorgebracht werden[146]. Der Projektträger hatte das Recht, auf die vorgebrachten Einwendungen zu erwidern und gegebenenfalls Änderungen vorzuschlagen[147]. Nach Beendigung der Anhörung wurde durch den Verfahrensleiter ein Abschlußbericht abgefasst, den er an die zuständige Kammer weiterleitete[148].

---

[140] Fromageau S. 389 f.
[141] Fromageau S. 288.
[142] Fromageau S. 288.
[143] Fromageau S. 393.
[144] Fromageau S. 393.
[145] Fromageau S. 392.
[146] Olivier-Martin S. 349.
[147] Fromageau S. 393.
[148] Fromageau S. 394.

Die Prüfung ("vérification") durch das zuständige Parlement mündete in einen Beschluss ("arrêt de vérification"). Wenn die Kammer den Entwurf unter Berücksichtigung aller Belange billigte, konnte sie die Eintragung in das Register anordnen. Anderenfalls verwies sie die Vorlage - gegebenenfalls mit Änderungsvorschlägen - an den Monarchen zurück, denn die endgültige Entscheidungskompetenz stand in diesem Fall dem Monarchen zu.

b. Gewerbekonzessionen im englischen Recht

Eine Reihe ausgewählter Gewerbe - darunter das Gaststättengewerbe, Apotheken, Ärzte, Hebammen -[149] waren auch im wirtschaftsliberalen England (überwiegend aus gesundheits- oder sicherheitspolitischen Gründen), zum Teil bereits seit dem ausgehenden 17. Jahrhundert, konzessionspflichtig[150], wobei die Konzessionspflicht durch (Landes-) Gesetze bestimmt wurde, die auch Vorgaben in Bezug auf das Zulassungsverfahren machten, und die Erteilung der Gewerbekonzession regelmäßig den Friedensrichtern oblag. Bereits in der Mitte des 18. Jahrhunderts erforderte die Vielzahl der gewerberechtlichen Vorgaben und Konzessionspflichten eine Zusammenstellung und Aufbereitung in speziellen Handbüchern[151].

Ursprünglich waren die Friedensrichter als rechtsprechendes Organ, als "Friedensbewahrer", konzipiert, das den landeseinheitlichen Vollzug der königlichen Gesetze gewährleisten sollte. Davon erwartete der englische König eine Stärkung seiner (zentralstaatlichen) Gewalt in den Grafschaften. Nachdem sich diese "königliche Gerichtsbarkeit" - die zu einer allmählichen "Entmachtung" der alten County Courts führte - etabliert hatte, übertrug der Monarch dem Friedensrichter sukzessive Kompetenzen auf dem Gebiet des Polizeirechts und der Ge-

[149] Von diesem Konzessionswesen erfasst wurden vor allem Gewerbe, bei denen es auf die Zuverlässigkeit und Ausbildung des Gewerbetreibenden ankam (z.B. Apotheker, Hebamme), und Gewerbe, deren ungebremste Expansion die Aufrechterhaltung der öffentlichen Ordnung gefährden konnten (z.B. Gaststätten).

[150] Während noch in der Mitte des 17. Jahrhunderts unter Charles II das Prinzip des freien Handels umgesetzt wurde, diverse Monopole, Konzessions- und Lizenzpflichten aufgehoben wurden und 1671 der „General Free Trade Act" sich sogar auf die Waffen- und Schießpulverindustrie erstreckte, wurde bereits 1685 unter James II aus sicherheitspolitischen Erwägungen die Einfuhr von Munition und Waffen wieder der staatlichen Aufsicht unterworfen (Act Against the Importation of Gunpowder Arms and Other Ammunitions of War).

[151] Z.B.: The Justice of Peace. His Companion or A Summary of all the Acts of Parliament Whereby One, Two, or more Justices of the Peace are authorized to act, not only in, but out of the Sessions of Peace, By Samuel Blackerby, London 1759.

richtsbarkeit in geringfügigen Strafsachen[152]. Die Verwaltungstätigkeit der Friedensrichter erfolgte jeweils auf spezialgesetzlicher Grundlage und bewegte sich in den durch diese Gesetze gesteckten Schranken[153].

Bis zum Ende des 19. Jahrhunderts verbanden die Friedensrichter ihre Funktion als Polizeibehörde mit der Funktion als Richter[154]. Im Bereich der Überwachung von Waffen und Munition wurde den Friedensrichtern beispielsweise zunächst die Überwachung der Einfuhr- und Nutzungsverbote (Gesetze von 1685 und 1698) sowie der Mengenbeschränkungen (Gesetz von 1719) anvertraut, wobei ihnen auch die Strafgewalt für den Fall eines Verstoßes zugewiesen wurde. Mit Einführung einer Genehmigungspflicht für die Herstellung von Schießpulver durch Gesetz vom 22. Januar 1772[155] wurde die Zuständigkeit für die Erteilung der Genehmigung ebenfalls auf die Friedensrichter übertragen. Diese Zuständigkeit blieb bis zum Inkraftreten des Sprengstoffgesetzes von 1875[156] bestehen, das in Anlehnung an das Spezialgesetz bezüglich Nitroclycerin aus dem Jahr 1869[157] die Zuständigkeit für die Durchführung des Genehmigungsverfahrens auf die Zentralgewalt, und zwar das Home Office, übertrug.

Gegenstand und Reichweite der Kompetenzen der Friedensrichter wurden dabei spezialgesetzlich definiert und erstreckten sich im wesentlichen auf:

- Verpflichtung zur Anmeldung der Aufnahme eines Gewerbebetriebes und der Lösung eines Gewerbescheines
- Zuverlässigkeitsprüfung in Bezug auf ausgewählte Gewerbe von allgemeiner Bedeutung (z.B. Bäcker, Brauer (seit 1503), Müller)
- Kompetenzprüfung in Bezug auf ausgewählte Berufe, insbesondere aus dem Bereich des Gesundheitswesens (Apotheker, Hebammen, Ärzte)

---

[152] Durch ein Gesetz von 1360 (st. 34 Edw. III. c. 1.) wurden den Friedensrichtern originär richterliche Funktionen übertragen zur Aburteilung von schweren Verbrechen und Übertretungen.

[153] Die Friedensrichter erschienen zu Beginn des 19. Jahrhunderts gleichsam als nationale "Universalbehörde", deren Zuständigkeitsbereich sich auf nahezu alle Bereiche der nationalen Staatstätigkeit erstreckte.

[154] St. 34 Edw. III. c. 1., preamble: "... in every county of England shall be assigned for the keeping of the peace one Lord and with him 3 or 4 of the most worthy in the county with some learned in the law and they shall have the power .... to take and arrest all those that they shall be found sufficient.

[155] 11 Geo III, Chapter 61: "An Act to regulate the making, keeping and carriage of gunpowder, within Great Britain and to repeal to laws heretofore made for any of those purposes".

[156] 38 & 39 Vict. Cap, 17 (Explosives Act).

[157] 31 & 32 Vict. Cap. 113 (Nitro-Glycerine Act).

- Konzessionswesen im engeren Sinn in Bezug auf ausgewählte Gewerbe zur Sicherung der öffentlichen Sicherheit und Ordnung (z.B. Gaststättengewerbe (bezüglich der sog. „Alehouses" seit 1503), Pfandleiher)
- Verwaltungskompetenzen zur Verwirklichung von Schutzzollinteressen
- Verwaltungskompetenzen zur Sicherstellung militärischer Interessen (z.B. Sprengstoffindustrie in dem Zeitraum zwischen 1685 und 1875)

Die Friedensrichter wurden bis in das 19. Jahrhundert hinein vom König ernannt. Die Ratifizierung des Amtes erfolgte auf die Grafschaft. Konkrete Vorgaben in Bezug auf ihre fachliche Qualifikation gab es nicht[158].

In formeller Hinsicht orientierte sich die Verfahrensführung der Friedensrichter an dem Leitbild des Gerichtsverfahrens mit der Folge, dass die Verbindung der polizeilichen und der gerichtlichen Funktion in der Person der Friedensrichter dem Verwaltungsverfahrensrecht zunächst nur die äußeren Formen, allmählich aber auch die Garantien der Gerichtsverfahren gaben[159].

Zentrales Moment im Rahmen eines jeden einzelnen Verwaltungsverfahrens waren die öffentlichen Beratungen über einen Antrag im Rahmen der turnusmäßigen allgemeinen Sitzungsperiode (Quarter Session) bzw. der speziellen (und zum Teil außerordentlichen) Sitzungen (Special Sessions). Die Beratungsgegenstände dieser öffentlichen Sitzungen ergaben sich aus ihren Tagesordnungen. Sofern sich ein Antrag auf der Tagesordnung befand, wurden die Argumente für und wider im Rahmen dieser Sitzung mündlich ausgetauscht, wobei der konkrete Verfahrensgang demjenigen einer öffentlichen, kontradiktorischen Gerichtsverhandlung entsprach. Die Sachverhaltsermittlung wurde durch den Amtsermittlungsgrundsatz beherrscht, d.h. der Friedensrichter konnte förmliche Beweisaufnahmen anordnen und Zeugen eidlich vernehmen.

Begünstigt durch das Aufkommen von Formularbüchern einerseits und die Zuziehung eines (hauptamtlichen) Gerichtsschreibers andererseits bildete sich ab der Mitte des 18. Jahrhunderts eine zunehmend professionelle Amtsführung (auch) in Verwaltungsangelegenheiten heraus. Wesentliche Merkmale insoweit sind[160]:

- Öffentlichkeit des Verfahrens
- Kontradiktorische Verfahrensführung

[158] Während für die Ernennung zum Friedensrichter ursprünglich allein die örtliche Verwurzelung in der Grafschaft ausreichte, wurde allmählich ein Zensus eingeführt, wonach eine (im Laufe der Zeit wachsende) "property qualification" erfüllt sein musste.
[159] Gneist S. 258.
[160] Gneist S. 260.

- Bindung an strenge Formen und Fristen
- Kontinuität des Entscheidungsträgers
- Unmittelbarkeit (= Identität zwischen der anhörenden und der entscheidenden Stelle)
- Unabhängigkeit des Entscheidungsträgers

Gegen Entscheidungen in Bezug auf die Vergabe oder Ablehnung einer Konzession gab es keinen "ordentlichen" Rechtsweg[161]. Theoretisch denkbar war allenfalls eine mittelbare "Kontrolle" der Verwaltungsentscheidung im Rahmen eines gegen den Friedensrichter gerichteten Amtsenthebungsverfahrens oder im Rahmen eines gegen ihn gerichteten Strafverfahrens. Beide Alternativen waren allerdings nicht praxisrelevant[162].

Eine signifikante "Schnittstelle" zwischen der Entwicklung der Privatgesetzgebung und der "justizförmigen" Verwaltungstätigkeit der Friedensrichter gab es im Enteignungsrecht zu Beginn des 20. Jahrhunderts. Bis zum Inkrafttreten des Enteignungsgesetzes von 1909 konnten die von einer Enteignungsentscheidung betroffenen Grundeigentümer einen Rechtsbehelf erheben, über den im Rahmen der Sitzungsperiode durch die örtlich zuständigen Friedensrichter entschieden wurde[163]. Diese Konstellation wurde durch das Enteignungsgesetz von 1909 grundlegend geändert, indem die Verpflichtung zur Durchführung einer Anhörung im Rahmen des die Enteignungsentscheidung vorbereitenden Verfahrens eingeführt wurde. Gleichzeitig wurde allerdings der Rechtsbehelf, über den die Friedensrichter befanden, beseitigt. Das Rechtsbehelfsverfahren wurde gleichsam durch das Beteiligungsverfahren ersetzt, wodurch die Gemeinsamkeiten beider Verfahren (im Verhältnis zu den bestehenden strukturellen und funktio-

[161] Brougham's Criticism of the Justices of the Peace (1828), abgedruckt bei: Manchester S. 71.

[162] Amtsenthebungsverfahren widersprachen der politischen Kultur, und Strafverfahren versprachen wenig Aussicht auf Erfolg, da der Nachweis eines strafbaren Fehlverhaltens des Friedensrichters - z.B. Korruption - allein schon deshalb praktisch nicht erbracht werden konnte, weil die Entscheidung nicht begründet werden musste und regelmäßig auch nicht begründet wurde (Brougham's Criticism of the Friedensrichter (1828), abgedruckt bei: Manchester S. 71).

[163] Im Bereich des Straßen- und Wegerechts waren die Friedensrichter zu Beginn des 19. Jahrhunderts sowohl zuständig für die Entscheidung über den Ausbau des Straßennetzes - insbesondere die Entscheidung, einen engen highway zu verbreitern (Section LXXXII of the General Highway Act, 1835, 5 & 6 Will IV, Cap. 50 (An Act to consolidate and amend the Laws relating to Highways in that Part of Great Britain called England) - als auch (im Rahmen der "Sitzungsperiode") für die Bemessung der Enteignungsentschädigung für betroffene Grundeigentümer, wenn und soweit eine Einigung über den Grundstücksverkauf nicht möglich war und eine Enteignung i.e.S. erfolgte. Bis zum Inkrafttreten des Enteignungsgesetzes von 1909 konnten die von einer Enteignungsentscheidung betroffenen Grundeigentümer einen Rechtsbehelf erheben, über den im Rahmen der Sitzungsperiode durch die Friedensrichter befunden wurde.

nellen Unterschieden überproportional) in den Vordergrund gerückt wurden, insbesondere bei einer Ausklammerung der grundlegenden Reformen, die das Friedensrichteramt im ausgehenden 19. Jahrhundert erfuhr[164].

[164] Im Ergebnis führten diese Reformen dazu, dass das Friedesrichteramt seine administrativen Aufgaben abgab und sich auf seine rechtsprechende Funktion auf dem Gebiet des Ordnungswidrigkeiten- und Strafrechts konzentrierte.

3. Teil: Vom "Gewerberecht" des Allgemeinen Landrechts für die Preußischen Staaten bis zur Reichsgewerbeordnung - die "Kodifikation" der Beteiligungsrechte im gewerbepolizeilichen Genehmigungsverfahren in Preußen

1. Das Gewerberecht des Allgemeinen Landrechts für die Preußischen Staaten

Das Allgemeine Landrecht für die Preußischen Staaten beinhaltete keine umfassende Kodifikation des Gewerberechts, sondern es enthielt einige wenige "Grundsatznormen" sowie einzelne punktuelle Vorschriften über bestimmte gewerbliche Tätigkeiten. Zu den Grundsatznormen gehörte die Verpflichtung, die beabsichtigte Aufnahme einer Gewerbetätigkeit vorab anzuzeigen (II/8 §§ 18, 180, 476). Entsprechend dieser Verpflichtung war auch die beabsichtigte Errichtung einer gewerblichen Anlage vorab anzuzeigen[165]. Zu den punktuellen Vorschriften gehörten insbesondere Beschränkungen des freien Gewerbebetriebes, die - grob gesprochen - in vier Kategorien eingeteilt werden konnten[166]:

1. Beschränkungen in Bezug auf die gewerbliche Anlage zur Abwehr anlagenspezifischer Gefahren
2. Beschränkungen in Bezug auf den Gewerbetreibenden (Zuverlässigkeit und Ausbildung)
3. Beschränkungen in Bezug auf die Freiheit des Einzelnen in der Wahl des Ortes für den Gewerbebetrieb (Konzessionierung)
4. Beschränkungen durch ausschließliche Gewerbeberechtigungen

Zudem waren die im Allgemeinen Landrecht getroffenen gewerberechtlichen Regelungen nicht abschließend bzw. erschöpfend, sondern es gab eine Vielzahl weiterer landesrechtlicher (Spezial-) Bestimmungen sowie gesundheitspolizeilicher und gewerbehygienischer Prinzipien, auf deren Grundlage die Betreiber chemischer Anlagen bereits vor Inkrafttreten der Gewerbeordnung erheblich in ihrem Handlungs- und Gestaltungsspielraum beschränkt und zum Teil dazu angehalten wurden, ihre Produktionsstätten im Außenbereich anzusiedeln. Die Prüfungskriterien wurden dabei durch untergesetzliches Regelwerk präzisiert, z.B. für Gasanstalten durch Reskript an die Regierung von Aachen vom 30.04.1843[167].

[165] Rüffer S. 27.
[166] Rüffer S. 26 f.
[167] Ministerialblatt für die gesamte innere Verwaltung in den Königlich Preußischen Staaten, Band 4 (1843), S. 172.

a. Genehmigungspflicht für Fabriken

Zu den Beschränkungen der Gewerbefreiheit in Bezug auf bestimmte gewerbliche Anlagen gehörten die Vorschriften über die behördliche Genehmigung gewerblicher Anlagen, insbesondere § 410 Teil 2 Tit. 8 ALR[168]. Zur Anlegung von Fabriken[169] war eine staatliche Genehmigung erforderlich[170]. Diese Genehmigungspflicht sollte vorrangig dazu beitragen, die überkommene Wirtschaftsordnung (und folglich den Besitzstand der Zünfte) zu schützen[171]. Im Rahmen des Genehmigungsverfahrens wurden daher die durch die Genehmigungsentscheidung in ihren Interessen betroffenen Zünfte angehört. Bei der Anhörung der Zünfte handelte es sich somit strukturell um eine Betroffenenbeteiligung, nicht aber um ein Beteiligungsrecht. Die Abwehr von Gefahren für die Nachbarschaft oder das Publikum sowie die Anlagensicherheit spielten im Zusammenhang mit der Zulassung von Fabriken demgegenüber keine Rolle, so dass diese Genehmigungspflicht kein Vorläufer der immissionsschutzrechtlichen Genehmigungspflicht war.

b. Zulassung von Gewerben

Ein allgemeines Anlagenzulassungsrecht für gefährliche Anlagen gab es im Allgemeinen Landrecht nicht. Neben der Errichtung von Fabriken unterfielen nach dem Allgemeinen Landrecht folgende Gewerbe einer Erlaubnispflicht:

- Apotheken (II/8 § 463)
- Wasch-, Pech- und Hüttenwerke (II/16 §§ 80, 85 bis 88, 90)
- Wasch- und Badehäuser (II/15 § 46)
- Mühlen [Wasser- und Schiffsmühlen an und in öffentlichen Flüssen[172] sowie private Mühlen an Privatflüssen und Windmühlen auf eigenem Grund und Boden (II/15 § 229 bis 242)]
- Pech- und Theeröfen mit großem Holzverbrauch (I/8 § 90, II/16 § 90; Verpflichtung zur Anlage am "natürlichen Standort der Produktion")[173]

---

[168] Muthesius S . 2.

[169] "Anstalten, in welchen die Verarbeitung oder Verfeinerung gewisser Naturerzeugnisse im großen betrieben wird", § 407 Teil 2 Tit. 8 ALR.

[170] § 410 Teil 2 Tit. 8 ALR.

[171] § 412 Teil 2 Tit. 8 ALR.

[172] Im Zusammenhang mit der Neuanlage von Mühlen musste differenziert werden zwischen Mühlen, die an öffentlichen Flüssen errichtet wurden, und sonstigen Mühlen, insbesondere Windmühlen. Das Recht zur Anlage von Mühlen an und in öffentlichen Flüssen wurde als Regalie des Staates besonders verliehen (II/15 §§ 229, 230).

Das Verfahren, das eine Zulassungsentscheidung vorbereitete bzw. in dessen Rahmen ein Erlaubnisantrag behandelt wurde, war im Allgemeinen Landrecht (mit Ausnahme des Verfahrens zur Erteilung einer Erlaubnis für Mühlenanlagen) allerdings nicht kodifiziert.

Wassermühlen an Privatflüssen und Windmühlen auf eigenem Grund konnten dem Grundsatz nach frei angelegt werden, sofern die Errichtung der Mühle nicht gegen besondere Gesetze[174] verstieß oder Rechte Dritter beeinträchtigte (II/15 §§ 233, 234). Neben der Polizeierlaubnis zur Anlage einer neuen Mühle bedurften Mühlen, die nicht ausschließlich zum Eigenbedarf betrieben wurden, der sogenannten "Mühlengerechtigkeit", die entweder durch den Staat oder durch einen Privatmühlenberechtigten verliehen wurde.

Das Allgemeine Landrecht gab das Verfahren zur Erteilung einer Erlaubnis für die Errichtung einer neuen Windmühle auf eigenem Grund bzw. Wassermühle an einem Privatfluß vor, wobei der Anwendungsbereich dieser Vorschriften umstritten war[175]. Bestandteile des Verfahrens waren sowohl die Bekanntmachung des Vorhabens als auch die Möglichkeit, Einwendungen gegen das Vorhaben zu erheben. Wegen der gesetzlichen Verankerung des Anlagenzulassungsverfahrens nahm das Mühlenrecht im Rahmen des Gewerberechts eine Ausnahmestellung ein. In der ersten Hälfte des 19. Jahrhunderts wurden daher mit Blick auf das Mühlenrecht einige wesentliche Prinzipien des Anlagenzulassungsrechts erörtert, wobei zum einen Fragen des Bestandsschutzes einer Erlaubnis zur Anlegung von Mühlen[176] sowie zum anderen - originär verfahrensbezogen - die Auseinandersetzung um Gegenstand und Reichweite der statthaften Einwendungsgründe sowie die Grenzen des Untersuchungsgrundsatzes im Vordergrund standen. Auf Gesichtspunkte, die - wie beispielsweise die Bedürf-

[173] Anlagen mit großem Holzverbrauch (Ziegeleien, Kalköfen, Kohlenbrennereien, Pottaschsiedereien, Säge-, Schneide-, Öl-, Papier-, Walk-, Lohmühlen) sollten im allgemeinen nur in Gegenden errichtet werden, in denen der benötigte Rohstoff vorhanden war (Rüffer S. 28 m.w.N.).

[174] Z.B.: Provinzialrechte, nach denen das Recht zur Mühlenanlage ein gutsherrliches Regal war (Schlesien); Bannrechte bestehender Domänen- und gutsherrlicher Mühlen.

[175] Fraglich war insoweit, ob das gesetzlich niedergelegte Verfahren bei allen Mühlarten zu beachten war oder ob es nur auf Mehlmühlen Anwendung fand.

[176] Genehmigungspflicht von Änderungen an der Mühle (Zum Beispiel: Reskript des Königlichen Ministeriums des Innern, an die königliche Regierung zu Frankfurt a.O., die Beschränkung der neuen Mühlen-Anlagen betreffend, vom 15.12.1826 (ad. 1), Kamptz -Annalen 1826, S. 1119 - 1121); Genehmigungspflicht der Wiedererrichtung einer Mühle nach ihrer Zerstörung durch höhere Gewalt (Zum Beispiel: Circular-Rescript des Königlichen Ministeriums des Innern an sämmtliche Königlichen Regierungen, mit Ausschluß der Rheinischen, die Wiederherstellung zerstörter Wasser- oder Windmühlen betreffend, vom 30.11.1833, Kamptz Annalen 1833, S. 1050).

nisprüfung - im öffentlichen Interesse von Amts wegen zu ermitteln waren[177], musste ein Antragsteller im Rahmen der Begründung eines Genehmigungsantrages nicht eingehen. Andererseits konnten Einwendungen auch nicht auf Aspekte gestützt werden, die zur Gewährleistung des öffentlichen Wohls von Amts wegen zu ermitteln waren. Dementsprechend waren beispielsweise Einwendungen von Konkurrenten (also von Betreibern bestehender Mühlen), die sich auf das fehlende Bedürfnis stützten, nicht statthaft[178]. Diese rechtspolitischen Diskussionen offenbarten, dass es sich bei der Beteiligungsmöglichkeit im wesentlichen um eine Betroffenenbeteiligung handelte.

c. Baupolizeiliche Generalklausel

Als Auffangvorschrift erwies sich die baupolizeiliche "Generalklausel"[179], nach der zum Schaden oder zur Unsicherheit des gemeinen Wesens kein Bau vorgenommen werden durfte. Bauvorhaben innerhalb von Städten waren grundsätzlich anzeigepflichtig. Darüber hinaus bedurfte die Errichtung einer Feuerstelle einer behördlichen Erlaubnis, und zwar unabhängig davon, ob sie innerhalb einer Stadt oder auf dem Land erfolgte[180].

Die gewerberechtlichen Vorgaben des Allgemeinen Landrechts konzentrierten sich primär auf das materielle Recht, wobei die getroffenen Regelungen überwiegend keinen innovativen Gehalt aufwiesen, sondern den bisherigen Status quo widerspiegelten. Dieser konservative Charakter kennzeichnete auch die wenigen verfahrensrechtlichen Vorgaben im Bereich der Genehmigung von Fabriken und der Zulassung von Mühlen. Bei den dort niedergelegten Beteiligungsmöglichkeiten handelte es sich im wesentlichen um eine Betroffenenbeteiligung, die den Betreibern von Fabriken und Mühlen eine Verteidigung ihres Besitzstandes gegenüber Konkurrenten ermöglichte.

---

[177] Rescript des Königlichen Ministeriums des Innern an die Königliche Regierung zu N., die polizeiliche Erlaubnis zur Anlegung neuer Mühlen betreffend, vom 16.08.1839, Kamptz Annalen 1839, S. 600 f.

[178] Rescript des Königlichen Ministeriums des Innern an die Königliche Regierung zu N., die polizeiliche Erlaubnis zur Anlegung neuer Mühlen betreffend, vom 16.08.1839, Kamptz Annalen 1839, S. 600 f.

[179] I/8 §§ 66,67,69.

[180] Auf der Grundlage dieser Vorschrift wurde 1841 beispielsweise im Regierungsbezirk Münster die Errichtung von Gasbereitungsanlagen reglementiert (Ministerialblatt für die gesamte innere Verwaltung in den Königlich Preußischen Staaten, Band 2 (1841), S. 231). Die Erteilung der Genehmigung zur Errichtung einer solchen Anlage war ferner an Bedingungen zu knüpfen, die einer Beeinträchtigung der Nachbarschaft vorbeugten (Ministerialblatt für die gesamte innere Verwaltung in den Königlich Preußischen Staaten, Band 2 (1841), S. 231).

2. Die Preußische Allgemeine Gewerbegesetzgebung vom 17. Januar 1845

Mit Einsetzen der industriellen Revolution waren die überkommenen polizeilichen Strukturen allerdings überfordert. Die traditionellen - auf die agrarische Gesellschaft zugeschnittenen - Mittel der Gefahrenabwehr eigneten sich nicht zur Eindämmung der neuartigen Gefahren und Risiken. Daneben hemmte die Rechtszersplitterung innerhalb des preußischen Territoriums den industriellen Aufschwung.

Infolgedessen stieg das Bedürfnis nach einer - landeseinheitlichen - effektiven Gewerbepolizei-Gesetzgebung. Neben der Gefahrenabwehr wurde die Stärkung der Gewerbefreiheit als gleichwertiges Ziel einer zeitgemäßen Gewerbepolizei-Gesetzgebung postuliert.

a. Entwurf eines allgemeinen Gewerbe-Polizei-Gesetzes von 1837

Die Arbeiten an einer Gewerbeordnung für Preußen, die seit Beginn der 1820er Jahre vom Preußischen Handelsministerium vorangetrieben wurden[181], mündeten 1837 in einen Entwurf eines allgemeinen Gewerbe-Polizei-Gesetzes. Im Rahmen des Gesetzgebungsverfahrens wurde sowohl die Rechtsentwicklung in den deutschen Nachbarstaaten - insbesondere die Vorarbeiten zu einer "Allgemeinen Gewerbsordnung für Baiern"[182], die in dem "Gesetz die Grund-Bestimmungen für das Gewerbswesen betreffend vom 26. September 1825"[183] mündeten - als auch die Rechtslage und Rechtsentwicklung im europäischen Ausland aufmerksam beobachtet. Besondere Aufmerksamkeit wurde dabei der französischen Rechtslage gewidmet, da das französische Immissionsschutz-

[181] GStA PK, I. HA Ministerium des Handels und der Gewerbe, Rep. 120 Gewerbe-Polizei, B Generalia Abth. I Fach 1 Nr. 1 Vol. 1 (Acta betreffend die Revision der gewerbepolizeilichen Gesetzgebung...) [1821 bis August 1831]; GStA PK, I. HA Ministerium des Handels und der Gewerbe, Rep. 120 Gewerbe-Polizei, B Abth. I Fach 1 Nr. 1 Vol. 2 (Acta betreffend die Revision der gewerbepolizeilichen Gesetzgebung...) [1831 bis 1835]; GStA PK, I. HA Ministerium des Handels und der Gewerbe, Rep. 120 Gewerbe-Polizei, B Abth. I Fach 1 Nr. 1 Vol. 4 [2. Januar 1837 bis Mai 1837]; GStA PK, I. HA Ministerium des Handels und der Gewerbe, Rep. 120 Gewerbe-Polizei, B Abth. I Fach 1 Nr. 1 Vol. 5 (Acta betreffend die Revision der gewerbepolizeilichen Gesetzgebung...) [1837 bis 1839].

[182] GStA PK, I. HA Ministerium des Handels und der Gewerbe, Rep. 120 Gewerbe-Polizei, B Generalia Abth. I Fach 1 Nr. 1 (Acta betreffend die Revision der gewerbepolizeilichen Gesetzgebung...) [1821 bis August 1831], Blatt 36: Antrag zur Hohen Kammer der Abgeordneten von F. von Uzschneider, eine allgemeine Gewerbsordnung für Baiern betreffend (Beilage zu Protokoll-Nr. 066, Sonnabend den 16. März 1822, 353 bis 356).

[183] Gesetzblatt für das Königreich Baiern, 1825, Sp. 127 bis 142 [dokumentiert in: GStA PK, I. HA Ministerium des Handels und der Gewerbe, Rep. 120 Gewerbe-Polizei, B Abth. I Fach 1 Nr. 1 Vol. 5 (Acta betreffend die Revision der gewerbepolizeilichen Gesetzgebung...) [1837 bis 1839], Blatt 7 - 9*].

gesetz von 1810 auch in den in Deutschland errichteten Departements galt und dort nach dem Rückzug der Franzosen zumindest in den Gebieten in Kraft blieb, die an Preußen fielen, so zum Beispiel in Aachen und in Stolzer (nahe Aachen)[184].

Die Resonanz, die gewerbliche (insbesondere industrielle) Vorhaben in der Öffentlichkeit fanden und die - regelmäßig - zu Protesten führte, spiegelte sich im Gesetzgebungsverfahren wider. Die Zusammenstellung der Gewerbszählungen aus den Jahren 1810, 1816, 1820 und 1825[185] veranschaulicht, dass das Problembewusstsein in dem Maße stieg, in dem die Industrialisierung voranschritt. Einwendungen in Genehmigungsverfahren sowie (Dritt-) Widersprüche gegen eine erteilte Genehmigung wurden wegen der wachsenden öffentlichen Resonanz als ein den wirtschaftlichen Aufschwung hemmendes Phänomen herausgestellt. In den Motiven zum Preußischen Gewerbepolizeigesetz von 1837 wurde demzufolge darauf hingewiesen, dass nicht selten aus Eigennutz, Missgunst oder Unverstand gänzlich unbegründete Einwendungen ("frivole Protestationen"[186]) gegen die Errichtung einer gewerblichen Anlage erhoben würden, wobei sich der Begriff der "Einwendung" allerdings nicht unmittelbar auf ein Gegenvorbringen im Rahmen eines Genehmigungsverfahrens bezog, sondern auf Widersprüche gegen eine erteilte Erlaubnis. In Anbetracht der Vielzahl unbegründeter Widersprüche sollte es daher in das Ermessen der Behörde gestellt werden, dem Widerspruch eine aufschiebende Wirkung beizumessen oder aber den Sofortvollzug des Genehmigungsbescheides anzuordnen.

Die Provinzial-Stände und Regierungen wurden aufgefordert, zu diesem Entwurf Stellung zu nehmen. Die Zusammenstellung ihrer Bemerkungen[187] veranschaulicht die Intensität der Auseinandersetzung mit der Gewerbegesetzgebung, die sich auch auf die Verfahrensvorschriften erstreckte. Dabei argumentierten die konsultierten Provinzial-Stände vor allem pragmatisch und beriefen sich auf die bisher im Zusammenhang mit der Genehmigung und Überwachung in-

[184] Benöhr, Hans-Peter, Umweltrechtsentwicklungen in Deutschland zwischen 1800 und 1918, in: Kloepfer (Hrsg.), Schübe des Umweltbewußtseins und der Umweltrechtsentwicklung, Bonn 1995, S. 35 - 54 (40 f); Mieck, Luftverunreinigung und Immissionsschutz in Frankreich und Preußen zur Zeit der frühen Industrialisierung, Technikgeschichte 48, 1981, S. 239 - 251 (239, 244).

[185] GStA PK, I. HA Ministerium des Handels und der Gewerbe, Rep. 120 Gewerbe-Polizei, B Abth. I Fach 1 Nr. 1 Vol. 5, Acta betreffend die Revision der gewerbepolizeilichen Gesetzgebung...) [1837 bis 1839], Blatt 6 ff.

[186] GStA PK, I. HA Ministerium des Handels und der Gewerbe, Rep. 120 Gewerbe-Polizei, B Abth. I Fach 1 Nr. 1 Vol. 4 (Acta betreffend die Revision der gewerbepolizeilichen Gesetzgebung...) [Januar 1837 bis Mai 1837], Blatt 208.

[187] GStA PK, I. HA Ministerium des Handels und der Gewerbe, Rep. 120 Gewerbe-Polizei, B Abth. I Fach 1 Nr. 1 Vol. 5 (Acta betreffend die Revision der gewerbepolizeilichen Gesetzgebung...) [1837 bis 1839], Blatt 63 - 102*.

dustrieller Anlagen gemachten Erfahrungen. Die eingegangenen Stellungnahmen beinhalteten sowohl grundsätzliche Erwägungen zum Erfordernis eines kontradiktorischen Verfahrens[188] und zum Kreis der berücksichtigungswürdigen Belange als auch zu Detailfragen des Verfahrensgangs, wie z.B. den Zuständigkeiten[189], der Art und Weise der Bekanntmachung (Veröffentlichung in den Medien oder Anschlag an den Kirchentüren)[190] und Fristen (3 Monate oder 14 Tage)[191]. Diesen Beiträgen gemein war das Bemühen um die Schaffung eines modernen und effizienten[192] Verfahrens, das den Wirtschaftsaufschwung nicht hemmte und im Vergleich zu den deutschen Nachbarstaaten sowie dem europäischen Ausland keine Standortnachteile befürchten ließ. Augenscheinlich stand aus Sicht der Provinzialstände die Informationsfunktion des Genehmigungsverfahrens im Vordergrund. Um den Informationsbedürfnissen der Verwaltung gerecht zu werden, ohne die Wirtschaftsentwicklung unnötig zu belasten, schlugen einige Oberpräsidenten vor, die Durchführung des Beteiligungsverfahrens in das Ermessen der Genehmigungsbehörden zu stellen[193], zumal die Genehmigungsbehörden ohnehin von Amts wegen zur umfassenden Sachverhaltsermittlung verpflichtet waren und das Allgemeinwohl zu berücksichtigen hatten[194]. Aus dieser Perspektive war das Genehmigungsverfahren ohnehin nicht das Forum zur Geltendmachung privater Belange, die von Gesetzes wegen geschützt waren und deren Geltendmachung prinzipiell auf dem Zivil-

[188] Das vorgesehene Verfahren wurde als "unnöthig" und "sehr beschwerlich" angesehen (GStA PK, I. HA Ministerium des Handels und der Gewerbe, Rep. 120 Gewerbe-Polizei, B Abth. I Fach 1 Nr. 1 Vol. 5 (Acta betreffend die Revision der gewerbepolizeilichen Gesetzgebung...) [1837 bis 1839], Blatt 63 - 102*, Blatt 72).

[189] GStA PK, I. HA Ministerium des Handels und der Gewerbe, Rep. 120 Gewerbe-Polizei, B Abth. I Fach 1 Nr. 1 Vol. 5 (Acta betreffend die Revision der gewerbepolizeilichen Gesetzgebung...) [1837 bis 1839], Blatt 63 - 102*, Blatt 73.

[190] GStA PK, I. HA Ministerium des Handels und der Gewerbe, Rep. 120 Gewerbe-Polizei, B Abth. I Fach 1 Nr. 1 Vol. 5 (Acta betreffend die Revision der gewerbepolizeilichen Gesetzgebung...) [1837 bis 1839], Blatt 63 - 102*, Blatt 73.

[191] GStA PK, I. HA Ministerium des Handels und der Gewerbe, Rep. 120 Gewerbe-Polizei, B Abth. I Fach 1 Nr. 1 Vol. 5 (Acta betreffend die Revision der gewerbepolizeilichen Gesetzgebung...) [1837 bis 1839], Blatt 63 - 102*, Blatt 73.

[192] Der Verfahrenseffizienz verpflichtet war beispielsweise die Anregung der Regierung Koblenz, anstelle eines individuellen Resoluts über jede erhobene Einwendung den Genehmigungsbescheid insgesamt zu veröffentlichen oder den Einwendern zumindest eine Einsichtnahme in den Genehmigungsbescheid zu ermöglichen (GStA PK, I. HA Ministerium des Handels und der Gewerbe, Rep. 120 Gewerbe-Polizei, B Abth. I Fach 1 Nr. 1 Vol. 5 (Acta betreffend die Revision der gewerbepolizeilichen Gesetzgebung...) [1837 bis 1839], Blatt 63 - 102*, Blatt 74).

[193] Z.B. die Oberpräsidenten von Bonn und Frankfurt am Main.

[194] GStA PK, I. HA Ministerium des Handels und der Gewerbe, Rep. 120 Gewerbe-Polizei, B Abth. I Fach 1 Nr. 1 Vol. 5 (Acta betreffend die Revision der gewerbepolizeilichen Gesetzgebung...) [1837 bis 1839], Blatt 63 - 102*, Blatt 73.

rechtsweg zu erfolgen hatte[195]. Der Oberpräsident von Bonn regte darüber hinaus an, dem Vorhabenträger das Recht einzuräumen, zu seinem Schutz die Durchführung eines kontradiktorischen Verfahrens beantragen zu können[196].

b. Die Preußische Allgemeine Gewerbeordnung von 1845

Die Preußische Allgemeine Gewerbeordnung war auf dem ("deutschen", genauer: preußischen) Weg zur Gewerbefreiheit von zentraler Bedeutung. Dennoch bestand ihr wesentliches Verdienst vor allem in der Klärung der verschiedenen, teilweise verworrenen Rechtsverhältnisse innerhalb des preußischen Territoriums. Integraler Bestandteil dieser "Klärung" ist die landesweite "Harmonisierung" des Genehmigungsverfahrens für gefährliche Anlagen (in Form einer landesweit einheitlichen Genehmigungspflicht), dessen Ausgestaltung zur Verfahrensbeschleunigung beitragen sollte. Das Genehmigungsverfahren wurde durch einen Antrag des Vorhabenträgers eingeleitet, der öffentlich bekanntgemacht wurde und gegen den innerhalb einer Einwendungsfrist Einwendungen vorgebracht werden konnten. Auf die Prüfung des Antrages und der gegebenenfalls erhobenen Einwendungen wurde über den Antrag durch einen Verwaltungsakt (Erteilung der Genehmigung oder Versagung der Genehmigung) entschieden.

Die Einführung einer gewerbepolizeilichen Genehmigungspflicht für gefährliche Anlagen stieß in den Anfangsjahren auf Widerstand bei den Vorhabenträgern, die nur eine geringe Bereitschaft zeigten, den Systemwechsel mitzutragen und (rechtzeitig) einen Genehmigungsantrag zu stellen[197]. Stattdessen war das Verhalten der Vorhabenträger vielfach von der Bemühung geleitet, die Genehmigungspflicht zu unterlaufen. Symptomatisch war insoweit die Praxis, mit der

---

[195] Nach Auffassung des Oberpräsidenten von Frankfurt am Main sollten kontradiktorische Verfahren auf diejenigen Fälle beschränkt werden, in denen die Interessen eines Einzelnen unbedingt die Erteilung der Konzession ausschließe. In den Fällen allerdings, in denen lediglich eine allgemeine Abwägung der Interessen des Vorhabenträgers mit den Belangen der Allgemeinheit vorzunehmen sei, sei ein kontradiktorisches Verfahren nicht angebracht. Es sei im Rahmen einer derartigen Abwägung vielmehr kontraproduktiv, wenn ein Einzelner ein Recht auf die Berücksichtigung seiner Interessen habe (GStA PK, I. HA Ministerium des Handels und der Gewerbe, Rep. 120 Gewerbe-Polizei, B Abth. I Fach 1 Nr. 1 Vol. 5 (Acta betreffend die Revision der gewerbepolizeilichen Gesetzgebung...) [1837 bis 1839], Blatt 63 - 102*, Blatt 72).

[196] GStA PK, I. HA Ministerium des Handels und der Gewerbe, Rep. 120 Gewerbe-Polizei, B Abth. I Fach 1 Nr. 1 Vol. 5 (Acta betreffend die Revision der gewerbepolizeilichen Gesetzgebung...) [1837 bis 1839], Blatt 63 - 102*, Blatt 72.

[197] Die mangelnde Akzeptanz der Genehmigungspflicht beruhte zum Teil wohl auch darauf, dass der Genehmigung weder von Gesetzes wegen noch durch richterliche Rechtsfortbildung eine privatrechtsgestaltende Wirkung zuerkannt wurde (Zum Beispiel: Plenarbeschluß des Preußischen Obertribunals vom 7.06.1852, Entscheidungen des Obertribunals Bd. 23, S. 252).

Errichtung der genehmigungspflichtigen Anlagen vor der Rechtskraft der Genehmigungsentscheidung und der Ausstellung der förmlichen Konzessions-Urkunde zu beginnen und auf diese Weise die Verwaltung gleichsam vor vollendete Tatsachen zu stellen[198].

Unmittelbar nach Erlass der Gewerbeordnung kam es zu einer Reihe von Erlassen, Verfügungen und Rescripten, die (in Ermangelung einheitlicher Ausführungsbestimmungen) die Anwendung des Gewerbegesetzes näher regelten und nach Möglichkeit landesweit harmonisieren sollten[199]. Durch dieses untergesetzliche Regelwerk sollte eine landesweit einheitliche Bearbeitung der Genehmigungsanträge erreicht werden, um administrativen Wettbewerbsverzerrungen so weit wie möglich vorzubeugen.

Gegenstand und Reichweite des neuen Verfahrensrechts wurden auch durch die Öffentlichkeit "ausgetestet", die von dem ihr eingeräumten Einwendungsrecht verhältnismäßig rege Gebrauch machte und auch die ihr zustehenden Rechtsbehelfe ausschöpfte. Dabei erschien (zumindest den zeitgenössischen Behörden) das Gegenvorbringen nicht immer als "konstruktiv", sondern zu einem erheblichen Teil schlicht darauf angelegt, das Vorhaben gänzlich zu verhindern, wobei nicht nur vorhaben- und standortbezogene Argumente vorgebracht wurden, sondern auch sachfremde Gründe wie beispielsweise die Nationalität oder Konfession des Vorhabenträgers[200]. Die Intensität, mit der das Einwendungsrecht ausgeübt wurde, führte jedenfalls zu Verfahrensverzögerungen, die dem erklärten Ziel der Wirtschaftsförderung entgegenstanden.

Die Wirkungsmacht des Einwendungsverfahren war in der Praxis jedoch verhältnismäßig gering, was wohl darauf zurückgeführt werden kann, dass sich die zuständigen Behörden bei der Anwendung des Gesetzes dem Ziel verpflichtet fühlten, die Entwicklung der Wirtschaft zu fördern, jedenfalls aber nicht nachhaltig zu behindern. Allein aufgrund der Einwendungen Privater kam es demzufolge nur selten zur Ablehnung eines Genehmigungsantrages, sondern vielmehr

[198] Cirkular-Erlaß an sämmtliche Königliche Regierungen, die Fassung der in Bezug auf Errichtung gewerblicher Anlagen ergehenden Resolute betreffend, vom 24. November 1852, Ministerial-Blatt für die gesammte innere Verwaltung in den Königlich Preußischen Staaten, 13. Jahrgang, 1852, S. 323.

[199] Zum Beispiel: Zirkularverfügung vom 28. September 1846, die die Vorgehensweise der Behörden bei der Auslegung der §§ 28 und 36 bei der Genehmigung zum Wiederaufbau zerstörter Fabriken erläutert (MBl. Bd. 7 1846, S. 211 f); Verfügung an die Königl. Regierung zu N., die polizeiliche Genehmigung zu Veränderungen gewisser gewerblicher Anlagen betreffend vom 19.01.1847 (MBl. Bd. 8 1847 S. 62).

[200] Dazu ausführlich: Henneking, Chemische Industrie und Umwelt, Konflikte um Umweltbelastungen durch die chemische Industrie am Beispiel der schwerchemischen, Farben- und Düngemittelindustrie der Rheinprovinz (ca. 1800-1914), Stuttgart 1994.

zur Anordnung von Auflagen, die das Aufkommen von Beeinträchtigungen verhindern sollten.

c. Gesetz, betreffend die Abänderung einiger Bestimmungen der Allgemeinen Gewerbe-Ordnung vom 17. Januar 1845 (Vom 22. Juni 1861)[201] *sowie Gesetz, betreffend die Errichtung gewerblicher Anlagen (Vom 1. Juli 1861)*[202]

Nach Inkrafttreten der Allgemeinen Gewerbeordnung häuften sich die Klagen aus der Praxis, wonach das kontradiktorische Genehmigungsverfahren zu einem erheblichen Zeitverlust führe würde, der eine Einbuße an Kapital und Arbeitsgewinn zur Folge hätte Diese Klagen veranlassten den preußischen Gesetzgeber dazu, im Lichte der Rechtspraxis das bestehende Regelungssystem auf den Prüfstand zu stellen mit dem Ziel, einen etwaigen Reformbedarf aufzudecken und entsprechende Revisionen in die Wege zu leiten.

Sofern keine Einwendungen gegen ein Vorhaben erhoben wurden, erstreckte sich das Genehmigungsverfahren in den 1850er Jahren über etwa 10 bis 12 Wochen. Verfahren, an denen sich die Öffentlichkeit beteiligte, nahmen demgegenüber einen Zeitraum von mindestens sechs Monaten in Anspruch[203]. Deshalb fühlte sich der preußische Gesetzgeber im Rahmen des Gesetzgebungsverfahrens für ein „Gesetz betreffend die Errichtung gewerblicher Anlagen“ zur Förderung der allgemeinen Wirtschaftsentwicklung dazu verpflichtet, eine Beschleunigung des Genehmigungsverfahrens herbeizuführen.

Die das Genehmigungsverfahren betreffenden Vorschriften wurden im Rahmen der Verhandlungen der durch die Allerhöchste Verordnung von 27. Dezember 1860 einberufenen beiden Häuser des Landtages eingehend erörtert[204]. Nicht zuletzt mit Blick auf die bislang in der Praxis gesammelten Erfahrungen wurde die landesweite Beibehaltung des kontradiktorischen Verfahrens vorgeschlagen. Maßgebliches Argument war dabei der dem Unternehmer zugute kommende "Bestandsschutz", denn der Unternehmer würde letztendlich von dem rechtzeitigen Interessenausgleich profitieren.

In der das Gesetzgebungsverfahren begleitenden rechtspolitischen Diskussion wurde in Anbetracht der als Belastung empfundenen Dauer streitiger Genehmigungsverfahren vorgeschlagen, das "Publikationsverfahren"[205] vollständig aufzugeben und die Prüfung im Vorfeld der Anlagenzulassungsentscheidung auf

[201] Gesetz-Sammlung für die Königlichen Preußischen Staaten, 1861, S. 441 - 445.
[202] Gesetz-Sammlung für die Königlichen Preußischen Staaten, 1861, S. 749 - 753.
[203] Stenographische Berichte Preußischer Landtag S. 503.
[204] Stenographische Berichte Preußischer Landtag S. 502 ff.
[205] Stenographische Berichte Preußischer Landtag S. 503.

rein polizeiliche Gesichtspunkte zu beschränken. Die Interessen der vorhabenbetroffenen Bürger sollten vollständig auf dem (Zivil-) Gerichtsweg geltend gemacht werden Eine solche vollständige "Sonderung" der polizeilichen von den privaten Interessen erschien dem Gesetzgeber jedoch praktisch nicht durchführbar, weil beide vielfach zusammentreffen würden[206].

Andere Vorschläge zielten darauf ab, die Durchführung eines umfassenden Genehmigungsverfahrens im Sinne des bestehenden Publikationsverfahrens in das Ermessen des Vorhabenträgers zu stellen und ihm die Beantragung der Durchführung eines entsprechenden Verfahrens anheim zu stellen. Zur weiteren Verfahrensbeschleunigung sollte dem Vorhabenträger das Recht eingeräumt werden, auf seine Gefahr hin die Erteilung der Genehmigung unter dem Vorbehalt einer administrativen Entscheidung über etwaige Einsprüche zu beantragen[207].

Mit Blick auf das französische System, in dem die Anlagen nach ihrer Gefährlichkeit in mehrere Klassen eingeteilt wurden, wurde schließlich eine Überprüfung und Überarbeitung des Kreises der genehmigungspflichtigen Anlagen gefordert in der Erwartung gewisser Verfahrenserleichterungen aufgrund der Zuweisung der Anlagen in verschiedene Gefährdungsklassen[208].

Im Ergebnis wurde das Genehmigungsverfahren durch diese beiden Gesetze jedoch nur in Detailfragen geändert.

d. Die Gewerbegesetzgebung in den übrigen deutschen Staaten

Bis zur Reichsgründung stand die Ausgestaltung der Gewerbeverfassung in allen deutschen Bundesstaaten im Zentrum der rechtspolitischen Debatten. Während ein gemeinsames Ziel, nämlich die Wirtschaftsförderung sowie die Verbesserung der eigenen Position im länderübergreifenden, internationalen Wettbewerb, die Länder verband, unterschieden sich die diskutierten (und zum Teil auch realisierten) Lösungvorschläge stark.

Der Ausgestaltung des Verfahrens zur Erteilung einer Konzession, Erlaubnis bzw. Genehmigung, wurde im Rahmen dieser Debatten nur eine beschränkte Aufmerksamkeit geschenkt. Dies darf allerdings nicht zu dem Schluss verleiten, dass ein länderübergreifender einheitlicher Status quo bestand. In einer Reihe

[206] Stenographische Berichte Preußischer Landtag S. 503.
[207] Diese Alternative eines fakultativen Verfahrens wurde vom Gesetzgeber mit Blick auf die Macht des Faktischen verworfen, nach der gegenüber bestehenden und betriebenen Anlagen wohl nur in äußersten Notfällen eine Beseitigungsverfügung ausgesprochen würde.
[208] Ungeachtet des Funktionierens dieses Systems in Frankreich wurde eine derartige Klassifizierung vom preußischen Gesetzgeber als nicht praktikabel abgelehnt.

von Ländern beinhalteten die Gewerbegesetze bis zur Gründung des Reiches keine verfahrensrechtlichen Vorschriften (z.B. Hessen). In anderen Ländern beinhalteten zwar nicht die Gewerbegesetze (also Gesetze im formellen Sinn), dafür aber das die Gesetzgebung ergänzende untergesetzliche Regelwerk (Verordnungen, Instruktionen oder Anwendungserlasse) verfahrensrechtliche Anforderungen, wobei der Detaillierungsgrad variierte. Das Verfahren zur Erteilung von „Gewerbs-Concessionen" wurde in Bayern (bis 1834[209]) beispielsweise durch die „Königliche Allerhöchste Verordnung. Der Vollzug der gesetzlichen Grundbestimmungen für das Gewerbswesen in den sieben älteren Kreisen des Königreichs betreffend" vom 28. Dezember 1825 ausgestaltet[210], während das „Gesetz: Die Grundbestimmungen für das Gewerbswesen betreffend" vom 11. September 1825[211] lediglich die allgemeinen gewerberechtlichen Grundsätze, insbesondere die Konzessionspflicht[212], vorgab[213]. In Verfahren zur Erteilung einer Gewerbekonzession war danach grundsätzlich kein Beteiligungsrecht vorgesehen[214]; in Abhängigkeit von der Art des Vorhabens war die Konsultation von Fachbehörden vorgesehen und wurde zumindest den Betroffenen ein Einwendungsrecht zugebilligt[215]. Nach einer Stagnation der gesetzgeberischen Tä-

---

[209] Die Vollzugsverordnung von 1825 wurde durch Verordnung vom 1. Juli 1834 außer Kraft gesetzt.

[210] Regierungsblatt für das Königreich Bayern 1826 Nr. 4 vom 18. Januar 1826, S. 81 ff; zu dieser Verordnung wurden in den Folgejahren besondere Weisungen an die Kreisregierungen hinausgegeben, wonach in Zweifelsfällen immer in dem der Gewerbefreiheit günstigsten Sinne zu entscheiden war.

[211] Verhandlungen der zweyten Kammer der Ständeversammlung des Königreichs Bayern im Jahre 1825, Bd. 13, 1825, S. 82 ff.

[212] Artikel 1: „Zur selbständigen Ausübung eines jeden Gewerbes ohne Unterschied nur mit Ausnahme der im dritten Abschnitt § 8. bezeichneten freyen Gewerbe und Erwerbsarten, wird eine besondere Koncession erfordert. Durch Verjährung kann von nun ab keine Gewerbsbefugniß mehr erworben werden."

[213] Das Gewerbegesetz von 1825 bleibt bis 1868 in Kraft und wird erst durch das „Gesetz. das Gewerbswesen betreffend" vom 30. Januar 1868 abgelöst.

[214] § 65 der bayrischen Vollzugsverordnung von 1825: „3. Eine Vernehmung der Gewerbs-Vereine oder ihrer Genossen findet nicht mehr statt; jedoch bleibt die Vernehmung der Gemeinden nach § 9 No. 1 des Gesetzes über die Ansässigmachung vorbehalten. Bey Concessions-Gesuchen bereits ansässiger Gemeindemitglieder hat auch diese Vernehmung zu unterbleiben. In welchen Fällen eine Vernehmung auch noch anderer Betheiligter aus privatrechtlichen oder polizeylichen Rücksichten zu erforderlich seyn kann, ist im § 20 bereits vermerkt worden."

[215] § 20 der bayrischen Vollzugsverordnung von 1825 sieht insbesondere vor die Einholung von Sachverständigengutachten zur Gefährlichkeit von Fabriken, Manufakturen und neuen bürgerlichen Gewerben, deren Betrieb lärmend, übelriechend, die Luft verderbend, das Wasser verunreinigend oder in hohem Grade feuergefährlich ist (Nr. 1), die Anhörung der vorhabenbetroffenen öffentlicher Stellen (Nr. 2), die „Vernehmung" der vorhabenbetroffenen „Angränzer" und Nutzungsberechtigten im Fall der Erbauung oder Erweiterung von Mühl- und anderen Werken an Flüssen und Bächen (Nr. 3) und die Beteiligung der Zollbehörden (Nr. 4).

tigkeit im Zeitraum zwischen 1834 und 1853 wurde schließlich am 17. Dezember 1853 die „Instruktion zum Vollzug der gesetzlichen Grundbestimmungen für das Gewebswesen in den soeben älteren Kreisen des Königreiches“ erlassen, die sich im wesentlichen darauf beschränkte, die seit 1834 in großer Zahl in Kraft getretenen Spezialvorschriften und Einzelinstruktionen systematisch zu ordnen und behutsam zu modernisieren. Weder die Vollzugsverordnung von 1853 noch die sie ablösende „Instruktion zum Vollzuge der gesetzlichen Grundbestimmugen für das Gewerbswesen in den sieben älteren Kreisen des Königreichs“ vom 21. April 1862[216] sahen allerdings Beteiligungsrechte vor.

Für die weitere Entwicklung des deutschen Anlagenzulassungsrechts prägend wurde - neben dem preußischen Recht - das Gewerbegesetz für das Königreich Sachsen von 1861. Der sächsische Gesetzgeber konnte sich im Rahmen des Gesetzgebungsverfahrens an bewährten "Vorbildern" (Preußen, Frankreich) orientieren - und tat dies ausweislich der Gesetzgebungsmaterialien anfangs auch. Der gedruckte Entwurf von 1857 orientierte sich sogar ausdrücklich an der französischen und preußischen Gesetzgebung[217]. Die Konzeption und gesetzliche Ausgestaltung der privatrechtsgestaltenden Wirkung der Genehmigung ging im wesentlichen auf § 30 des Gewerbegesetzes für das Königreich Sachsen (Folgen der ertheilten Genehmigung für spätere Einwendungen) zurück[218]. In ähnlicher Weise maßgebend für die Reichsgesetzgebung waren die sächsischen Vorarbeiten zum abschließenden Charakter und der landeseinheitlichen Verbindlichkeit der Vorschriften[219].

Anfang der 1860er Jahre erließen auch die übrigen mitteldeutschen, insbesondere die thüringischen und sächsischen, Staaten Gewerbeordnungen[220,221]. Im Gegensatz zur Preußischen Allgemeinen Gewerbeordnung von 1845 griffen diese Kodifikationen allesamt die bahnbrechenden Neuerungen des sächsischen Gewerbegesetzes auf. Zur Erweiterung des Verzeichnisses der genehmigungspflichtigen Anlagen wurde regelmäßig eine Verordnungsermächtigung zugunsten des Staatsministeriums niedergelegt. Außerdem wurde den ordnungsgemäß genehmigten Anlagen ein besonderer privatrechtlicher Schutz gewährt[222].

216 Regierungsblatt für das Königreich Bayern 1862, Nr. 20, S. 717 ff.

217 Gedruckter Entwurf 1857, Specielle Erläuterungen und Bemerkungen zu dem Entwurfe einer Gewerbeordnung für Sachsen, S. 183.

218 Die Verankerung der privatrechtsgestaltenden Wirkung der Genehmigung erfolgte erst auf Antrag des sächsischen Abgeordneten Dr. Baehr.

219 Gutachten über den Entwurf eines Gewerbegesetzes für das Königreich Sachsen vom Handwerksverein in Chemnitz (Chemnitz 1860), S. 4.

220 Sachsen-Koburg-Gotha v. 21.3.1862 (GesS. Bd. 12 S. 75), Sachsen-Weimar v. 30.5.1862 (RegBl. S. 63), Sachsen-Meiningen v. 16.6.1862 (Samml. der landesherrlichen Verordnungen S. 67), Sachsen-Altenburg v. 31.3.1863 (GesS. S. 15).

221 Muthesius S. 4.

222 Muthesius S. 4.

Die - für Stellenwert und Funktion der Beteiligungsrechte wesentliche - privatrechtsgestaltende Wirkung der Betriebsgenehmigung setzte sich somit durch.

3. Gewerbeordnung für den Norddeutschen Bund vom 21. Juni 1869

Die Gewerbeordnung für den Norddeutschen Bund zielte auf eine Konsolidierung der inneren Verhältnisse des Bundes ab und sollte dazu beitragen, die politisch anvisierte wirtschaftliche Einheit im Bundesgebiet zu verwirklichen. Die Anlehnung der Gewerbeordnung für den Norddeutschen Bund an die Preußische Allgemeine Gewerbeordnung von 1845 veranschaulichte die starken Verflechtungen zwischen dem Bund und Preußen, die in der Person Bismarcks verkörpert und die durch das starke Übergewicht Preußens innerhalb des Bundes begünstigt wurden. Im preußischen Handelsministerium betrachtete man die Gewerbeordnung vom 17. Januar 1845 als die "natürliche und völlig geeignete Grundlage" für die Gewerbeordnung für den Norddeutschen Bund[223].

Im Zentrum der politischen Kontroverse stand erneut das Ringen um die Gewerbefreiheit[224]. In Anbetracht der Tatsache, dass zu Beginn der Arbeiten an der Gewerbeordnung für den Norddeutschen Bund im Jahr 1866 bereits eine Vielzahl von Einzelstaaten zur Gewerbefreiheit übergegangen waren, zeichnete sich bereits frühzeitig ab, dass eine Rückbesinnung auf das Zunftwesen weder wirtschaftspolitisch sinnvoll noch machtpolitisch durchsetzbar war. Ungeachtet dessen nahm diese Grundsatzdebatte einen großen Raum ein.

Die Bestimmungen bezüglich des Genehmigungsverfahrens wurden demgegenüber nicht intensiv erörtert, was im wesentlichen darauf beruhte, dass derartige Vorgaben in den Gewerbegesetzen verbreitet und allgemein akzeptiert waren[225].

So breit der Konsens in Bezug auf die Grundsätze des Genehmigungsverfahrens war, so intensiv wurden Fragen der behördlichen Zuständigkeit für die Erteilung der Genehmigung vor dem Hintergrund der landesrechtlichen Besonderheiten des Behördenaufbaus diskutiert. Da eine Vereinheitlichung des Behördenaufbaus entsprechend des preußischen Vorbilds weder durchgesetzt werden sollte noch konnte, begnügte sich der Gesetzgeber mit der Kodifikation der Grundsätze ("gewisse leitende allgemeine Gesichtspunkte"[226]) des Genehmigungsverfahrens, über die bereits zu Beginn des Genehmigungsverfahrens weitgehend

[223] Krahl S. 73.
[224] Einen (kritisch zu lesenden) Einstieg in die politischen Hintergründe und personellen Verflechtungen der Entstehung der Gewerbeordnung von 1869 bietet: Elisabeth Krahl, Die Entstehung der Gewerbeordnung von 1869, Jena 1937.
[225] Motive S. 100.
[226] Beyendorff S. 8.

Einigkeit bestand. Die Verpflichtung auf einheitliche Verfahrensprinzipien war, so der Abgeordnete *Lasker*, aus Gründen der Rechtsstaatlichkeit ("zur Sicherung des Eigentums und der Gewerbsthätigkeit") erforderlich[227].

Das sächsische Konzept der gesetzlichen Fixierung der privatrechtsgestaltenden Wirkung der besonderen gewerbepolizeilichen Genehmigung setzte sich im Rahmen des Gesetzgebungsverfahrens zum Erlass einer Gewerbeordnung für den Norddeutschen Bund erst relativ spät durch. Der vom Bundesrat des Norddeutschen Bundes 1869 verabschiedete Entwurf einer Gewerbeordnung enthielt noch keine derartige Vorschrift[228]. Die entscheidende Initiative zur Aufnahme einer entsprechenden Vorschrift[229] in die Gewerbeordnung ergriff der Abgeordnete *Dr. Baehr* im Rahmen der zweiten Beratung des Entwurfs im Reichstag[230]. Der Entwurf des Abgeordneten *Dr. Baehr* richtete sich nicht nur gegen industriefeindliche Partikularrechte privatrechtlichen Inhalts, insbesondere die berühmten Verbietungsrechte des lübischen Rechts[231], sondern zielte auch darauf ab, das scharfe Schwert der gemeinrechtlichen *actio negatoria* zu mildern[232], da nach Einschätzung des sächsischen Abgeordneten eine auf die actio negatoria gestützte Verurteilung zur Unterlassung nachteiliger Einwirkungen, die von einer gewerblichen Anlage ausgingen, die vollständige Einstellung des Gewerbebetriebes herbeiführen konnten.

4. Reichsgewerbeordnung

a. Rechtsvereinheitlichung - das unvollkommen verwirklichte Ziel

Der Kreis der genehmigungspflichtigen Anlagen wurde durch die Reichsgewerbeordnung verbindlich und abschließend konkretisiert[233]. Weder die Behörden noch die Vorhabenträger hatten ein Ermessen in Bezug auf die Genehmigungspflicht eines Vorhabens. Vorhaben, die in dem Verzeichnis nicht explizit

---

[227] Beyendorff S. 8.
[228] Zutreffend: Thieme S. 3.
[229] Der Widerspruch, den der Antrag Baehrs hervorrief, knüpfte im wesentlichen nicht am Grundkonzept der privatrechtsgestaltenden Wirkung der Genehmigung an, sondern an der konkreten Ausgestaltung dieses Entwurfes.
[230] Thieme S. 3.
[231] Thieme S. 4.
[232] Thieme S. 4.
[233] Die Überarbeitung des Katalogs der genehmigungspflichtigen Anlagen stand ausschließlich den zentralen Reichsorganen zu, wobei die Reichsgewerbeordnung eine Verordnungsermächtigung zugunsten des Bundesrates enthielt. Das Verzeichnis der genehmigungspflichtigen Anlagen konnte durch Beschluß des Bundesrats, vorbehaltlich der Genehmigung des nächstfolgenden Reichstags, abgeändert werden.

angeführt waren, bedurften keiner besonderen Genehmigung[234]. Den Behörden war es verwehrt, derartige Vorhaben unter entsprechender Anwendung der Reichsgewerbeordnung einer gewerberechtlichen Genehmigungspflicht zu unterwerfen. Da die Reichsgewerbeordnung einheitliches Recht für das gesamte Reichsgebiet schaffen wollte, war es auch den Landesgesetzgebern verwehrt, die Konzessionspflicht auszudehnen[235]. Die strikte Beschränkung des Anwendungsbereiches der Reichsgewerbeordnung diente der Rechtssicherheit, der Rechtsklarheit und der Einheitlichkeit der Rechtsanwendung im ganzen Reichsgebiet. Die Zulässigkeit allgemeiner polizeilicher Maßnahmen - in Preußen gestützt auf das Gesetz über die Polizeiverwaltung vom 11. März 1850 und ALR. § 10 II 17 - blieb davon nach allgemeiner Ansicht[236] jedoch unberührt[237].

Die anvisierte Rechtsvereinheitlichung wurde im Hinblick auf das Genehmigungsverfahren - aus kompetentiellen Gründen - allerdings nur unvollkommen verwirklicht. Die Reichsgewerbeordnung gab lediglich die wesentlichen Eckpunkte des Genehmigungsverfahrens vor. Die nähere Konkretisierung der einzelnen Verfahrensschritte blieb demgegenüber landesgesetzlichen Regelungen vorbehalten[238] und erfolgte regelmäßig durch einzelstaatliche Ausführungsbestimmungen (Ausführungsanweisungen[239], Technische Anleitungen). Diese widmeten sich insbesondere der formellen Behandlung der eingehenden Genehmigungsanträge und dem äußeren Gang des Genehmigungsverfahrens[240].

---

[234] Berger/Wilhelmi § 16 S. 56.

[235] Muthesius S. 7.

[236] Priester, Das Nachbarrecht des Bürgerlichen Gesetzbuchs im Verhältnis zum öffentlichen Recht (insbesondere §§ 906, 907 BGB. und § 26 GewO.), Borna-Leipzig 1910, S. 27 Anm. 1.

[237] Preußen: Erlaß des Handelsministers vom 18. Februar 1878, III. 1882, IV: 16225; Berger/Wilhelmi § 16 S. 56; Schell § 16 S. 11, Anm. 4.

[238] Roth S. 49.

[239] Z.B.: Preußen: Nr. 28 bis 54 der zur Ausführung der Gewerbeordnung vom 21. Juni 1869 ergangenen Anweisung vom 4. September 1869 (MBl. S. 202); Zirkular, betr. Abänderung der Ausführungsbestimmungen für die Gewerbeordnung vom 21. Juni 1869 vom 19. Juli 1884 (MBl. S. 164)
Sachsen: Verordnung, die Ausführung der Gewerbeordnung für den Norddeutschen Bund betreffend, vom 16. Sept. 1869; Verordnung die Ausführung der Gewerbeordnung für das Deutsche Reich betreffend, vom 28. März 1892 (§§ 17 bis 21); Änderungsverordnungen vom 6. März 1896, vom 7. März 1899 und 30. März 1899
Bayern: Königliche Allerhöchste Verordnung den Vollzug der Gewerbeordnung für den Norddeutschen Bund vom 21. Juni 1869 in Bayern betreffend, vom 4.12.1872, § 3.

[240] So wurden beispielsweise Gegenstand und Umfang der erforderlichen Antragsunterlagen landesrechtlich konkretisiert. Außerdem wurden zum Schutz des mit verhältnismäßig weitreichenden "Informationspflichten" belasteten Unternehmers Vorkehrungen zur Wahrung von Betriebs- und Geschäftsgeheimnissen getroffen. Hinsichtlich der Bekanntmachung des Vorhabens gaben die landesrechtlichen Vorschriften das Publikationsorgan verbindlich vor.

Die zuständigen Behörden wurden regelmäßig durch Zuständigkeitsgesetze bestimmt[241].

b. Grundzüge des Genehmigungsverfahrens

Das Genehmigungsverfahren wurde durch einen Antrag des Vorhabenträgers eingeleitet, der durch die Verwaltung öffentlich bekanntgemacht wurde und gegen den innerhalb einer 14-tägigen Einwendungsfrist Einwendungen vorgebracht werden konnten. Auf die Prüfung des Antrages und der gegebenenfalls erhobenen Einwendungen erging der Bescheid, gegen den ein Rechtsbehelf (Rekurs) zulässig war.

In ihrer ursprünglichen Fassung kannte die Reichsgewerbeordnung lediglich ein einziges Verfahrenskonzept, dem alle Genehmigungsverfahren, also sowohl die Verfahren zur Erteilung von Erstgenehmigung als auch solche für Änderungsgenehmigung, entsprachen. Eine Befreiung von diesem Verfahren war grundsätzlich nicht statthaft[242]. Die verfahrensrechtliche Gleichbehandlung von Erstgenehmigungen und Änderungsgenehmigungen stieß in der (industriefreundlichen) rechtspolitischen Diskussion jedoch auf massive Kritik, vor allem mit Blick auf die Länge der Genehmigungsverfahren. Die Kritik an der Dauer der Genehmigungsverfahren veranlasste die Länder dazu, ihre Verwaltungen durch Erlass zur Beschleunigung der Verfahren zu verpflichten[243]. Eine spürbare Beschleunigung wurde durch derartige Verpflichtungen in der Praxis allerdings nicht erreicht, so dass die Kritik an der Verfahrensdauer nicht abriss, wobei unter Berufung auf die Verwaltungspraxis im europäischen Ausland, insbesondere in England, die Nachteile für den Wirtschaftsstandort herausgestellt wurden.

Als Reaktion auf diese Kritik führte das Gesetz vom 30.06.1900[244] eine unternehmensfreundliche Verfahrensoption ein[245]. Auf Antrag des Unternehmers konnte die Genehmigungsbehörde von der Bekanntmachung einer beabsichtigten Änderung eines bereits bestandskräftig genehmigten Vorhabens Abstand nehmen, wenn sich die beabsichtigten Änderungen in keiner Weise nachteilig auswirken konnten. Wesentliche - unverzichtbare - Voraussetzung für die Ver-

---

[241] In Preußen folgte die Zuständigkeit beispielsweise aus dem jeweils relevanten Zuständigkeitsgesetz (Zum Beispiel: Zuständigkeitsgesetz (ZustG) vom 1. August 1883 (GS S. 237) §§ 109, 110, 113, 161).
[242] Krug § 17 Anm. 50.
[243] Preußen: Nr. 28 der Ausführungsbestimmungen vom 19. Juli 1884; Min.-Erl. vom 6.03.1896 (MBl. S. 50).
[244] RGBl. S. 321.
[245] § 25 Abs. 1 Satz 4 Reichsgewerbeordnung.

einfachung des Verfahrens war ein Antrag des Unternehmers[246]. Diese Option hatte einen starken Ausnahmecharakter[247]. Grundsätzlich sollte an dem gewerberechtlichen Standardverfahren mit Öffentlichkeitsbeteiligung festgehalten werden[248,249]. Deshalb musste die Behörde im Zweifel auch den Antrag des Unternehmers abweisen.

Im Rahmen der rechtswissenschaftlichen Auseinandersetzung um Änderungsgenehmigungen trat die originär verwaltungsrechtliche Komponente des Verfahrens zutage, und zwar insbesondere nach Einführung der Möglichkeit, auf Antrag des Betreibers auf die Bekanntmachung des Antrages verzichten zu können. Einem solchen Genehmigungsverfahren ohne Bekanntmachung und Fristsetzung wurde in der rechtswissenschaftlichen Literatur vereinzelt sogar die Eigenschaft als gewerberechtliches Verfahren abgesprochen, da Bekanntmachung und Einwendungsfrist ein unentbehrlicher Bestandteil des Genehmigungsverfahrens seien[250]. In Anbetracht der Tatsache, dass die Reichsgewerbeordnung nicht zwischen Änderungsgenehmigungen, die in einem förmlichen Genehmigungsverfahren erteilt wurden, und Änderungsgenehmigungen, die in einem vereinfachten Verfahren erteilt wurden, unterschied, wurde diese Ansicht jedoch von der herrschenden Meinung abgelehnt[251].

Ebenfalls mit dem Ziel der Verfahrensbeschleunigung[252] wurde durch dasselbe Änderungsgesetz der vorzeitige Baubeginn zugelassen. Zur Abschwächung der durch die verfahrensbedingten Verzögerungen hervorgerufenen Belastungen des Unternehmers eröffnete die Reichsgewerbeordnung die Möglichkeit des vorzei-

[246] Berger/Wilhelmi § 25 S. 72.

[247] Rohrscheidt § 25 Anm. 3.

[248] Preuß. Ministerialverfügung vom 9. Januar 1889.

[249] Anm. 1 zu Ziff. 33 der Ausführungsanweisung vom 19. Juli 1884 (MBl. S. 164).

[250] Findeisen S. 46: "Ein gewerbliches Genehmigungsverfahren ist ohne diese Frist schlechterdings undenkbar.".

[251] Muthesius S. 58 m.w.N. - Diese herrschende Meinung differenzierte zwischen den Verfahrensbestandteilen Bekanntmachung und Fristsetzung einerseits, die entbehrlich waren, und dem Zweck des Verfahrens andererseits, der auch auf andere Weise erreicht werden konnte (Muthesius S. 58 f).

[252] In den Motiven zur Novelle der Gewerbeordnung wurde insbesondere die mutwillige, schikanöse Verschleppung der Verfahren beklagt: "Dies hat den Nachteil, dass jeder Dritte in der Lage ist, durch unbegründete, selbst frivole Einwendungen, deren oft langwierige Erörterung die Behörde sich nicht entziehen kann, und weiter durch Einlegung des Rekurses eine Verschleppung des Verfahrens herbeizuführen. Eine solche Verschleppung kann für Betriebe, welche bei der lebhaften technischen Entwicklung ihrer Industrie auf eine schnelle gewerbliche Ausnutzung von Erfindungen und Verbesserungen bedacht sein müssen, unter Umständen eine nicht wieder einzuholende Entwertung des geplanten, von der Genehmigung abhängigen Unternehmens herbeiführen.".

tigen Baubeginns. Die Behörde konnte[253] dem Unternehmer auf dessen besonderen Antrag (und auf dessen Risiko[254]) hin gestatten, mit der Bauausführung zu beginnen, noch bevor die Genehmigung in Rechtskraft erwuchs. Dem Unternehmer wurde allerdings lediglich gestattet, die Konstruktion der Anlage vorzunehmen. Der Betriebsbeginn durfte demgegenüber erst erfolgen, wenn die Genehmigung Rechtskraft erlangt hatte. Die Genehmigungsbehörde durfte den Betrieb der Anlage auch nicht - nicht einmal ausnahmsweise - vorläufig (vorzeitig) gestatten[255].

Durch die Gestattung des vorzeitigen Baubeginns wurden die wesentlichen Verfahrensschritte des Genehmigungsverfahrens nicht berührt. Die Effektivität der verfahrensrechtlichen Schutzmechanismen - insbesondere der Beteiligungsrechte - wurde dadurch gewährleistet, dass der Antrag auf Gestattung des vorzeitigen Baubeginns zum Gegenstand der Erörterung wurde. Nach § 19 a S. 1 Reichsgewerbeordnung musste der Unternehmer seinen Antrag vor Schluss der Erörterung[256] stellen[257]. Die Gestattung des vorzeitigen Baubeginns erfolgte erst im Rahmen der Genehmigungserteilung, also erst nachdem das eigentliche Genehmigungsverfahren abgeschlossen war. Die beschleunigende Wirkung, die man von § 19 a Reichsgewerbeordnung erwartete, bezog sich demnach nicht auf das eigentliche Genehmigungsverfahren, sondern auf die Verzögerungen, die durch eventuelle Rekursverfahren hervorgerufen wurden.

Die Durchführung des "förmlichen" Genehmigungsverfahrens war obligatorisch, d.h. "Dispensation von diesem Verfahren ist prinzipiell unstatthaft"[258]. Verfahrensfehler hatten zumindest dann die Nichtigkeit der Erlaubnis zur Folge, wenn gegen die reichsgesetzlichen Vorschriften verstoßen wurde[259]. So war beispielsweise die öffentliche Bekanntmachung (§ 17 Reichsgewerbeordnung) ein wesentliches, zwingendes Verfahrenselement des Genehmigungsverfahrens. Das

---

[253] Im Gegensatz zur Erteilung der Betriebserlaubnis stand die Gestattung des vorzeitigen Baubeginns im freien Ermessen der Behörde.

[254] Zur Abmilderung des durch die Zulassung des vorzeitigen Baubeginns hervorgerufenen Risikos konnte die Genehmigungsbehörde vom Unternehmer eine Sicherheitsleistung fordern. Die Höhe der Sicherheitsleistung entsprach dabei den Kosten einer eventuellen Beseitigung der baulichen Anlagen (Berger/Wilhelmi § 19 a S. 63). Als Korrelat dafür, dass auf seinen Antrag hin der vorzeitige Baubeginn gestattet werden konnte, trug somit ausschließlich der Unternehmer die Gefahr.

[255] Berger/Wilhelmi § 19 a S. 63.

[256] Mit Erörterung bezeichnet § 19 a S. 1 Reichsgewerbeordnung die vollständige Erörterung der Einwendungen gem. § 19 Abs. 2 Reichsgewerbeordnung.

[257] Berger/Wilhelmi § 19 a S. 63.

[258] Krug § 17 Anm. 50 m.w.N. (für die sächsische Rechtslage).

[259] Muthesius S. 23, 41.

Fehlen der öffentlichen Bekanntmachung hatte die Nichtigkeit der Genehmigung zur Folge[260].

c. Wirkungen der Genehmigung

aa. Konzentrationswirkung

In der Reichsgewerbeordnung fehlte eine ausdrückliche Regelung in Bezug auf das Verhältnis zwischen der gewerbepolizeilichen Genehmigung und den allgemeinen polizeilichen Normen[261]. Diese "Regelungslücke" wurde in der rechtswissenschaftlichen Literatur beklagt[262], zumal eine eindeutige Bestimmung des Verhältnisses nach damaliger Einschätzung auch durch Auslegung der Vorschriften der Reichsgewerbeordnung in Verbindung mit den Gesetzgebungsmaterialien nicht möglich war. Während der Wortlaut, insbesondere der Wortlautvergleich zwischen dem allgemeinen Landrecht[263] und der Reichsgewerbeordnung[264] nach damaliger Einschätzung gegen eine umfassende Konzentrationswirkung sprach[265], wurde mit Blick auf den gesetzlich skizzierten Prüfungsumfang, wonach sich die Prüfung zu erstrecken hatte auf die Beachtung der bestehenden bau-, feuer- und gesundheitspolizeilichen Vorschriften, eine umfassende Konzentrationswirkung unterstellt[266], die sich in einer ausgedehnten, einheitlichen Prüfung ausdrückte und in einem einheitlichen Verwaltungsakt mündete[267]. Als Vorzüge dieser Konzentrationswirkung wurden die Beschleunigung des Verfahrens und die Verhinderung einander widersprechender Verwaltungs-

---

260 v. Bernewitz Band 1 § 17 Anm. 1, S. 54 m.w.N. .

261 Die Bezeichnung "besondere Genehmigung" allein gab keinen Aufschluß über das Verhältnis zwischen der gewerbepolizeilichen Genehmigung und der Baugenehmigung. Aus dem Erfordernis der Genehmigung für die "Errichtung der Anlage" wurde jedoch abgeleitet, dass neben der gewerbepolizeilichen Genehmigung kein Raum mehr war für ein eigenständiges baupolizeiliches Genehmigungsverfahren (Beuttenmüller S. 28). Zur Errichtung einer nach § 16 Reichsgewerbeordnung genehmigungspflichtigen Anlage bedurfte es nach dieser Ansicht zumindest keiner eigenständigen Baugenehmigung (Preußen: Erlaß der Minister für Handel etc., des Innern und der öffentlichen Arbeiten vom 2. März 1880, MBl. f.d.i.V. S. 80).

262 Bühler S. 237 f.

263 § 10 II 17 ALR.

264 § 18 Reichsgewerbeordnung.

265 Maßgebend für diese Einschätzung war die Tatsache, dass die allgemeinen Polizeibehörden allen Ordnungs- und Sicherheitsstörungen entgegentreten mussten, während ein Einschreiten gegenüber gewerblichen Anlagen erhebliche Gefahren, Nachteile und Belästigungen des Publikums voraussetzte (Bühler S. 238).

266 Danach beinhaltete die endgültig erteilte gewerbepolizeiliche Erlaubnis die Bauerlaubnis sowie die Berücksichtigung aller anderen polizeilichen Vorschriften.

267 Muthesius S. 27.

entscheidungen angeführt[268]. Diese Vorzüge rechtfertigten den mit der Konzentrationswirkung verbundenen Eingriff in die landesgesetzlich geregelten Zuständigkeiten.

In den Ausführungsvorschriften der Länder fand die Konzentrationswirkung ihren Niederschlag durch (zum Teil) ausdrückliche Verweise auf die jeweils relevanten baurechtlichen Vorschriften bzw. eine parallele Ausgestaltung der gewerberechtlichen Vorschriften[269].

Darüber hinaus waren Einwendungen, die auf besonderen privatrechtlichen Titeln beruhten, zur richterlichen Entscheidung zu verweisen. Besondere privatrechtliche Titel im Sinne des § 19 Abs. 1 Reichsgewerbeordnung waren vor allem Verträge, letztwillige Verfügungen und Privilegien[270]. Für ihre Erörterung waren die Zivilgerichte exklusiv zuständig. Eine Verknüpfung zwischen dem gerichtlichen Verfahren und dem verwaltungsrechtlichen Genehmigungsverfahren erfolgte nicht. Insoweit stellte die Reichsgewerbeordnung nicht nur klar, dass die auf besonderen privatrechtlichen Titeln beruhenden Einwendungen kein Gegenstand des Verwaltungsverfahrens waren, sondern unterstrich ausdrücklich die Eigenständigkeit der beiden Verfahren.

Von den "besonderen privatrechtlichen Titeln" im Sinne von § 19 Reichsgewerbeordnung waren die privatrechtlichen Titel gem. § 17 Reichsgewerbeordnung abzugrenzen. Unter diesen allgemeinen privatrechtlichen Titeln waren, wie allgemein angenommen wurde, die von einem Grundstückseigentümer auf die Bestimmungen des Nachbarrechts - z.B. §§ 907, 907, 1004 BGB - gestützten privatrechtlichen Ansprüche zu verstehen[271]. Diese allgemeinen privatrechtlichen Titel wurden im Rahmen des Erörterungsverfahrens gem. § 19 Reichsgewerbeordnung erörtert[272,273]. Auch insoweit erfolgte jedoch keine Verzahnung mit einem eventuell nachfolgenden zivilgerichtlichen Verfahren, da das Erörterungsergebnis kein Präjudiz für die gerichtliche Verfolgung beinhaltete, soweit diese nicht durch § 26 Reichsgewerbeordnung beschränkt war[274].

[268] Muthesius S. 26.
[269] Die Königlich bayerische Vollzugsverordnung vom 4.12.1872 beispielsweise bestimmte in § 3 lit. a Absatz 4 ausdrücklich: "Trifft mit dem Antrage ein Baugesuch zusammen, so ist über dieses unter Beachtung der hierfür geltenden Vorschriften gleichzeitig zu verhandeln.".
[270] Berger/Wilhelmi § 19 Anm. 1 S. 62.
[271] Beuttenmüller S. 29 m.w.N. .
[272] Preuß. Anw. vom 3. Septmber 1869.
[273] Berger § 19 Anm. 2; Hönighaus § 19 S. 18; Rohrscheidt § 19 Anm. 1.
[274] Berger § 19 Anm. 2.

bb. Grundeigentum und Immissionen (§ 26 Reichsgewerbeordnung, §§ 906, 907, 1004 BGB) - Privatrechtsgestaltende Wirkung nach dem Inkrafttreten des Bürgerlichen Gesetzbuches

Seit Inkrafttreten des Bürgerlichen Gesetzbuches (BGB) befasste man sich verstärkt mit der privatrechtsgestaltenden Wirkung der Genehmigung (§ 26 Reichsgewerbeordnung). Weder das BGB noch das Einführungsgesetz zum BGB hoben die gewerberechtliche *lex specialis* (§ 26 Reichsgewerbeordnung) auf. Die Fortgeltung des § 26 Reichsgewerbeordnung wurde durch das BGB nicht berührt[275].

In Abhängigkeit von der Perspektive, aus der diese Auseinandersetzung erfolgte, wurde entweder der "Schutz der mit obrigkeitlicher Genehmigung errichteten gewerblichen Anlagen gegenüber dem Rechte auf Abwehr von Immissionen"[276] oder der Einfluss des § 26 der Reichsgewerbeordnung auf die Verbietungsrechte des Nachbarn - "Die Modifikation des negatorischen Anspruchs durch § 26 Reichsgewerbeordnung"[277] - in den Vordergrund der Darstellung gerückt[278]. Im Ergebnis bestand insoweit Übereinstimmung, dass § 26 Reichsgewerbeordnung den Schutz industrieller und gewerblicher Anlagen gegenüber dem strengen Eigentumsbegriff und seinen Konsequenzen bezweckte, die entwicklungsschädliche Folgen haben konnten ("Ruin jener Betriebe")[279].

§ 26 Reichsgewerbeordnung konkretisierte die nach der Genehmigungserteilung statthaften Klageziele. Die Geltendmachung dieser Ansprüche erfolgte unabhängig von einer vorherigen Beteiligung am Verwaltungsverfahren[280].

Die obligatorische Erörterung privater Interessen im Rahmen eines gewerbepolizeilichen Verfahrens überwand die etablierte Trennung zwischen Privatrecht und Polizei. Diese Überwindung der überkommenen Strukturen war nach zeitgenössischer Einschätzung sachlich begründet. Sie diente dazu, den Herausforderungen des technologischen Fortschritts zu begegnen, denn die "modernen" Technologien wurden - wie bereits frühzeitig erkannt wurde - im Unterschied zu den traditionellen Handwerksbetrieben und Manufakturen durch einen großen,

---

[275] Priester S. 24; Roth S. 47; Skibowski S. 19 - Mit Inkrafttreten des BGB bezeichnet "bestehende Rechte" i.S.d. Reichsgewerbeordnung allerdings das kodifizierte Nachbarrecht des BGB.
[276] Titel der Inaugural-Dissertation von Benno Thieme.
[277] Roth S. 47 - 55.
[278] Holl S. 35 - 46.
[279] Roth S. 47.
[280] Roth S. 49: "Selbst wenn der Einspruchsberechtigte gar keinen Einspruch gegen die Errichtung der Anlage erhob, so geht er damit nicht des negatorischen Anspruchs gemäß § 26 Reichsgewerbeordnung verlustig.".

nach allen Richtungen sich erstreckenden Einwirkungsradius gekennzeichnet[281]. Infolgedessen war "eine Mehrheit von Sachen und Personen, die an sich zahlenmäßig nicht begrenzt ist, von der Wirkung betroffen"[282]. Deswegen und weil die Erscheinungen zum Teil mit Gesundheits- und Lebensgefahren verknüpft waren, musste das Interesse an der Errichtung solcher Unternehmungen als ein öffentliches angesehen werden[283].

Das als Ausgleich für die Beschneidung des ordentlichen Rechtswegs konzipierte Genehmigungsverfahren blieb eindeutig dem öffentlichen Recht verhaftet. Einzelne Verfahrenselemente lehnten sich jedoch offensichtlich an das Zivilprozeßrecht ("prozeßähnliches Kognitionsverfahren"[284]) an[285]. Das Resultat, eine "eigenartige Mischung von Offizial- und Verhandlungsmaxime"[286], veranschaulichte exemplarisch die "Zwischenstellung" des Genehmigungsverfahrens, insbesondere der Beteiligungsrechte, zwischen Privatrecht und Polizei.

Über die Einwendungen wurde schließlich durch Verwaltungsakt entschieden. Im Gegensatz zu früheren Entwürfen setzte sich eine (verfahrens-) ökonomische Ausgestaltung durch. Anstelle einer Vielzahl von Einzelbescheiden über jede einzelne Einwendung erfolgte eine Verfahrenskonzentration in einem einheitlichen Genehmigungsverfahren, das durch einen umfassenden Genehmigungsbescheid abgeschlossen wurde.

cc. Präklusionswirkung

In der rechtswissenschaftlichen Literatur war eine Zeitlang umstritten, ob verspätet vorgebrachte Einwendungen überhaupt noch berücksichtigt werden durften (ob deren Berücksichtigung also im Ermessen der Behörde stand) oder ob infolge der Verfristung die Berücksichtigung insgesamt ausgeschlossen war. Sofern den Beteiligungsrechten primär eine Rechtsschutzfunktion zugeschrieben wurde, wurde die Berücksichtigung verspätet vorgebrachter Einwendungen als unzulässig angesehen. Demgegenüber wurde der Behörde dann das Recht zur

281 Priester S. 25.
282 Priester S. 25.
283 Priester S. 25.
284 Bühler S. 246.
285 Bühler S. 243: "Was geschieht nun mit diesem Recht (= Gewerbefreiheit, die zu einem Anspruch auf Erteilung der Genehmigung führt, wenn die Genehmigungsvoraussetzungen vorliegen; Anmerkung selbst) im Genehmigungsverfahren? Die einfachste Erklärung scheint uns zu sein, dass dieses Recht im Konzessionsverfahren festgestellt wird, dass dieses einem Prozess zu vergleichen ist, in dem ein Anspruch durchgesetzt wird."; S.244 f: "Es ist das auf § 1 beruhende, durch die §§ 18 u. 19 inhaltlich und durch den Prozeßzwang hinsichtlich seiner Verwirklichung beschränkte Recht, das im Genehmigungsverfahren durchgesetzt wird.".
286 Priester S. 28.

Berücksichtigung verspätet vorgebrachter Einwendungen zugestanden, wenn den Beteiligungsrechten vorrangig eine Informationsfunktion zugestanden wurde. Für das preußische Territorium schaffte der Rekursbescheid des preußischen Ministeriums für Handel und Gewerbe vom 18.02.1905[287] Klarheit, wonach verspätet vorgebrachte Einwendungen zumindest noch insoweit zu berücksichtigen waren, als sie zugleich als Interessen des Publikums überhaupt zu betrachten oder nach den bestehenden polizeilichen Gesetzen zu schützen waren.

Im Verwaltungsstreitverfahren war die (erfolglose) Durchführung eines Widerspruchsverfahrens Sachentscheidungsvoraussetzung. Das Gewerberecht kreierte eine analoge Verknüpfung zwischen dem Genehmigungsverfahren und dem Widerspruchsverfahren bzw. "Rekursverfahren" (§ 21 Reichsgewerbeordnung). Nur die "Parteien" des Genehmigungsverfahrens waren zur Einlegung eines Rekurses berechtigt. Partei im Sinne der Reichsgewerbeordnung waren lediglich der Vorhabenträger (Unternehmer) und die Widersprechenden.

Demgegenüber war die Beteiligung am gewerberechtlichen Genehmigungsverfahren keine Sachentscheidungsvoraussetzung für zivilrechtliche (auf das Nachbarrecht gestützte) Klagen. Begründet wurde dies mit dem Wesensmerkmal einer Prognoseentscheidung[288].

dd. Bestandsschutz

Wesentliche Eigenschaft der gewerbepolizeilichen "besonderen Genehmigung" war ihr Bestandsschutz, der dem Vorhabenträger Investitionssicherheit (Schutz[289]) bot. Nach Erteilung der Genehmigung waren "neue Polizeiauflagen", also nachträgliche Anordnungen, prinzipiell[290] unzulässig, solange die Anlage

---

[287] GewArch. Bd. 4 S. 534.

[288] Fritz Roth, Grundeigentum und Immissionen. (§§ 906, 907, 1004 BGB, § 26 RGO), Zweibrücken 1905, S. 49: "Denn durch die von der Verwaltungsbehörde ausgehende Genehmigung der Anlage können Ansprüche, die sich eventuell erst später aus dem Betrieb der Anlage ergeben und bei Instruierung des Gesuches höchstens vermutet werden konnten, nicht ergeben.".

[289] Bühler S. 239.

[290] Nachträgliche Anordnungen waren allerdings dann zulässig, wenn die Genehmigung eine "Konzessionsklausel" bzw. einen "Änderungsvorbehalt" enthielt. Konzessionsklauseln waren insbesondere für Konstellationen konzipiert, in denen das tatsächliche Gefährdungspotential einzelner besonders gefährlich erscheinender Anlagen nicht mit letzter Sicherheit abgeschätzt werden konnte. Danach konnten sich die Behörden ausnahmsweise die nachträgliche Änderung oder Ergänzung des Genehmigungsbescheides vorbehalten für den Fall, dass der Anlagenbetrieb nicht vorhersehbare Beeinträchtigungen hervorrief. Den rechtlichen Rahmen für Konzessionsklauseln stellte in Preußen der "Erlaß des Preußischen Innenministeriums vom 8. August 1886" dar.

gegenüber den Vorgaben des Genehmigungsbescheides unverändert betrieben wurde[291]. Das sächsische Oberverwaltungsgericht schrieb der Genehmigung sogar einen in der Wirkung der Rechtsverleihung vergleichbaren Charakter zu[292].

Dieser Bestandsschutz war Ausdruck der Rechtsnatur der gewerbepolizeilichen Genehmigung, bei der es sich um eine "Polizeierlaubnis"[293] bzw. "Polizeikonzession" handelte, deren Bedeutung im wesentlichen in der Ausnahme von einem generellen Verbot bestand[294],[295]. Die "Polizeierlaubnis" hob ein allgemeines Verbot in einem Einzelfall auf[296]. An diese Erlaubnis war die Polizei so lange gebunden, solange sich die tatsächlichen Umstände nicht änderten[297]. Nachträgliche Anforderungen konnten sich aus einer Verschärfung der gesetzlichen Anforderungen an ein Vorhaben[298] oder einer erheblichen Veränderung der äußeren Umstände[299] ergeben.

Verglichen mit dem für Polizeierlaubnisse typischen Bestandsschutz war der Inhaber einer gewerbepolizeilichen Genehmigung durch gesetzliche Anordnung sogar in umfassenderer Weise gegen nachträgliche individuelle Auflagen geschützt. Die Unzulässigkeit "neuer Polizeiauflagen" erstreckte sich nicht nur auf gewerbepolizeiliche Anforderungen, sondern auch auf bau-, feuer- und gesundheitspolizeiliche Belange[300], berücksichtigte also die (materielle) "Konzentrationswirkung" der Genehmigung.

Die Überschrift des die Gewerbegenehmigung betreffenden Abschnittes der Reichsgewerbeordnung ("Anlagen, welche einer ***besonderen*** Genehmigung be-

---

291 Vereinzelt scheint diese Privilegierung Vorhabenträger zur Einleitung eines Genehmigungsverfahrens veranlaßt zu haben, obwohl das von ihnen geplante Vorhaben nicht dem Anwendungsbereich der Reichsgewerbeordnung unterfällt (Bühler S. 239). Die Durchführung des Verfahrens erschien ihnen als angemessener Preis für den Schutz vor nachträglichen Anordnungen.

292 Sächsisches Oberverwaltungsgericht, Urt. vom 24. Oktober 1908, Jahrbuch 13, S. 104 (Ein solcher Rekurs auf den Begriff der Verleihung wird in anderem Zusammenhang (Rechtsnatur der Erlaubnis) allerdings heftig kritisiert (Muthesius S. 27).).

293 Fleiner § 24 (S. 377 - 384) m.w.N. (S. 377 Anm. 1).

294 Fraaß S. 24.

295 Im gewerberechtlichen Kontext wurden allerdings für die gleiche Rechtsfigur, für die die rechtswissenschaftliche Literatur allgemein den Begriff "Polizeierlaubnis" herausgearbeitet hat, die verschiedensten Bezeichnungen gebraucht.

296 Hatschek S. 138 f.

297 Hatschek S. 139.

298 Fleiner S. 383: "Der Einzelne besitzt in der Polizeierlaubnis kein Bollwerk gegen fernere obrigkeitliche Eingriffe. Er muss jede Änderung der Gesetzgebung über sich ergehen lassen, auch wenn sie seine Pflichten über die in der Polizeierlaubnis vorgesehenen Auflagen hinaus steigert und eine Vermögensschädigung nach sich zieht.".

299 Fleiner S. 384.

300 Hatschek S. 210.

dürfen"; Hervorhebung S.K.) sollte zudem dem Missverständnis vorbeugen, die allgemeinen polizeilichen Genehmigungen seien fortan bei den gewerblichen Anlagen, die nicht dem Anwendungsbereich der §§ 16 ff Reichsgewerbeordnung unterfielen, nicht mehr erforderlich[301].

d. Funktionen der Öffentlichkeitsbeteiligung

Die Reichsgewerbeordnung war nach Einschätzung der Zeitgenossen um einen Ausgleich bemüht zwischen der Gefahrenabwehr zum Schutz sowohl der Nachbarschaft als auch der Allgemeinheit einerseits und den Bedürfnissen der Wirtschaftsförderung andererseits. Unter Berufung auf die Motive wurde dabei die Ansicht vertreten, dass die Ausgestaltung des Genehmigungsverfahrens vor allem den Interessen der Investoren diente, insbesondere ihrem Bedürfnis nach Rechtssicherheit und Bestandsschutz. Die Ausnahmestellung der gewerbepolizeilich genehmigungspflichtigen Anlagen legte nach damaliger Einschätzung den Betreibern nicht nur Pflichten auf, sondern die Erfüllung dieser Pflichten verlieh ihnen auch Rechte[302].

Die Informationsfunktion der Beteiligungsrechte im gewerbepolizeilichen Genehmigungsverfahren trat mit Blick auf die Beschränkung der Amtsermittlung zutage. Die Genehmigungsbehörde war im "Regelverfahren" nicht dazu verpflichtet, von Amts wegen die Interessen und Belange der Nachbarn zu ermitteln. Eine derartige Verpflichtung bestand nur im Rahmen von Genehmigungsverfahren zur Erteilung von Änderungsgenehmigungen im Zusammenhang mit der Beurteilung der Frage, ob auf eine Bekanntmachung des Genehmigungsantrages verzichtet werden konnte, da ein solcher Verzicht nur zulässig war, wenn die Änderung nicht mit nachteiligen Auswirkungen verbunden war, wobei auch die Belange der Nachbarschaft berücksicht werden mussten[303]. Die Beteiligungsrechte erscheinen vor diesem Hintergrund als eine Ausnahme bzw. Abweichung von der Verpflichtung der Verwaltung zur vollständigen Sachverhaltsermittlung. Sofern die Nachbarn und andere Interessenten im Rahmen des Genehmigungsverfahrens keine institutionalisierte Möglichkeit hatten, Einwendungen vorzubringen und somit die Genehmigungsbehörde zur Berücksichtigung ihrer Belange zu veranlassen, war die Behörde von Amts wegen verpflichtet, die Interessen derer, denen im Rahmen eines förmlichen Verfahrens Gelegenheit zur Stellungnahme gegeben würde, zu berücksichtigen.

---

[301] v. Bernewitz Band 1 § 16 Anm. 3, S. 45; Beuttenmüller S. 28; Marcinowski Zu § 16, Zur Ueberschrift, S. 71.
[302] Muthesius S. 75.
[303] Muthesius S. 59.

In Anlehnung an die zivilprozessuale Diktion wurde das Genehmigungsverfahren als "öffentliches und mündliches Parteiverfahren"[304] bezeichnet, was mit Blick auf die Legaldefinition der Parteien des Genehmigungsverfahrens (§ 21 Nr. 4 Reichsgewerbeordnung) auch der Vorstellung des Gesetzgebers zu entsprechen schien. Signifikanterweise waren "Parteien" im Sinne von § 21 Nr. 4 Reichsgewerbeordnung lediglich der Antragsteller und die Einwender, so dass das Genehmigungsverfahren nach der Reichsgewerbeordnung ein zweiseitiges war. Für die Beteiligungsrechte hatte diese Konzeption die Folge, dass die Verwaltung nicht im Rahmen einer dreiseitigen Kommunikation aktiv an dem Austausch teilnahm, sondern dass sie wie ein Schlichter zwischen den Parteien "vermittelte".

Die rechtswissenschaftliche Auseinandersetzung mit der privatrechtsgestaltenden Wirkung des Genehmigungsbescheides offenbarte jedoch, dass den Beteiligungsrechten im Genehmigungsverfahren eine Rechtsschutzfunktion zugunsten der beeinträchtigten Nachbarn zugeschrieben wurde. Die Beteiligung am Genehmigungsverfahren wurde als Ausgleich dafür angesehen, dass das zivilrechtliche Nachbarrecht durch § 26 Reichsgewerbeordnung erheblich modifiziert wurde. Neben der Einwirkung auf den Anspruchsinhalt wurde die Beschneidung des ordentlichen Rechtswegs herausgestellt, die durch das aufwendige gewerberechtliche Genehmigungsverfahren ausgeglichen wurde. Die Ausgleichsfunktion des Verwaltungsverfahrens würde sich in der konkreten Ausgestaltung des Genehmigungsverfahrens niederschlagen, das sich nach damaliger Einschätzung an zivilprozessuale Grundsätze anlehnte[305]. Das Verfahren trug somit dazu bei, einen Ausgleich der widerstreitenden Interessen zu realisieren[306].

---

[304] Leoni S. 267.

[305] Priester, Das Nachbarrecht des Bürgerlichen Gesetzbuchs im Verhältnis zum öffentlichen Recht (insbesondere §§ 906, 907 BGB. und § 26 GewO), Leipzig 1910, S. 27 f: "Weil § 26 nicht nur auf eine Eigentumsbeschränkung hinausläuft, sondern den Interessenten auch den ordentlichen Rechtsweg zur Geltendmachung ihrer gefährdeten Rechte versperrt, so muss ein entsprechendes Äquivalent geschaffen werden, wenn die Beteiligten nicht rechtlos werden sollen. An die Stelle des hier ausgeschlossenen Zivilprozeßweges hat die Gewerbeordnung ein Verwaltungsverfahren gesetzt, das den besonderen Verhältnissen entsprechend sich als eine eigenartige Mischung von Offizial- und Verhandlungsmaxime darstellt; die Herbeischaffung des Prozeßstoffes ist dem Beschwerdeführer, und zwar in vollem Umfange, überlassen; andererseits aber ist das auf diesem Wege zur Kenntnis der entscheidenden Behörde gelangte Material "mit den Parteien vollständig zu erörtern" (§ 19 Abs. 2). Dadurch wird nicht nur allen Beteiligten ihr Recht gewährt, sondern die Behörde kann auch schon bei Anstellung dieser Erörterungen auf Wahrung der öffentlichen Interessen bedacht sein.".

[306] Thieme, Schutz der mit obrigkeitlicher Genehmigung errichteten gewerblichen Anlagen gegenüber dem Rechte auf Abwehr von Immissionen, Leipzig 1909, S. 50: "In dem durch die §§ 17 ff. GewO. geregelten Genehmigungsverfahren, das der Errichtung einer gewerblichen Anlage der im § 26 GewO. bezeichneten Art vorauszugehen hat, ist dem Nachbar hinreichend Gelegenheit geboten, seine Einwendungen gegen die Anlage vor ihrer Errichtung in unbeschränkter Weise geltend zu machen (...). Nach der Errichtung der Anlage muss der Nachbar

Die Rechtsschutzfunktion des Genehmigungsverfahrens war zweiseitig; es diente nicht nur dem Schutz der vorhabenbetroffenen Nachbarn, sondern es sollte auch dem Anlagenbetreiber Rechts- und Planungssicherheit gewährleisten[307]. Der Schutz der Interessen des Gewerbetreibenden war für die konkrete Ausgestaltung sowohl des Genehmigungsverfahrens als auch der Festlegung von Gegenstand und Reichweite der Wirkung des Genehmigungsbescheides von elementarer Bedeutung[308]. Zwischen dem Bestandsschutz des Genehmigungsbescheides, insbesondere seiner beschränkten Widerrufbarkeit, und den "Einspruchs- oder Ermittelungsverfahren"[309] bestand ein unmittelbarer Zusammenhang[310].

Nicht nur in der rechtswissenschaftlichen Literatur, sondern auch in der Rechtsprechung wurde die Schutzfunktion zugunsten "lästiger Anlagen" (Bestandsschutz) anerkannt und auf das förmliche Verfahren zurückgeführt[311]. Während im allgemeinen die "Rechtskraft" einer Verwaltungsentscheidung umstritten war[312], wurde anerkannt, dass der Gewerbeerlaubnis gem. § 16 Reichsgewerbe-

---

mit seinem Widerspruche dem nach dem vorangegangenen Genehmigungsverfahren berechtigten Interesse des Unternehmers an dem Fortbestande seines Betriebes weichen.".

307 Beuttenmüller, Der rechtliche Schutz des Gehörs, Karlsruhe 1908, S. 27: "Der diesbezügliche § 16 GO. beruht, wie schon angedeutet, auf der Erwägung einmal, dass es im Interesse der Gewerbetreibenden liegt, dadurch, dass vor Errichtung der Anlagen im Wege eines geordneten Genehmigungsverfahrens, das hier in groben Zügen wiedergegeben sei, eine Prüfung der Einwendungen und Beschwerden erfolgt, gegen nachträgliche Beschwerden und Auflagen gesichert zu sein, und "dass, solange die Anlage unverändert bleibt, auch die polizeiliche Genehmigung unverändert aufrecht erhalten wird". Andererseits will genannter Paragraph aber durch das Genehmigungsverfahren den Nachbarn und dem Publikum die Möglichkeit geben, die auf dem öffentlichen und speziell dem Nachbarrecht beruhenden Einwendungen vor Errichtung der Anlage vorzubringen.".

308 Muthesius S. 75.

309 Fleiner S. 190.

310 Fleiner, Institutionen des Deutschen Verwaltungsrechts, Dritte, vermehrte Auflage, Tübingen 1913, S. 190 f m.w.N.: "Der Gesetzgeber hat deshalb darauf Bedacht nehmen müssen, diese Kompetenz zur Rücknahme einer Verfügung einzuschränken für die Fälle, für welche dies die Rücksicht auf die Rechtssicherheit verlangt. So hat er Unabänderlichkeit namentlich denjenigen anspruch- oder pflichtbegründenden Verfügungen zugesichert, die von der Behörde nur nach vorangegangenem umständlichen Einspruchs- oder Ermittelungsverfahren erlassen werden dürfen. Denn die Aufgabe eines solchen Verfahrens besteht gerade darin, einerseits Raum zu schaffen für eine allseitige Prüfung der öffentlichen Interessen, andererseits aber dem Bürger Gewähr dafür zu bieten, dass die auf diese Weise zustande gekommene Verfügung nicht mehr abgeändert wird. So ist z.B. der Gewerbetreibende, dem auf Grund des in der Gewerbeordnung (§ 19 ff.) vorgeschriebenen Einspruchsverfahrens eine gewerbepolizeiliche Erlaubnis erteilt worden ist, gegen nachträgliche individuelle Auflagen geschützt worden, die Gewerbeerlaubnis darf nur aus ganz bestimmten, im Gesetz (GewO. §§ 40 und 53) aufgezählten Gründen abgeändert oder widerrufen werden.".

311 Bühler S. 239 m.w.N..

312 Bühler S. 246 m.w.N..

ordnung - sowie vergleichbaren Genehmigungen, denen ein "prozeßähnliches Kognitionsverfahren" voranging, dessen Zweck die vollständige Erforschung und Berücksichtigung aller für die Frage der Genehmigungserteilung erheblichen Umstände war - eine materielle Rechtskraftwirkung zugeschrieben werden musste[313].

Umstritten war allerdings, ob die Konsequenzen des Bestandsschutzes - insbesondere das für nicht-genehmigungspflichtige Anlagen erhöhte Risiko nachträglicher Anordnungen - mit dem Willen des Gesetzgebers vereinbar waren, der ohne Zweifel doch lästige Anlagen stärker beschränken wollte als die nicht lästigen[314].

[313] Bühler, Die subjektiven öffentlichen Rechte und ihr Schutz in der deutschen Verwaltungsrechtsprechung, Berlin 1914, S. 246: "Sinn dieser Vorschrift ist doch wohl, dass es bei der Erteilung der Konzession genau genommen werden mag, dass aber, wenn sie einmal erteilt ist, der Unternehmer wissen soll, was von ihm verlangt wird und sicher sein kann, dass seine Kapitalanlage nicht weiter durch polizeiliche Auflagen oder Verbote gefährdet wird.".
[314] Bühler S. 240.

4. Teil: Vom "Goldenen Zeitalter"[315] der Beteiligungsrechte im französischen besonderen Verwaltungsrecht bis zum Umweltgesetzbuch

1. Das Goldene Zeitalter der Beteiligungsrechte

Streng genommen setzt die Geschichte der Öffentlichkeitsbeteiligung im französischen Anlagenzulassungsrecht im sogenannten "Goldenen Zeitalter" der Beteiligungsrechte ein, mit dem französische Verwaltungsrechtler den Zeitraum zwischen 1789 und 1815 bezeichnen. Damit stellen sie eine Gesetzgebungsphase heraus, in der der französische Gesetzgeber sich nicht nur in quantitativer Hinsicht verstärkt dem besonderen Verwaltungsrecht widmete, sondern insbesondere in qualitativer Hinsicht Verwaltungsgesetze moderner Prägung erließ, von denen - signifikanter Weise - eine Vielzahl unter diversen Bezeichnungen - enquêtes administratives, enquêtes *de commodo et incommodo*, enquêtes préalables, enquêtes d'utilité publique, enquêtes parcellaires - eine Beteiligung der Öffentlichkeit vorsahen. Zu diesen Gesetzen gehörten - neben dem Immissionsschutzgesetz vom 15. Oktober 1810[316] - das post-revolutionäre Bergrecht[317], die Gesetzgebung zur Trockenlegung der Sümpfe vom 26. September 1807[318] und das Enteignungsrecht[319]. Entscheidende Gemeinsamkeit dieser Gesetze war die Evolution des Beteiligungsverfahrens von einem fakultativen, gewohnheitsrechtlich geprägten Verfahrenselement zu einem obligatorischen Bestandteil des gesetzmäßigen Verwaltungsverfahrens einer autonomen zentralstaatlichen Exekutive.

Die Verwaltung der Revolutionsjahre knüpfte (insbesondere) materiell-rechtlich[320] zunächst an die langjährigen Traditionen an, wobei - auf gesetzlicher Grundlage[321] - allerdings eine Dezentralisierung des Gefahrenabwehrrechts einschließlich des Gewerbepolizeirechts erfolgte, d.h. der Vollzug des Ge-

---

[315] Jean Rivéro, Le système francais de protection des citoyens contre l'arbitraire à l'épreuve des faits, Pages de doctrine, LGDJ 1980, S. 568.

[316] Decret relatif aux manufactures et ateliers insalubres, incommodes ou dangereux.

[317] Loi concernant les mines, les minières et les carrières (4, Bull. 285, n°5401; Mon. du 11 mai 1810).

[318] 26 Décembre 1790 = 5 Janvier 1791 - Décret relatif au déssechement des marais (L. 3, 85; B. 9, 293; Mon. du 26 décembre), 16 = Pr. 26 Septembre 1807 - Loi relative au déssechement des marais, etc. (1) (4, Bull. 162, n°2797; Mon. du 10 septembre 1807).

[319] 8 Mars 1810 - Loi sur les expropriations pour cause d'utilité publique (4, Bull. 263, n°5255; Mon. du 10 mars 1810).

[320] Das Gesetz vom 21. September - 13. November 1791 ordnete an, dass die etablierten gewerbepolizeilichen Normen provisorisch in Kraft blieben (Baube S. 85; Baucomont / Gousset S. 25; Boivin S. 15; Bourguignat S. 19; Bunel S. 4; Fromageau S. 688; Macarel S. VIII; Trebuchet S. III).

[321] Durch Gesetz vom 14.-22. Dezember 1789 wurde den kommunalen Behörden der Schutz der öffentlichen Sicherheit und Gesundheit anvertraut (Bourguignat S. 19).

werbe(polizei)rechts den Kommunen anvertraut wurde[322]. Infolge dieser revolutionären Dezentralisierung variierte der Vollzug dieser Normen deshalb im Rechtsalltag von Kommune zu Kommune, was von den Zeitgenossen als unerträgliche Willkür[323] empfunden und von der heutigen Rechtswissenschaft als ein Zustand der Unordnung und der Rechtsunsicherheit gekennzeichnet wird[324]. Diese rechtliche Ausgangslage wurde als Belastung für die Wirtschaftsentwicklung empfunden[325], zumal eine kontinuierliche Zunahme örtlicher Vorschriften die Rechtszersplitterung weiter vorantrieb.

Entsprechend der revolutionären Ideologie wurde in den Folgejahren auch das Beteiligungsverfahren von der Konzeption der "souveraineté de la loi"[326] geprägt. Eine Vielzahl von Verwaltungsgesetzen gestaltete das Beteiligungsverfahren - mehr oder weniger - detailliert aus. Das Immissionsschutzgesetz, dessen Auswirkungen auf das Umweltverwaltungsrecht bis in die neueste Zeit hineinreichen, gehörte neben dem Enteignungsgesetz und dem Bergrecht zu den einflussreichsten Normen dieser Ära[327]. Die gesetzlichen Vorgaben für den Verfahrensgang begrenzten den Handlungs- und Gestaltungsspielraum der Verwaltung und trugen gleichzeitig zu einer (landesweiten) Vereinheitlichung der Verfahrensabläufe bei, was nicht nur mit Blick auf die (Verfahrens-) Gerechtigkeit bedeutsam war, sondern auch in Bezug auf die nationale Einheit. Gleichzeitig stabilisierte die "Kodifikation" des Verfahrens die Rechtslage, da eine Veränderung des Verfahrensgangs dem Gesetzgeber vorbehalten war. Weder Verwaltung noch Rechtsprechung konnten neues Verfahrensrecht schaffen. Ihnen verblieb allein die Kompetenz, die gesetzlichen Vorgaben zu konkretisieren. Maßstab für die Rechtmäßigkeit des Verwaltungshandelns war seither nicht nur das materielle, sondern auch das formelle Recht. Verfahrensfehler wurden durch unabhängige (Verwaltungs-) Gerichte sanktioniert.

Als Reaktion auf die Anarchie der Revolutionsjahre - für die insbesondere die revolutionäre Dezentralisierung verantwortlich gemacht wurde - setzten diese Gesetze gleichzeitig das Konzept der Zentralisierung und, damit einhergehend, des hierarchischen Verwaltungsaufbaus um. Das Beteiligungsverfahrens trug - in diesem Kontext - dazu bei, Brücken zwischen dem staatlichen Entscheidungsträger, dem Präfekten, und der betroffenen örtlichen Gemeinschaft zu bauen. Als Bindeglied zwischen der örtlichen Gemeinschaft und der Zentralgewalt sollte der Präfekt auch dazu beitragen, die Effizienz der zentralstaatlichen Re-

[322] Baube S. 86; Boivin S. 15.
[323] Avisse S. XVIJ (unter Rückgriff auf den Bericht von M. d'Argout vom 27.04.1827); Baube S. 86; Bunel S. 4; Clerault S. 3; Langlois S. 34 (in Anlehnung an Dufour).
[324] Prieur Rz. 653f.
[325] Boivin S. 15; Clerault S. 2.
[326] Debbasch 1. Band S. 85 f.
[327] Hostiou/Hélin S. 15.

gierungstätigkeit zu erhöhen, da diese entscheidend von der Verfügbarkeit der vorhabenbezogenen Informationen über die örtlichen Gegebenheiten abhing. Das Beteiligungsverfahren bildete von Anfang an ein Herzstück der staatlichen Informations"beschaffung" und trug dazu bei, eine möglichst breite Entscheidungsgrundlage zu bilden.

Die vordergründige Gemeinsamkeit dieser post-revolutionären Kodifikationen auf dem Gebiet des besonderen Verwaltungsrechts, nämlich die Verankerung eines Verwaltungsverfahrens mit Beteiligungsrechten für die interessierte Öffentlichkeit, drohte aber zu überdecken, dass der Gang der Verfahren nicht vollständig identisch war und dass Funktion und Wirkungsmacht der Beteiligungsrechte in nicht unerheblicher Weise voneinander abwichen.

2. Gesetz bezüglich der Trockenlegung der Sümpfe

Das Gesetz bezüglich der Trockenlegung der Sümpfe von 1807 knüpfte im wesentlichen an die seit 1790/91 bestehenden Strukturen - Zuständigkeit des Staates für die Durchführung von Trockenlegungsmaßnahmen, zweiphasiges Verfahren, bestehend aus der Vorhabenkonzeption (Planerstellung) und der Realisierung des Vorhabens einschließlich der Entschädigung betroffener Grundeigentümer - an.

In einem ersten Schritt mussten auf kommunaler Ebene Zustandsberichte erarbeitet werden, die die Identifikation derjenigen Flächen ermöglichen sollten, deren Trockenlegung und Nutzbarmachung dem Allgemeinwohl entsprach. Auf Grundlage dieser Vorarbeiten wurde auf Departement-Ebene der Beschluss, ein Grundstück trockenzulegen, gefasst. Die Eigentümer der betroffenen Grundstücke wurden daraufhin aufgefordert, zu erklären, ob sie bereit und in der Lage waren, die im Interesse des Gemeinwohls beschlossene Trockenlegung selbst vornehmen. Wenn der Grundstückseigentümer das Vorhaben nicht selbst realisieren konnte oder wollte, wurde die Trockenlegung durch die Verwaltung des Departements ausgeführt. Die staatliche Durchführung der Trockenlegung hatte allerdings den Verlust des Eigentums zur Folge. Für den Verlust des Eigentums wurde der bisherige Eigentümer in Höhe des Wertes entschädigt, den das Grundstück vor der Trockenlegung hatte. Die Wertermittlung erfolgte durch eine Sachverständigenkommission. Ein Mitglied dieses Gremiums wurde durch den betroffenen Grundeigentümer ernannt.

Von den trockenzulegenden Gebieten wurden daraufhin von Experten detailgenaue Pläne erstellt, die Aufschluss geben sollten über den Grad der Überschwemmung. Diese Pläne bedurften der Zustimmung durch den Präfekten. Bevor dieser seine Zustimmung erteilte, wurde der Plan einen Monat lang in der

Präfektur zur Einsichtnahme ausgelegt. Jedem Interessierten stand in dieser Phase des Vorhabens das Recht zu, in diese Unterlagen Einsicht zu nehmen. Diese Möglichkeit wurde durch öffentlichen Anschlag bekanntgemacht. Gleichzeitig wurden die Bürger aufgefordert, sachliche Anmerkungen zu machen zu der Genauigkeit des Plans, zu seinen Zuordnungen und zu den gewählten Klassifizierungen. Der Präfekt hatte nicht nur dieses Vorbringen zu berücksichtigen, sondern auch die Erwiderungen der die Trockenlegung ausführenden Unternehmer. Gegebenenfalls konnte er selbst Nachforschungen anstellen. Sollten die betroffenen Parteien ihren Widerstand auch nach den umfassenden Erörterungen aufrechterhalten, wurde die Entscheidung der strittigen Punkte einer Kommission übertragen.

Für die Entwicklung der Beteiligungsrechte war vor allem das - aufwendige - Verfahren zur "Sachverhaltsermittlung" im Rahmen der Planerstellung relevant, insbesondere das Recht auf Einsichtnahme in die Planungsunterlagen und das - stillschweigend vorausgesetzte - Recht der interessierten Öffentlichkeit, schriftliche Stellungnahmen einzureichen. Bedeutsam war insbesondere der frühe Zeitpunkt der Öffnung des Verfahrens für interessierte Bürger. Die Beteiligungsmöglichkeiten wurden nämlich eingeräumt, bevor die Entscheidung über das Ob der Trockenlegung einer bestimmten Fläche endgültig getroffen wurde. Mit Blick auf die eingeräumten Beteiligungsrechte bedeutsam war insbesondere die Präzisierung des Verfahrens bei der Planerstellung.

Nachdem die Pläne endgültig verabschiedet worden waren, übernahm ein Expertengremium die Bewertung der Grundstücksklassen, wobei ebenfalls eine Beteiligungsmöglichkeit eingeräumt wurde[328]. Erst nach Abschluss der Wertermittlung konnte mit der Trockenlegung begonnen werden.

Signifikanter Weise wurde der interessierten Öffentlichkeit in beiden Phasen eine Beteiligungsmöglichkeit eingeräumt. Bei der Konzessionierung der Trockenlegung von Sümpfen diente die Öffentlichkeitsbeteiligung im Rahmen der Planerstellung primär der umfassenden Sachverhaltsermittlung. In diesem Verfahrensstadium hatten die Beteiligungsmöglichkeiten deshalb vor allem eine Informationsfunktion. Im Zusammenhang mit der Wertermittlung der Grundstücke kam den Beteiligungsmöglichkeiten demgegenüber primär eine Rechtsschutzfunktion zu.

---

[328] Der Bewertungsvorgang wurde protokolliert und für die Dauer eines Monats bei der Präfektur ausgelegt. Die Auslegung wurde durch Aushang bekannt gemacht. Sofern von dem Recht, Beschwerden vorzubringen, Gebrauch gemacht wurde, erfolgte eine Entscheidung durch die Kommission.

3. Enteignungsgesetz vom 8. März 1810

Das Gesetz über Enteignungen aus Gründen des Allgemeinwohls vom 8.März 1810 etablierte ein Enteignungsverfahren, das mit der Eigentumsgarantie vereinbar war. Danach bestand das Enteignungsverfahren aus zwei Phasen, und zwar einer ersten Phase, in der die öffentliche Notwendigkeit der Enteignung festgestellt wurde, und einer zweiten Phase, in der die eigentliche Enteignung (gegen Entschädigung) erfolgte. Während die ordentlichen Gerichte für den eigentlichen Enteignungsvorgang zuständig waren, oblag die Feststellung der Notwendigkeit der Enteignung aus Gründen des Allgemeinwohls den Verwaltungsbehörden.

Das Verfahren zur Feststellung der Notwendigkeit der Enteignung wurde durch das Enteignungsgesetz gesetzlich reglementiert und sah ein Beteiligungsverfahren vor. Dabei diente ein von Sachverständigen erstellter Lageplan der Entscheidungsvorbereitung. Dieser Lageplan wurde acht Tage lang im Bürgermeisteramt der betroffenen Kommune ausgelegt, um Jedermann die Kenntnisnahme zu ermöglichen. Diese achttägige Frist begann erst nach der öffentlichen Bekanntmachung. Während des Bekanntmachungszeitraumes konnten Beschwerden vorgebracht werden. Statthafter Beschwerdegegenstand war die Behauptung, das Vorhaben könne ohne Inanspruchnahme des eigenen Grundstücks realisiert werden. Über dieses Vorbringen entschied eine Kommission. Diese Kommission konnte den ursprünglichen Plan unverändert annehmen oder - nach Anhörung der von den Änderungen betroffenen Eigentümer - modifizieren. Ihre Entscheidung war zu begründen. Innerhalb eines Monats wurde die begründete Stellungnahme an den Präfekten weitergeleitet. Daraufhin legte der Präfekt den Standort des Vorhabens endgültig fest.

Sofern es der Verwaltung nicht gelang, die erforderlichen Grundstücke zu kaufen, erfolgte die Enteignung durch die Zivilgerichte. Die Fragen der Enteignungsentschädigung waren allein den Zivilgerichten zugewiesen. Die Entscheidung der Verwaltungsbehörden bezüglich des Erfordernisses der Enteignung war für die Zivilgerichte allerdings bindend.

Der durch das Gesetz vom 8. März 1810 eingeräumten Beteiligungsmöglichkeit kam vorrangig eine Rechtsschutzfunktion zugunsten des betroffenen Grundeigentümers zu. Die Verfahrensöffnung zugunsten der interessierten Öffentlichkeit erfolgte in einem Verfahrensstadium, in dem eine Einflussnahme auf die eigentliche Vorhabenkonzeption weitgehend ausgeschlossen war[329]. Die Grundsatzentscheidung bezüglich der Realisierung eines Vorhabens und die Feststellung des öffentlichen Interesses an der Durchführung des Vorhabens, die

[329] Hostiou/Hélin S. 16.

in materieller Hinsicht bedeutsamer war als die Konkretisierung der Vorhabenumsetzung, erfolgte ohne Öffentlichkeitsbeteiligung[330]. Möglich blieb lediglich eine dem Eigentumsschutz dienende, auf die Standortfrage beschränkte geringfügige Modifikation des Vorhabens[331].

Das Enteignungsverfahren wurde in der ersten Hälfte des 19. Jahrhunderts fortentwickelt. Das Enteignungsgesetz vom 7. Juli 1833[332] behielt die zweiphasige Struktur, bestehend aus der verwaltungsbehördlichen Feststellung der öffentlichen Notwendigkeit und der den Gerichten anvertrauten Enteignung im eigentlichen Sinne, bei. Innovativ war die Einführung der "enquête administrative", einer förmlichen Untersuchung zur Sachverhaltsermittlung, im Rahmen der Genehmigung des Vorhabens. Durch dieses Verfahrenselement wurde die Öffnung des Verfahrens für interessierte Dritte zeitlich vorverlagert. Für Genehmigungsverfahren von Infrastrukturmaßnahmen, insbesondere im Zusammenhang mit dem Bau von Straßen, Kanälen, Wasserwegen und Schienen, sah die Rechtsverordnung von 1831[333] eine weitere zeitliche Vorverlagerung des Beteiligungsverfahrens vor. Das für diese Verfahren eingeführte "frühzeitige" Beteiligungsverfahren ("enquête préalable") setzte noch in der Planungsphase des Vorhabens ein und befasste sich mit dessen Grundkonzept. In den durch den geplanten Trassenverlauf betroffenen Regionen wurden ein bis vier Monate lang Register ausgelegt, in die Anmerkungen eingetragen werden konnten. In allen von dem Vorhaben betroffenen Gebieten wurden Kommissionen gebildet, die nach Ablauf der "Einwendungsfrist" die vorgebrachten (Gegen-) Argumente analysierten. Im Rahmen dieser Sachverhaltsaufklärung wurden zudem Sachverständige ("ingénieurs des ponts et chaussées") angehört. Nach Abschluss ihrer Untersuchungen gab die Kommission eine begründete Stellungnahme ab. Das Protokoll der Erörterungen wurde - vermittelt über den Präfekten - an den Leiter der Straßenbaubehörde zur endgültigen Entscheidung weitergeleitet.

4. Bergrecht

Die Gewinnung von Bodenschätzen war in Frankreich traditionell einer Genehmigungspflicht unterworfen. Zu Beginn des 17. Jahrhunderts wurde sie durch ein vom König verliehenes Sonderrecht gestattet[334]. Der Betrieb selbst wurde durch einen staatlichen Beamten überwacht, und die Erträge wurden nach fest-

330 Hostiou/Hélin S. 16.
331 Hostiou/Hélin S. 16 (Deshalb wird diese enquête auch als enquête parcellaire bezeichnet.).
332 Loi, Du 7. juillet 1833, sur l'expropriation pour cause d'utilité publique.
333 28 FÉVRIER = 15 MARS 1831 Ordonnance du roi portant que toute proposition de travaux publics concernant les routes et canaux devra être l'objet d'une enquête préalable (IX, Bull. O. L., n. 1272).
334 Ellul S. 129.

stehenden Quoten zwischen dem Betreiber des Bergwerkes, dem Eigentümer des Grundstücks und dem König aufgeteilt[335]. Unter der Regentschaft Ludwigs XIV zeichnete sich - bei neuen Standorten - allerdings der Beginn eines Systemwandels hin zur staatlichen Bewirtschaftung von Bergwerken und Minen ab[336]. Das Aufkommen des (wirtschafts-) liberalen Gedankengutes wirkte sich etwa ab der Mitte des 18. Jahrhunderts auch auf den Bergbau aus. Das bisherige Ausmaß des staatlichen Engagements auf diesem Gebiet widersprach dem wirtschaftsliberalen Geist. Deshalb regulierte der Staat den Bergbau fortan vor allem durch Gesetze. An die Stelle des Bergregals trat allmählich die staatliche Berghoheit. Die Verantwortung auf dem Gebiet des Bergbaus wurde insgesamt stark reduziert. Als für das gesellschaftliche Leben zwingend erforderlich wurde lediglich die Gefahrenabwehr angesehen.

In diesem Sinne hatte der wirtschaftsliberale Zeitgeist auch das Berggesetz vom 21. April 1810[337] beeinflusst, das eine generelle Genehmigungspflicht von Bergbauvorhaben vorsah[338]. Seit Inkrafttreten des Gesetzes konnte grundsätzlich Jedermann[339] die Zulassung eines Bergbaubetriebes beantragen. Unabhängig von und zusätzlich zu der staatlichen Zulassung war grundsätzlich - und zwar sowohl bei bloßen Probebohrungen als auch bei der Realisierung von umfangreichen Bergbauvorhaben - ein förmliches Einverständnis des Grundstückseigentümers nötig.

Das Verfahren zur Erlangung einer Konzession wurde durch einen Antrag des Vorhabenträgers eingeleitet. Der Antrag war an den Präfekten zu richten. Sein Eingang wurde dokumentiert und innerhalb von 10 Tagen durch Aushang bekannt gemacht. Vier Monate lang informierten Anschläge an den Verwaltungssitzen der betroffenen Regional- und Kommunalverwaltungen, am Wohnort des Vorhabenträgers und in allen potentiell betroffenen Kommunen über das Vorhaben. Außerdem wurde das Vorhaben in den örtlichen Tageszeitungen bekanntgemacht. Während des Bekanntmachungszeitraumes musste der Antrag mindestens ein Mal im Monat veröffentlicht werden. Konkurrierende Anträge und

---

[335] Ellul S. 129.

[336] Ellul S. 129.

[337] 21.Avril 1810 - Loi concernant les mines, les minières et les carrières (4, Bull. 285, n°5401; Mon. du 11 mai 1810).

[338] Regelungsgegenstand der Genehmigung war die Klärung der Eigentumsverhältnisse, insbesondere die Regelung des Eigentums an den gewonnenen Bodenschätzen. Ab dem Zeitpunkt der Konzessionierung eines Bergbauvorhabens wurde rechtlich differenziert zwischen dem Eigentum an der Grundstücksoberfläche und dem Eigentum an den Bodenschätzen. Letzteres stand ausschließlich dem Inhaber der Konzession zu.

[339] Zum Wohl der gesamtwirtschaftlichen Entwicklung wurde lediglich die hinreichende wirtschaftliche Leistungsfähigkeit des Vorhabenträgers gefordert. Außerdem war zur Absicherung von zukünftigen Schadensersatzforderungen eine hinreichende Sicherheitsleistung ("donner caution de payer toute indemnité") erforderlich.

Einwendungen konnten während dieser vier Monate bei der Präfektur vorgebracht werden. Die form- und fristgerecht vorgebrachten Einwendungen wurden registriert und den betroffenen Parteien bekanntgegeben. Die Einsichtnahme in das Register war Jedermann möglich. Nach Ablauf dieser Frist fasste der Präfekt unter Berücksichtigung aller relevanten Belange eine Stellungnahme ab, die er an den Innenminister weiterleitete. Die endgültige Entscheidung wurde durch den Conseil-d'État getroffen.

Das insgesamt sehr (zeit-) aufwendige Genehmigungsverfahren wurde gesetzlich relativ detailliert ausgestaltet. In zwei diversen Verfahrensstadien wurde ausdrücklich das Recht verankert, Gegenargumente vorzubringen. Dabei kam dem Genehmigungsverfahren vor allem eine gewisse Rechtsschutzfunktion zugunsten des bisherigen Grundeigentümers zu[340]. Vorrangiges Ziel des Gesetzes war der Ausgleich zwischen den Interessen des Grundeigentümers einerseits und den erforderlichen Garantien zugunsten des Vorhabenträgers andererseits[341]. Gerechtfertigt wurde die (zeitliche) Belastung des Vorhabenträgers mit dem aufwendigen Verfahren dadurch, dass die Konzession Eigentum zu seinen Gunsten begründete[342]. Der Genehmigungsbescheid modifizierte die Rechte der betroffenen Grundeigentümer allerdings erst nach ihrer Anhörung[343]. Dieser frühzeitige Rechtschutz gewann dadurch an Bedeutung, dass gegen Akte des Conseil-d'État kein Rechtsmittel statthaft war.

5. Immissionsschutzgesetz (Decret relatif aux manufactures et ateliers insalubres, incommodes ou dangereux) vom 15.10.1810

Mit dem Immissionsschutzgesetz vom 15.10.1810 setzte der französische Gesetzgeber im wesentlichen die Empfehlungen um, die die "Classe des Sciences physiques et mathématiques" im Rahmen der vom Innenminister in Auftrag gegebenen Gutachten zu der Frage, ob und in welchem Umfang von den sich mit Einsetzen der Industrialisierung ausbreitenden Industriezweigen Gesundheitsgefahren ausgehen und wie diesen Gefahren begegnet werden kann aussprach[344]. Dieses Gutachten schlug insgesamt drei Maßnahmen zur Gefah-

---

[340] Die Motive des Gesetzes vom 21. April 1810 veranschaulichen die enormen Schwierigkeiten des Gesetzgebers bei der Schaffung eines fairen Interessenausgleiches zwischen den widerstreitenden Belangen, insbesondere den Bedürfnissen der Volkswirtschaft, den Interessen der Montanindustrie und den Rechten der Grundeigentümer (Motive Minen 13. April 1810 S. 5: "C'est cette loi, devenue plus nécessaire, mais plus **difficile** par la multiplication, la diversité, l'étendu, l'importance des intérêts sur lesquels elles statue; ... "; Hervorhebung S.K.).

[341] Motive Minen 13. April 1810 S. 14.

[342] Art. 7: Il donne la propriété perpétuelle de la mine, ... (Loi concernant les mines, les minières et les carrières (4, Bull. 285, n°5401; Mon. du 11 mai 1810)).

[343] Motive Minen 13. April 1810 S. 20.

[344] Gutachten vom 26 frimaire an XIII der "Classe des Sciences physiques et mathématiques".

renabwehr und Vorsorge vor, und zwar (1) die Ansiedelung besonders gefährlicher Anlagen im Außenbereich, (2) die kontinuierliche staatliche Überwachung der im Innenbereich angesiedelten nicht-gefährlichen Anlagen und (3) die Einführung einer Genehmigungspflicht für gefährliche und lästige Anlagen als Ausdruck einer guten und vorausschauenden Verwaltung. Diese Vorschläge wurden, noch bevor sie durch ein Landesgesetz umgesetzt wurden, von den örtlichen Verwaltungen im Verwaltungsalltag herangezogen[345]. Am 12. Februar 1806 wurde diese "Verwaltungspraxis" für die Stadt Paris beispielsweise durch eine Polizeiverordnung "kodifiziert"[346].

In einem Anschlußgutachten zu der konkreten Ausgestaltung des Anlagenzulassungsrechts wurde vorgeschlagen, (1) für gefährliche Anlagen eine Genehmigungspflicht einzuführen, (2) Gewerbezweige nach ihrer Schädlichkeit in drei Klassen einzuteilen und (3) bestehenden Anlagen Bestandsschutz zu gewähren.

Das Immissionsschutzgesetz unterwarf Betriebsstätten, die gesundheitsschädliche oder belästigende Luftverunreinigungen hervorrufen konnten, einer Genehmigungspflicht, wobei der Anlagenbetreiber einen Anspruch auf Erteilung der Genehmigung hatte, wenn die Anlage ohne Beeinträchtigungen betrieben werden konnte[347]. Die genehmigungspflichtigen Anlagen wurden mit Rücksicht auf ihre Schädlichkeit drei Klassen zuordnet[348]. Die Genehmigungspflicht einer Anlage wurde durch ein Verzeichnis im Anhang des Gesetzes verbindlich festgelegt, wobei dem Verzeichnis nicht nur das "Ob" der Genehmigungspflicht entnommen werden konnte, sondern auch die einschlägige Klasse. Die Fortschreibung und Aktualisierung dieser Tabelle oblag (ausschließlich) dem Conseil-d'État.

Die konkrete Ausgestaltung des Genehmigungsverfahrens war abhängig von der jeweiligen Klasse, der ein Vorhaben angehörte. Die Anforderungen an das Genehmigungsverfahren stiegen, je größer das Gefährdungspotential einer Anlage war. Nach dem Wortlaut des Gesetzes wurden insbesondere die Beteiligungs-

---

345 Baucomont / Gousset S. 24.
346 Bunel S. 7; Trebuchet S. IV.
347 Langlois S. 11.
348 Die erste Klasse beinhaltete diejenigen Anlagen, die aufgrund ihres besonders großen Gefährdungspotentials nur weit entfernt von Wohnbebauung errichtet werden durften. Etwas weniger strikt waren die Anforderungen, die an die Anlagen der zweiten Klasse gestellt wurden. Ihre Errichtung durfte vereinzelt auch innerhalb von Bebauungszusammenhängen erfolgen. Im Rahmen des Genehmigungsverfahrens musste jedoch sichergestellt werden, dass der Anlagenbetrieb keine Beeinträchtigungen oder Schäden für die Nachbarschaft hervorrufen konnte. Anlagen der dritten Klasse konnten grundsätzlich auch in bewohnten Gebieten errichtet werden. Erforderlich war allerdings die polizeiliche Überwachung des Anlagenbetriebs.

rechte ausgedehnt, je größer das Gefährdungspotential einer Anlage war. In der Praxis nivellierten sich diese Unterschiede jedoch[349].

a. Grundzüge des Genehmigungsverfahrens für Anlagen der 1. Klasse

Angesichts der Bedeutung und Einzigartigkeit der Vorhaben der 1. Klasse wurde die Entscheidungskompetenz in diesen Fällen ausschließlich der Zentralgewalt zugewiesen[350].

Nach Eingang des begründeten[351] Genehmigungsantrages[352] erfolgte die öffentliche Bekanntmachung des Vorhabens. Auf Anordnung des Präfekten wurde das Vorhaben in allen Kommunen[353] in einem Umkreis von fünf Kilometern um den geplanten Anlagenstandort herum durch Anschlag öffentlich bekanntgemacht[354], wobei die ordnungsgemäße Bekanntmachung durch den Bürgermeister bestätigt und in einem Verzeichnis dokumentiert werden musste[355] und Verfahrensfehler im Zusammenhang mit der Bekanntmachung des Vorhabens zur Anfechtbarkeit der Genehmigungsentscheidung führten[356], da die Anbringung der Aushänge

[349] Für Anlagen der ersten Klasse schrieb das Immissionsgesetz beispielsweise nicht vor, dass in den Standortgemeinden eine Anhörung durchzuführen wurde, wie dies für Anlagen der zweiten Klasse angeordnet wurde. In der Praxis wurden allerdings - mit Billigung des Conseil d'État (Avis du Conseil d'État du 5.04.1813) - auch in Genehmigungsverfahren für Anlagen der ersten Klasse Anhörungen in der Standortgemeinde durchgeführt.

[350] Macarel S. XIV.

[351] Dem Genehmigungsantrag mussten diejenigen Unterlagen beigefügt werden, die zur Beurteilung des Vorhabens erforderlich waren (Baube S. 99). Mangels normativer Vorgaben in Bezug auf Inhalt und Umfang der vorzulegenden Antragsunterlagen erfolgte die Konkretisierung im wesentlichen durch Anwendungspraxis und Rechtsprechung. Danach waren die vorzulegenden Antragsunterlagen nicht nur anlagenbezogen (Konstruktionspläne), sondern mussten auch die Beurteilung der Standortwahl zulassen, weshalb grundsätzlich auch Umgebungspläne vorzulegen waren (Bunel S. 91).

[352] Für bestimmte Vorhaben wurden die Anforderungen an Form und Inhalt der vorzulegenden Antragsunterlagen durch untergesetzliches Regelwerk konkretisiert (Zum Beispiel: Ordonnance, concernant les établissements dangereux, insalubres ou incommodes, Paris, 30 novembre 1837).

[353] In jeder im Bekanntmachungsradius gelegenen Kommune musste mindestens ein Aushang plaziert werden (Trebuchet S. 22). Darüber hinaus orientierte sich die Anzahl der erforderlichen Anschläge auch an der Bedeutung der Anlage (Trebuchet S. 22).

[354] Die Länge des Bekanntmachungszeitraumes wurde bereits 1810 durch eine ministerielle Anweisung auf einen Monat festgelegt (Le Ministre de l'Intérieur aux Préfets, concernant l'exécution du Décret de 1810). Diese Festlegung wurde durch diverse Rundschreiben bestätigt (Zum Beispiel: Circulaire du ministre de l'intérieur vom 22.11. 1811; Extrait d'une circulaire adressée aux préfets, le 4 mars 1815, par le Directeur général de l'agriculture, du commerce, des arts et des manufactures (Recueil des circulaires du ministère de l'intérieur)).

[355] Macarel S. XVI.

[356] Constant S. 190.

eine "formalité substantielle" war[357]. Die weiträumige öffentliche Bekanntmachung sollte sicherstellen, dass jeder potentielle Vorhabengegner (rechtzeitig) Kenntnis von dem Genehmigungsantrag erlangte, um Einwendungen vorbringen zu können[358]. Vorrangige Zielgruppe der öffentlichen Anschläge waren diejenigen interessierten Bürger, die weit entfernt vom projektierten Anlagenstandort wohnten[359]. Ihre Aufmerksamkeit sollte nicht zuletzt dadurch erregt werden, dass die Bekanntmachung als amtliche Mitteilung erfolgte. Der Informationsgehalt der Anschläge musste dieser Funktion entsprechen, d.h. Gegenstand und Tragweite des Vorhabens mussten eindeutig erkennbar sein[360]. Die Wahl der "Bekanntmachungsorte" hatte sich am Grundsatz der Zweckmäßigkeit zu orientieren[361]. Als geeignete Bekanntmachungsorte bewährten sich insbesondere die Türen des Bürgermeisteramtes, des Antragstellers und des Standortes[362].

Während dieses Bekanntmachungszeitraumes[363] konnte jeder Einwohner ("habitant") der von dem geplanten Vorhaben betroffenen Region[364], der selbst an einem in dem Einwirkungsradius des Vorhabens belegenen Grundstück berechtigt

---

[357] In der rechtswissenschaftlichen Litaratur wurde die Ansicht vertreten, dass die Nicht-Einhaltung des vorgeschriebenen Verfahrens die Nichtigkeit der Genehmigung zur Folge hat, sofern es sich dabei um einen gesetzlich verbindlich angeordneten Verfahrensschritt ("formalité substantielle") handelte (Chauveau 1er Vol. S. 218; Magistry Traité S. 158 (für Anlagen der 2. Klasse)). Dementsprechend führten Verfahrensfehler bei der Durchführung der Anhörung im Genehmigungsverfahren für Anlagen der 1. Klasse nicht zur Nichtigkeit des Bescheides, da die Durchführung der Anhörung nicht gesetzlich vorgegeben war und es sich somit nicht um zwingendes Recht handelte (Trebuchet S. 26). Im übrigen war die Fehlerfolge abhängig von der Schwere des Fehlers (Magistry Traité S. 154).

[358] Macarel S. XVI; Trebuchet S. 23.

[359] Trebuchet S. 23.

[360] In der Praxis erfolgte dadurch eine Standardisierung der Bekanntmachungen, dass sie sich in Form und Inhalt an Mustern orientieren, die in Formularbüchern allgemein verbreitet wurden.

[361] Trebuchet S. 22.

[362] Avisse S. 8; Bunel S. 93; Macarel S. XVI; Trebuchet S. 22.

[363] Bei der einmonatigen Einwendungsfrist handelte es sich im übrigen nicht um eine Ausschlußfrist. Das Recht, Beschwerden vorzubringen, war nicht auf die gesetzlich ausgestaltete Einwendungsmöglichkeit beschränkt, sondern es erstreckte sich über den gesamten Zeitraum des Genehmigungsverfahrens. Bis zur endgültigen Entscheidung über den Genehmigungsantrag waren Dritte befugt, ihre Bedenken gegenüber der Verwaltung zu artikulieren (Avisse S. 18; Bourguignat S. 67; Constant S. 198; Porée/Livache S. 84) und eine Befassung mit ihren Beschwerden zu initiieren (Avisse S. 18). Adressat der "außerplanmäßigen" Einwendungen war jeweils diejenige Stelle (z.B. der zuständige Fachminister, der Conseil d'État), die sich gerade mit der Bearbeitung des Genehmigungsantrages befasste (Avisse S. 18; Dufour/Tambour S. 38; Trebuchet S. 26).

[364] Porée/Livache S. 102: "Une personne habitant en dehors de la zone indiquée du décret ne serait pas fondée à formuler une opposition gracieuse."; ähnlich: Coreil/Nicholas S. 143.

war[365], seine (kritischen) Anmerkungen vorbringen. Außerdem konnten die Bürgermeister der betroffenen Kommunen im Namen der (Gebiets-) Körperschaft Bedenken einbringen[366]. Personen, die außerhalb des Bekanntmachungsradius lebten, waren demgegenüber grundsätzlich nicht einwendungsberechtigt[367].

In der jeweiligen Standortgemeinde wurde außerdem von den örtlichen Behörden eine Anhörung der Öffentlichkeit durchgeführt[368]. Verantwortlich für die Durchführung der Anhörung war üblicherweise der Bürgermeister, der einen Monat lang im Bürgermeisteramt ein Einwendungsregister auslegte, in dem Einwohner ihre Einwendungen niederlegen konnten[369]. Aufgabe des Bürgermeisters war es schließlich, nach Abschluss der Einwendungsfrist eine Stellungnahme abzugeben, wobei er nicht nur die bloße Anzahl der Einwendungen berücksichtigen, sondern auch ihren jeweiligen Gehalt würdigen musste. Im übrigen hatte er das kommunale Interesse darzulegen[370].

Diese über den Wortlaut des Gesetzes hinausgehende Verwaltungspraxis wurde bereits 1815 durch untergesetzliches Regelwerk[371] landesweit verbindlich angeordnet. Hintergrund dieser Anordnung war die strukturelle Schwäche des gesetzlich für Anlagen der 1. Klasse vorgesehenen Verfahrens, das der Genehmigungsbehörde keine Ortskenntnisse vermittelte[372]. Diese "Schwäche" des Verfahrens sollte durch die Verpflichtung zur Durchführung einer Anhörung der Öffentlichkeit in der Standortgemeinde überwunden werden[373]. Aus funktioneller Sicht war diese Anhörung somit mit Expertenanhörungen bzw. mit Sachverständigengutachten vergleichbar, da vorrangiges Ziel der Erkenntnisgewinn über spezifische örtliche Besonderheiten des Anlagenstandortes war[374].

---

365 Neben der dinglichen Berechtigung (Eigentum) (Betonung des Eigentumsbezugs bei: Carpentier / Frère S. 781) reichte regelmäßig auch eine rein schuldrechtliche (Miete, Pacht) Berechtigung zur Begründung einer Einwendungsberechtigung aus (Porée/Livache S. 102). Die Einwendungsberechtigung der Mieter beispielsweise wurde aus dem Schutzzweck des Gesetzes abgeleitet, wonach der Schutz der Volksgesundheit angestrebt werde (Ressicaud S. 55).

366 Conseil. d'État, 13 juin 1853, Nicolle; Bunel S. 93.

367 Porée/Livache S. 103.

368 Trebuchet S. 19.

369 Zum Verfahren: Trebuchet S. 24 ff.

370 Trebuchet S. 26.

371 Erlass vom 14.01.1815.

372 Die für Anlagen der 1. Klasse vorgesehenen öffentlichen Anschläge zielten zwar auf Einwendungen ab, die in speziellen Einwendungsregistern festgehalten wurden, inhaltlich schlug sich dabei aber die weiträumige Anbringung der Bekanntmachungen - in einem Radius von fünf Kilometern - nieder. Grundsätzliche Ausführungen und Bedenken dominierten zum Leidwesen der auf konkrete Informationen angewiesenen Verwaltung.

373 Von der Ergänzung des Verfahrens um eine Anhörung der Öffentlichkeit erwartete man deshalb vor allem Detailinformationen über die nähere Umgebung dieses Anlagenstandortes.

374 Trebuchet S. 24.

Falls keine Einwendungen vorgebracht wurden, verfasste der Präfekt einen Abschlußbericht, den er an den Handelsminister richtete. Dieser gab eine Stellungnahme ab und leitete den Vorgang insgesamt an den Conseil d'État weiter[375].

Lagen demgegenüber Einwendungen vor, holte der Präfekt eine Stellungnahme des Rats der Präfektur ein, bevor er seinen Abschlußbericht erstellte[376].

Die eigentliche Entscheidung über den Genehmigungsantrag oblag schließlich dem Conseil-d'État.

Rechtsbehelfe gegen eine rechtskräftig erteilte Genehmigung für Anlagen der 1. Klasse gab es nicht, da gegen Akte des Conseil-d'État prinzipiell kein Rechtsmittel statthaft war[377]. Eine wesentliche Voraussetzung für die Bestandkraft der Genehmigung war allerdings die Einhaltung der verbindlichen Verfahrensschritte. Rechtsmittel gegen eine Entscheidung des Conseil d'État waren ausnahmsweise nämlich dann statthaft, wenn der verbindliche Verfahrensgang nicht eingehalten wurde[378]. Der Widerruf einer rechtmäßig erteilten Erlaubnis war grundsätzlich nur gegen Entschädigung möglich[379].

---

375 Trebuchet S. 27.

376 Die rein verwaltungsinterne Natur dieser Konsultation des Rats der Präfektur wurde unter anderem dadurch unterstrichen, dass seine Stellungnahme weder veröffentlicht noch den Einwendern gegenüber bekanntgegeben wurde, was bereits im ersten Drittel des 19. Jahrhunderts kritisiert wurde (Trebuchet S. 28). Interessierte Dritte mussten daher Eigeninitiative ergreifen, um Kenntnis zu erlangen (Macarel S. XXII; Trebuchet S. 28). Rechtsbehelfe gegen diese Stellungnahme waren nicht statthaft, da der Rat der Präfektur eine lediglich beratende Funktion hatte (Trebuchet S. 28).

377 Der Ausschluß von Rechtsmitteln gegen die Erteilung von Genehmigungen für Anlagen der 1. Klasse wurde dadurch gerechtfertigt, dass die Genehmigungserteilung im Anschluß an ein Verfahren mit Öffentlichkeitsbeteiligung - Bekanntmachung, Anhörung - erfolgte, so dass sie bereits den Charakter einer "kontradiktorischen" Entscheidung hätte (Ressicaud S. 24). Auf der Grundlage dieses Verfahrens gelange der Conseil d'État zu einem endgültigen Interessenausgleich (Macarel S. XXVI). Die Entscheidung des Conseil d'État wurde als souveräne und abschließende Würdigung - auch - der Belange der Einwender angesehen (Avisse S. 19).

378 In prozeduraler Hinsicht musste bei Anlagen der 1. Klasse die Nichteinhaltung der Verfahrensvorschriften im Wege der "opposition" bzw. der "tierce opposition" geltend gemacht werden, da gegen Akte des Conseil d'État kein ordentlicher Rechtsbehelf bestand (Deffaux/Harel S. 116). Eine derartige "Verfahrensrüge" konnte von jedem Einwohner erhoben werden, der sein Beteiligungsrecht infolge des Verfahrensfehlers nicht effektiv ausüben konnte. Wurde ein Vorhaben beispielsweise in einer im Bekanntmachungsradius gelegenen Gemeinde nicht ordnungsgemäß durch Aushang öffentlich bekannt gemacht, konnte jeder Einwohner der Gemeinde gegen eine erteilte Betriebserlaubnis vorgehen. Bei Anlagen der 2. und 3. Klasse konnte die Verletzung formellen Rechts im Rahmen der ordentlichen Rechtsbehelfe gerügt werden.

379 Conseil d'État, 28.07.1859, Rec. p. 195; Ressicaud S. 24.

Die Genehmigung entfaltete grundsätzlich[380] so lange Rechtswirkung, so lange die Anlage im Einklang mit dem Genehmigungsbescheid (unverändert)[381] betrieben wurde. Die (Erst-) Genehmigung verlor jedoch dann ihre Gültigkeit, wenn der Anlagenbetrieb länger als sechs Monate unterbrochen war oder wenn eine Änderung des Standortes vorgenommen wurde. In diesen Fällen musste der Unternehmer erneut eine Genehmigung beantragen und das aufwendige Genehmigungsverfahren vollständig durchlaufen[382].

Das Immissionsschutzgesetz sah weder eine verfahrens- noch eine organisationsrechtliche Konzentration vor, was teilweise mit dem geringen Problemdruck zu Beginn des 19. Jahrhunderts erklärt werden konnte. Während auf dem Gebiet des Immissionsschutzes gleich zu Beginn des Jahrhunderts ein entscheidender Verrechtlichungsschub zur Modernisierung eines ganzen Bereiches beitrug, setzte die Rechtsentwicklung in anderen Fachgebieten (insbesondere dem Baurecht[383]) zeitlich erst sehr viel später ein. Infolgedessen fehlte 1810 noch das Bedürfnis nach normativen Vorgaben für die Regelung möglicher Konkurrenzsituationen. Wenn und soweit das Vorhaben – beispielsweise nach allgemeinem Straßen- und Wegerecht[384] oder den örtlichen Baugesetzen[385] - einer Genehmi-

[380] Dieser weitreichende Bestandsschutz für unverändert betriebene Anlagen wurde durch das Immissionsschutzgesetz jedoch insofern eingeschränkt, als Anlagen der 1. Klasse, deren Betrieb Nachteile für die öffentliche Gesundheit, die Kultur oder das Allgemeinwohl hervorriefen, stillgelegt werden konnten (Trebuchet S. 19). Stillegungen waren nur vorgesehen für besondere Fallkonstellationen, in denen außerordentlich schwere Auswirkungen drohten. Sie wurden durch den Conseil-d'État verfügt. Vor Erlass der Stillegungsanordnung wurden die örtliche Polizei, der Präfekt und der Anlagenbetreiber angehört.

[381] Grundsätzlich waren auch nachträgliche Änderungen einer genehmigten Anlage genehmigungspflichtig (Magistry Vade-Mecum S. 58 (Frage 4); Ordonnance, concernant les établissements dangereux, insalubres ou incommodes, Paris, 30 novembre 1837), jedenfalls aber alle Änderungen, durch die die Anlage so umgestaltet wurde, dass sie einer anderen Klasse angehörte (Carpentier/Frère S. 781).

[382] Baube S. 130.

[383] Die Wurzeln des französischen Baurechts liegen vor allem im Straßen- und Wegerecht, was unter anderem auch dadurch dokumentiert wird, dass die rechtswissenschaftliche Literatur des 19. Jahrhunderts die Baupolizei dem Wegewesen (voirie) zuordnete (z.B. Leoni S. 194).

[384] Wesentlicher Regelungsgegenstand der frühen baurechtlichen Gesetzgebung war die Bauflucht (alignement). Das Edikt vom Dezember 1607, die Ordonnance vom 29. März 1754 und die Verordnung des Conseil-d'État vom 27. Februar 1765 bildeten das rechtliche Fundament der Bauflucht, an das die revolutionäre Gesetzgebung (Gesetz vom 22. Jui 1791, Gesetz vom 17. September 1807) nahtlos anknüpfte (Leoni S. 195). Grundsätzlich erforderten alle Bauvorhaben, die (unmittelbar) an öffentliche Straßen angrenzten, eine Bauerlaubnis durch die zuständige Straßenbehörde.

[385] Über das allgemeine (Wege-) Recht hinausgehende baurechtliche Bestimmungen ergingen 1852 zunächst erst einmal für die Stadt Paris (Décret-loi vom 26. März 1852). Die Pariser "Bauordnung" von 1852 schrieb vor, dass sich fortan jeder Baufluchtplan auch auf die "Höhenlage" zu erstrecken hatte (Leoni S. 200). Bauherren mussten relativ detaillierte Antrags-

gungspflicht unterlag, musste diese Genehmigung in einem eigenständigen und unabhängigen Verfahren eingeholt werden.

Das Verhältnis zwischen der verwaltungsrechtlichen Betriebserlaubnis einerseits und der zivilrechtlichen Rechtmäßigkeit des Anlagenbetriebs andererseits wurde durch das Immissionsschutzgesetz nicht ausdrücklich konkretisiert. Eine privatrechtsgestaltende Wirkung der Betriebserlaubnis war nach dem Wortlaut des Gesetzes nicht vorgesehen. Die Herausarbeitung möglicher Wechselwirkungen blieb vielmehr der rechtswissenschaftlichen Literatur und Rechtsprechung überlassen. Wenn genehmigungspflichtige Anlagen ohne die erforderliche Genehmigung betrieben wurden oder wenn genehmigte Anlagen nicht genehmigungskonform genutzt wurden, bestand in der rechtswissenschaftlichen Literatur und Rechtsprechung kein Zweifel daran, dass der Anlagenbetreiber zum Schadensersatz verpflichtet war, wenn der Anlagenbetrieb Schäden hervorrief. Heftig umstritten war jedoch die Verpflichtung zum Schadensersatz bei Schäden, die trotz eines ordnungsgemäßen Anlagenbetriebes entstanden. Im Ergebnis setzte sich dabei die Auffassung durch, dass die Betriebserlaubnis den Fortbestand von Schadensersatzansprüchen nicht berührte. Die Existenz zivilrechtlicher Schadensersatzansprüche für Schäden, die durch den genehmigungskonformen Betrieb einer Anlage hervorgerufen wurden, wurde durch den Conseil d'État seit dem 15.12.1824[386] in einer ununterbrochenen Reihe von Beschlüssen anerkannt[387]. Auch der Cour de Cassation hatte dieses Fundament in einer langen Serie von Beschlüssen bestätigt[388].

Ausgangspunkt der rechtswissenschaftlichen Kontroverse war die normative Konkretisierung des Bestandsschutzes für Altanlagen, die zwar in ihrem Bestand geschützt wurden, die aber ausdrücklich einer Schadensersatzpflicht unterworfen wurden für Schäden, die durch den Anlagenbetrieb hervorgerufen wurden. Angesichts dieser ausdrücklichen Normierung der "Altfälle" gewann das Schweigen des Gesetzgebers mit Blick auf genehmigungspflichtige (Neu-) Anlagen an Bedeutung.

unterlagen, bestehend aus Plänen und Zeichnungen, vorlegen und die Einhaltung aller sicherheits- und gesundheitspolizeilichen Vorschriften belegen (Leoni S. 201). Falls die Straßenbehörde nach außen hin untätig blieb, durfte der Bauherr frühestens 20 Tage nach der Antragstellung mit der Bauausführung beginnen (Leoni S. 201). In den Folgejahren beantragten weitere Städte die Ausdehnung des örtlichen Anwendungsbereiches dieser Vorschriften.
Wenn und soweit das Vorhaben danach - nach allgemeinem Wegerecht oder den örtlichen Baugesetzen - auch einer "Baugenehmigungspflicht" unterlag, musste diese Baugenehmigung in einem eigenständigen und unabhängigen Verfahren eingeholt werden.

[386] Conseil d'État, Ord. du 15. décembre 1824, Lez.

[387] Langlois S. 26 m.w.N. .

[388] Langlois S. 26 m.w.N. .

Nach der im Ergebnis überwiegenden Auffassung konnten durch das bloße Schweigen des Immissionsschutzgesetzes gesetzlich verankerte Ansprüche[389] ohnehin nicht verdrängt werden[390]. Aus dem "Regelungsansatz" für Altanlagen wurde zudem auf den Willen des Gesetzgebers bezüglich der Behandlung von genehmigungspflichtigen Anlagen im allgemeinen geschlossen. Dabei wurde einerseits unterstellt, die gesetzliche Ausgestaltung sei lediglich lückenhaft bzw. misslungen und verdecke den Willen des Gesetzgebers, die genehmigungspflichtigen Anlagen genauso zu behandeln wie die Altanlagen. Mit derselben Vehemenz wurde andererseits die Gegenansicht vertreten, nach der die Gleichbehandlung der beiden Fallkonstellationen dem Willen des Gesetzgebers widerspreche, der diese Parallelisierung absichtlich unterlassen habe. Im Zentrum der rechtspolitischen Diskussionen stand dabei die Frage des Verhältnisses zwischen verwaltungsrechtlicher Zulässigkeit und zivilrechtlicher Rechtmäßigkeit[391].

Sofern der Betriebserlaubnis eine privatrechtsgestaltende Wirkung zugesprochen wurde, wurde dies im wesentlichen damit begründet, dass es sich bei einer Betriebsgenehmigung nach dem Immissionsschutzgesetz vom 15. Oktober 1810 nicht nur um eine schlichte Polizeierlaubnis, sondern um den Versuch einer umfassenden Rechtsgestaltung handele[392]. Die Verwaltung würde sich im Rahmen des Genehmigungsverfahrens nicht nur mit Belangen des Allgemeinwohls, sondern auch mit den Privatinteressen der Vorhabenbetroffenen befassen, über die sie gleichsam als Richter zu befinden habe[393]. Eine privatrechtsgestaltende Wirkung sei auch erforderlich, um zu verhindern, dass das Entscheidungsmonopol

[389] Art. 544 und Art. 1382 Code Civil.

[390] Bocquet S. 164; Magistry Traité S. 406.

[391] Macarel gestand ein, dass die Beurteilung der Zulässigkeit bzw. Rechtmäßigkeit eines Vorhabens aus prinzipiellen Erwägungen in allen Rechtsgebieten einheitlich erfolgen sollte (Macarel Vade-Mecum S. 105). Duvergier spitzte diesen Denkansatz dahingehend zu, dass er den Ausschluß von Schadensersatzansprüchen damit begründete, dass rechtmäßiges Handeln nicht mit Schadensersatzpflichten belegt werden konnte ("L'exercice d'un droit ne pouvait jamais constituer une faute."). Nach Erteilung der Anlagengenehmigung sei der (genehmigungskonforme) Anlagenbetrieb entsprechend der dauerhaften und bestandskräftigen Wertung der Rechtsprechung "rechtmäßig". Der Anlagenbetreiber befinde sich in dieser Fallkonstellation im Einklang mit den gesetzlichen Pflichten (Baube S. 181). Mit dieser Bewertung sei eine Schadensersatzpflicht nicht vereinbar ("neminem laedit qui jure suo utitur"). Der Ausschluß von Schadensersatzansprüchen würde die betroffenen Nachbarn auch nicht der Schutzlosigkeit aussetzen aufgrund der im Rahmen des aufwendigen Genehmigungsverfahrens verankerten Garantien zum Schutz der privaten Interessen. Vor allem den Beteiligungsmöglichkeiten wurde dabei eine gewisse Rechtschutzfunktion zugeschrieben.

[392] Le Marois S. 172.

[393] Le Marois S. 172 f: "L'autorité n'a pas seulement pour mission de se préoccuper de l'intérêt public; elle est appelée à prendre en considération les intérêts privés et elle en est constituée juge. Le débat sur les oppositions est en effet un débat d'intérêt privé et le jugement intervenu emporte chose jugé sur la question d'autorisation, non seulement vis-à-vis de l'administration, mais vis-à-vis des particuliers.".

der Verwaltung durch nachträgliche zivilgerichtliche Entscheidungen dadurch unterlaufen wird, dass Zivilgerichte im Rahmen von Schadensersatzklagen ihre eigenen Prüfungs- und Bewertungsmaßstäbe einbringen könnten[394]. Der Grundsatz der Gewaltenteilung stand nach der Gegenansicht der Einräumung von Schadensersatzansprüchen allerdings nicht entgegen. Die Gewaltenteilung wurde vielmehr sogar als Argument für die Aufrechterhaltung der zivilrechtlichen Ansprüche angeführt. Die Geltendmachung von Schadensersatzansprüchen dürfe durch die Genehmigungserteilung nicht vereitelt werden aufgrund der Tatsache, dass private Belange im Rahmen der Entscheidungsfindung keine - oder zumindest nur eine untergeordnete Rolle - spielen. Beurteilungsmaßstab für die Genehmigungserteilung sei das Allgemeinwohl[395]. Vor diesem Hintergrund wurde vereinzelt sogar eine Beschränkung der legitimen Einwendungsgründe auf Belange des Allgemeinwohls vorgenommen[396].

Die Genehmigungsbehörde habe bei ihrer Entscheidung nahezu ausschließlich die Belange der öffentlichen Sicherheit und Ordnung zu berücksichtigen. Der Schutz privater Interessen sei demgegenüber den Gerichten anvertraut[397]. Diese klare Aufgabenteilung dürfe durch eine privatrechtsgestaltende Wirkung der Genehmigung nicht ausgehebelt werden. Im übrigen sei eine privatrechtsgestaltende Wirkung mit dem Geist des Gesetzes nicht vereinbar[398]. Die Genehmigungserteilung erfolge vorbehaltlich der Rechte der Nachbarn[399]. Vorhabenträger, die eine genehmigungspflichtige Anlage planen, stünden nach Erteilung der Betriebserlaubnis rechtlich nicht anders da als Vorhabenträger, die eine genehmigungsfreie Anlage betreiben wollen, da mit der Erteilung der Betriebserlaubnis allein der (polizeirechtlichen) Genehmigungspflicht genügt werde[400].

Die exklusive Zuständigkeit der ordentlichen Gerichte für den Schutz privater Belange stellte nach übereinstimmender Auffassung zugleich die äußere Grenze der gerichtlichen Kompetenzen dar. Die Gerichte waren ausschließlich dazu berufen, den Privatinteressen zur Durchsetzung zu verhelfen. Außerhalb ihres Handlungs- und Gestaltungsspielraums lag der Bestand der administrativen Genehmigung. Aufgrund dieser "beschränkten" Kompetenz war es den Gerichten verwehrt, Inhalt und Geltungsdauer der Genehmigungsbescheide zu modifi-

---

394 Macarel Encyclopédie S. 152.
395 Baube S. 180 f; Langlois S. 33; Serrigny 1. Auflage S. 238.
396 Constant S. 194; Lober 1868 S. 124.
397 Langlois S. 33; Serrigny 2. Auflage S. 64; Tambour S. 24.
398 Langlois S. 11: "L'autorisation accordée constitue-t-elle, pour celui qui l'a obtenu, un titre, un privilège dont il puisse se prévaloir, sans avoir désormais rien à redouter, soit de l'exercice légitime, soit de l'abus possible de son droit? Tel n'est point l'esprit du décret de 1810.".
399 Batbie S. 233: "l'autorisation administrative est accordée sauf la réserve des droits des tiers".
400 Berthélémy S. 340.

zieren. Die Zubilligung von Schadensersatzansprüchen nahm somit lediglich mittelbar Einfluß auf die konkrete Ausgestaltung des Anlagenbetriebs.

Zur Wahrung der Gewaltenteilung wurde der richterliche Gestaltungsspielraum mit Blick auf den Rechtsfolgenausspruch allerdings erheblich beschränkt. Da die Entscheidung über die Zulässigkeit des Anlagenbetriebs den Verwaltungsbehörden exklusiv zugewiesen wurde, war es den Gerichten untersagt, die Einstellung des Betriebs zu verfügen[401]. Die Anordnung von (konkreten) Änderungen der Anlage oder der Betriebsabläufe war ebenfalls unzulässig[402]. Derartige Anordnungen konnten ausschließlich durch die Verwaltungsbehörden festgesetzt werden, wenn sich im Zusammenhang mit der Anlagenüberwachung ein entsprechendes Bedürfnis offenbarte[403].

Während in Literatur und Rechtsprechung relativ schnell Einigkeit in Bezug auf den (Fort-) Bestand von zivilrechtlichen Schadensersatzansprüchen des Nachbarn gegenüber dem (berechtigten) Anlagenbetreiber erzielt wurde, blieb die Frage des Anspruchsinhaltes lange Zeit heftig umstritten[404]. Dabei ging es insbesondere um die Erstattungsfähigkeit immaterieller Schäden, vor allem um die Ersatzfähigkeit des Wertverlustes, den ein Grundstück allein dadurch erlitt, dass sich in seiner unmittelbaren Nachbarschaft eine genehmigungspflichtige Anlage ansiedelte[405]. Entgegen der zivilrechtlichen Tradition, die eine Ungleichbehandlung materieller und unmaterieller Schäden nicht kannte, setzte sich unter dem Einfluss des Conseil d'État letztendlich die Auffassung durch, nach der nur der materielle Schaden, einschließlich der anlagenbedingten Ertragseinbußen eines landwirtschaftlich genutzten Nachbargrundstückes, erstattungsfähig war, nicht aber der immaterielle Schaden oder Wertverlust[406]. Begründet wurde dies

---

[401] Bunel S. 139; Le Marois S. 173; Trebuchet S. 98 - Auch eine Untersagung nach den Grundsätzen der "dénonciation du nouvel oeuvre" war ausgeschlossen.

[402] Bunel S. 139.

[403] Bocquet S. 164; Magistry Vade-Mecum S. 105 (Frage 117), S. 107 (Frage 123); Tambour S. 27.

[404] Langlois S. 26: "La difficulté à résoudre consiste à bien préciser pour quels dommages les tiers peuvent prétendre à une indemnité.".

[405] Langlois S. 27 ff (28).

[406] Langlois S. 35: "Pour conclure sur cette question si controversée, nous pensons que **les règles et principes du droit commun ont été modifiés par les lois spéciales relatives aux établissements dangereux, insalubres ou incommodes**; que les tribunaux, dans leur appréciation du préjudice causé, doivent s'inspirer de cette idée fondamentale que les relations ordinaires du voisinage, en matière d'ateliers classés, ont été changées par le décret de 1810 et par l'ordonnance de 1815; que si l'administration, dans la délivrance de la permission, intervient surtout et principalement dans un intérêt de police et de sûreté générales, il n'est pas moins vrai d'ajouter que **les effets de cette autorisation affectent dans une certaine mesure, les droits des tiers**, en ne leur permettant de réclamer d'indemnité qu'au cas de dommage matériel réellement et effectivement subi (Confér. arrêt du 3 mai 1827), ou au cas de diminution véritable dans le revenu de la propriété; et que jamais il ne doit être alloué par les

mit der besonderen Natur der Anlagengenehmigung, die nach damaliger Einschätzung nicht auf eine Polizeierlaubnis reduziert werden durfte[407]. Es wurde anerkannt, dass das spezielle Anlagenzulassungsrecht das Zivilrecht (zumindest faktisch) modifizierte[408] und die Frage der abstrakten Vereinbarkeit einer Anlage mit den Grundsätzen der guten Nachbarschaft bzw. das "Sich-Einfügen" abschließend durch die verwaltungsbehördliche Genehmigungserteilung beschieden wurde[409].

b. Grundzüge des Genehmigungsverfahrens für Anlagen der 2. Klasse

Verglichen mit Anlagen der 1. Klasse unterschied sich das Genehmigungsverfahren für Anlagen der 2. Klasse im wesentlichen dadurch, dass (1) der Präfekt die Genehmigungsbehörde war[410] und (2) im Rahmen der Sachverhaltsermittlung zur Entscheidungsvorbereitung der Bürgermeister der Standortgemeinde verpflichtet war, eine förmliche Untersuchung in Form einer sog. "information de *commodo* et *incommodo*" durchzuführen[411], deren "Unter-

---

tribunaux de dommages-intérêts pour la moins value ou préjudice moral ou dommage d'opinion résultant uniquement de la présence de l'établissement classé, lorsque ce dommage n'a pas pour effet immédiat une diminution de revenu provenant directement du voisinage de l'atelier autorisé." (Hervorhebungen S.K.).

407 Langlois S. 35.

408 Langlois S. 35.

409 Batbie S. 233: "A ses (Cour de cassation) yeux, l'autorisation administrative a jugé la question de savoir si l'atelier est ou non conforme aux relations de bon voisinage.".

410 Die Tatsache, dass für Anlagen der 2. Klasse der Präfekt die zuständige Genehmigungsbehörde war, hatte zur Folge, dass Rechtsbehelfe gegen die Genehmigungsentscheidung statthaft waren. Dabei war zu berücksichtigen, dass das Immissionsschutzgesetz keinen Einwendungsausschluß vorsah. Vorhabengegner konnten ihre Rechte demzufolge selbst dann noch in einem Rechtsbehelfsverfahren geltend machen, wenn die (rechtzeitige) Erhebung von Einwendungen im Genehmigungsverfahren versäumt worden war (Carpentier / Frère S. 796; Cavayé S. 72; Le Marois S. 85; Macarel S. XXX; Porée/Livache S. 156; Magistry Vade-Mecum S. 80 (Frage 47); Trebuchet S. 26, Circulaire Ministérielle vom 15. Dezember 1852). Bereits in der ersten Hälfte des 19. Jahrhunderts setzte sich jedoch die Auffassung durch, dass ein unbefristetes Widerspruchsrecht der Natur der Genehmigung, wie sie im Immissionsschutzgesetz angelegt war, widerspreche (Serrigny 2. Auflage S. 51). Demnach wurde – unter Hinweis auf die Beteiligungsmöglichkeit im Genehmigungsverfahren und in Anlehnung an das römische Recht ("Qui videt et patitur tacite consentire videtur.") - ein Verzicht auf das Widerspruchsrecht bzw. dessen Verwirkung angenommen (Carpentier/Frère S. 797; Porée / Livache S. 161; Serrigny 1. Auflage S. 234; Serrigny 2. Auflage S. 51; Conseil d'État, 11.03.1862, Comm. de Puteaux). Das rechtzeitige Vorbringen von Einwendungen wurde so zur Obliegenheit des Vorhabengegners (Carpentier/Frère S. 798: "Eviter la déchéance du droit d'opposition doit donc être la préoccupation des tiers.").

411 Traditionell wurde die enquête de commodo et incommodo sonntags durchgeführt, um einem möglichst großen Kreis an Teilnahmeberechtigten die Teilnahme auch faktisch zu ermöglichen (De Gérando Institutes S. 363). Verbindliche Vorgaben bezüglich der Dauer der

suchungsgebiet" räumlich auf die Standortgemeinde beschränkt war[412] und in deren Verlauf die Einwohner der Standortgemeinde[413] Einwendungen vorbringen konnten.

Wesentliche Verfahrensschritte des Beteiligungsverfahrens waren:

1. Eröffnungsbeschluß durch den Präfekten[414]
2. Einsetzung eines unbefangenen[415] Verfahrensleiters ("commissaire-enquêteur")[416] durch den Präfekten[417]

Anhörung gab es nicht (Bunel S. 95), so dass eine Ausrichtung an den konkreten Bedürfnissen des Einzelfalls möglich war. Die Länge der Untersuchung stieg zweckmäßigerweise proportional zur Größe, Bedeutung und Komplexität des Vorhabens. Die Festlegung des Untersuchungszeitraumes erfolgte schon frühzeitig, damit die Eckdaten rechtzeitig bekanntgemacht werden konnten. Bei Vorhaben, die aufgrund ihres Gefährdungspotentials eine große Anzahl von Einwendungen erwarten ließen, wurde die Dauer der Anhörung in der Regel auf eine Woche festgesetzt. Falls die Beteiligung an der Anhörung die Erwartungen übertraf, konnte die Untersuchung ausnahmsweise auch über den vorgesehenen und bekanntgemachten Zeitraum hinaus verlängert werden (Chauveau 2e volume S. 328, Fn. 2).

412 Carpentier / Frère S. 783.

413 Im Rahmen des Anhörungsverfahrens war prinzipiell Jedermann dazu aufgefordert, Stellungnahmen abzugeben. Grundsätzlich erfolgte weder eine (willkürliche) Ladung von Zeugen noch deren gezielte Befragung. Sowohl das "Ob" als auch das Thema der Beteiligung blieb dabei den Einwendern überlassen. Infolgedessen hatte der Verfahrensleiter keinen Einfluß auf den Gegenstand der Meinungsäußerung. Er musste vorbehaltlos jede Erklärung entgegenehmen, und zwar selbst dann, wenn der vorgebrachte Einwendungsgrund (z.B. wirtschaftliche Erwägungen, Beschwerden von Konkurrenten) nicht Prüfungsgegenstand des Verfahrens war. Die (bloße) Zulässigkeit derartiger Einwendungen führte allerdings nicht zu einer Ausdehnung des Prüfungsumfanges, da die nach Sinn und Zweck des Genehmigungsverfahrens als "unberechtigt" eingeschätzten Einwendungen im Entscheidungsfindungsprozeß (jedenfalls) nicht berücksichtigt wurden.
In Bezug auf die zulässige Form der Einwendung setzte sich eine großzügige, an Sinn und Zweck des Beteiligungsverfahrens ausgerichtete Auffassung durch. Die Zulässigkeit von schriftlichen Ausführungen war anfangs noch von einigen Autoren verneint worden. Nach dieser Ansicht war es insgesamt unzulässig, dem Protokoll (schriftliche) Anlagen beizufügen. Gegen Ende des 19. Jahrhunderts wurde demgegenüber in der Literatur sogar empfohlen, mündliches Vorbringen auch durch schriftliche Unterlagen zu untermauern (Constant S. 192).

414 Ein Muster eines solchen Eröffnungsbeschlusses: Chauveau 2e volume S. 327 f.

415 In Anlehnung an De Gérando: Macarel S. XVII.

416 Der Verfahrensleiter durfte insbesondere kein Interesse an den betroffenen Grundstücken haben. Die gängige Praxis, den Bürgermeister zum Verfahrensleiter zu ernennen, war mit Blick auf die Möglichkeit seiner Befangenheit bedenklich (Avisse S. 11). Falls der Bürgermeister Einwendungen im Namen der Kommune erhebe, sei er nämlich Partei und Richter in einer Person (Coreil/Nicholas S. 145). Deshalb wurde in der Literatur angeregt, (Friedens-) Richter mit diesem Amt zu betrauen (In Anlehnung an De Gérando: Macarel S. XVII; Chauveau 1er Vol. S. 219 Rz. 391; Coreil/Nicholas S. 145; Lober 1868 S. 67).

417 Charakteristisch für Genehmigungsverfahren nach dem Immissionsschutzgesetz war das Auseinanderfallen von Anhörungsbehörde und Entscheidungsträger. Dieses Auseinander-

3. Bekanntmachung[418] der Durchführung der (öffentlichen) Anhörung, die die wesentlichen Details des Verfahrensgangs mitteilte und darüber belehrte, dass ein Schweigen bzw. Nichterscheinen bei der Anhörung als Zustimmung gewertet wurde
4. Auslegung von Antragsunterlagen
5. Entgegennahme der Einwendungen durch den Verfahrensleiter, wobei die Einwender ihre Erklärungen jeder für sich und ohne Anwesenheit des Vorhabenträgers nur gegenüber dem Verfahrensleiter abgaben[419,420]
6. Anfertigung eines Protokolls[421] über den Verlauf der Anhörung

Im übrigen waren die genehmigungspflichtigen Anlagen prinzipiell der kontinuierlichen Anlagenüberwachung unterworfen[422]. Dieses Überwachungsrecht wurde allgemein anerkannt, obwohl es weder durch das Immissionsschutzgesetz selbst noch durch ein entsprechendes Spezialgesetz gesetzlich ausgestaltet wor-

fallen führte dazu, dass im Rahmen der institutionalisierten Öffentlichkeitsbeteiligung kein unmittelbarer Kontakt zwischen der entscheidenden Stelle und der interessierten Öffentlichkeit zustande kam. Die "Mitwirkung" der Öffentlichkeit an der Verwaltungstätigkeit wurde über einen von der Verwaltung bestimmten Verfahrensleiter vermittelt. Transparenz und Akzeptanz der staatlichen Verwaltungstätigkeit wurden infolgedessen nicht nennenswert erhöht, da mangels unmittelbaren Kontaktes kein nachhaltiges Vertrauensverhältnis entstehen konnte. Die zur Entscheidung berufene Stelle war darüber hinaus nicht an die Stellungnahme der den Sachverhalt ermittelnden Behörde gebunden.

418 Diese Bekanntmachung erfolgte sowohl unter Rückgriff auf das traditionelle Mittel des Ausrufens ("à son de tambour") als auch durch schriftlichen Aushang am Marktplatz. Im Anschluß an einige Entscheidungen des Conseil-d'État wurde die schriftliche Bekanntmachung in der zweiten Hälfte des 19. Jahrhunderts unentbehrlich (Porée/Livache S. 142; Conseil d'État, 26.01.1860, Rec. 1865; Conseil d'État, 28.03.1862, Rec. 255). Die öffentliche Bekanntmachung der Anhörung musste rechtzeitig, d.h. grundsätzlich mindestens eine Woche vor ihrer Durchführung, stattfinden (De Gérando Institutes S. 363).

419 Lober 1868 S. 66.

420 Das Fehlen eines "institutionalisierten" Dialoges bedeutete aber nicht, dass ein solcher Dialog in der Praxis vollständig unterblieb. Vereinzelt wandten sich Sachverständige an den Antragsteller mit der Bitte um weitere Informationen und ergänzende Aufklärung. Der Antragsteller konnte auch selbst aktiv werden und Einsicht in das Register nehmen, in dem die Einwendungen niedergelegt wurden. Ferner konnte er eine Erwiderung einreichen, mit der er sein Vorhaben gegen die vorgebrachten Argumente verteidigte (Bunel S. 96).

421 Die Notwendigkeit eines Protokolls wurde bereits 1813 durch den Conseil d'État betont (Avisse S. 9) und schließlich durch ministerielle Verordnung allgemeinverbindlich niedergelegt. Inhaltlich hatte das Protokoll die wesentlichen Förmlichkeiten der Anhörung (insbesondere Eröffnung, Dauer und Beendigung) zu dokumentieren sowie die vorgebrachten Stellungnahmen zu sammeln. Die Protokollierung der Einwendungen musste gewissenhaft vorgenommen werden. Dem Verfahrensleiter wurde dabei die Rolle eines Schriftführers zugeschrieben (Avisse S. 10), weshalb vereinzelt beanstandet wurde, wenn (und soweit) er eine persönliche Stellungnahme hinzufügte (Avisse S. 10; ein verbreitetes Muster für ein derartiges Protokoll ist abgedruckt bei: Chauveau 2e volume S. 329).

422 Langlois S. 12; Le Marois S. 104.

den war. Zuständigkeit und Kompetenz der Verwaltung für die kontinuierliche Anlagenüberwachung folgten vielmehr aus dem allgemeinen Polizeirecht[423].

c. Grundzüge des Genehmigungsverfahrens für Anlagen der 3. Klasse

Für die Erteilung von Genehmigungen für Anlagen der dritten Klasse war in Paris der Polizeipräfekt zuständig. In den übrigen französischen Städten gehörte die Genehmigungserteilung zum Aufgabenbereich der Bürgermeister der Standortgemeinden.

Weder das Immissionsschutzgesetz noch das normenkonkretisierende untergesetzliche Regelwerk sahen die Durchführung einer Anhörung der Öffentlichkeit für Anlagen der 3. Klasse vor. Ungeachtet dessen war jedoch auch im Zusammenhang mit der Genehmigung von Anlagen der 3. Klasse eine gründliche Aufklärungsarbeit vom Amts wegen erforderlich. Zur Informationsbeschaffung erfolgte deshalb unter anderem die Konsultation von Fachbehörden. Diese Aufklärungsarbeit war nicht nur dem abstrakten Allgemeinwohl verpflichtet, sondern auch den konkreten Bedürfnissen der Nachbarschaft, für deren Ermittlung sich eine Anhörung der Öffentlichkeit anbot[424]. Diese Überlegungen führten bei Genehmigungsverfahren für Anlagen der 3. Klasse bereits seit Beginn der 1820er Jahre dazu, dass in Ballungszentren und Metropolen, insbesondere in Paris[425] und Bordeaux, behördlicherseits auch ohne gesetzliche Vorgaben die Durchführung einer Anhörung der Öffentlichkeit angeordnet wurde.

d. Einblicke in die Beteiligungspraxis im 19. Jahrhundert

Die Beteiligungsrechte bestanden nicht nur auf dem Papier, sondern sie wurden von Anfang an "gelebt", nicht zuletzt deshalb, weil sie aufgrund ihrer langen Tradition fest im Bewusstsein der französischen Bevölkerung verankert waren. Das Bewusstsein dafür, dass das Immissionsschutzgesetz ein Beteiligungs*recht* verlieh, war weit verbreitet[426]. Die jeweilige "Mobilisierungsrate" variierte allerdings erheblich. Bei kontroversen Vorhaben wurden die Beteiligungsrechte in-

---

[423] Le Marois S. 105: "Ce droit de surveillance et de coercition n'est établi par aucun des textes spéciaux à la matière, mais il dérive des pouvoirs généraux de police qui appartiennent à l'administration.".

[424] Trebuchet S. 61 f.

[425] Baube S. 101; Constant S. 215.

[426] Exemplarisch: Saget S. 1: "La Compagnie Impérial et Continentale du Gaz de Londres ayant voulu apporter des modifications aux aménagements de son usine, et une enquête ayant été ouverte à cet effet, le sieur Saget croit devoir y intervenir pour user de ***droit*** qui lui est ouvert, soit par le décret du 15 octobre 1810, soit par l'article 1 de l'ordonnance royale du 20 août 1824 ainsi concu: (...)." (Hervorhebung S.K.).

tensiver (100 und mehr Einwender[427]) genutzt als bei (vermeintlich) unbedeutsamen Vorhaben (ein Dutzend Einwender[428]). Maßgebend für die Mobilisierung der Öffentlichkeit waren dabei im wesentlichen folgende Kriterien:

- Art der geplanten Anlage (Akzeptanz der Technologie[429], faktisches und/oder wahrgenommenes Gefährdungspotential[430], Bedarf sowohl in Bezug auf die Erzeugnisse als auch in Bezug auf die Arbeitsmarktsituation)
- Gesellschaftliche Stellung und Anerkennung des Vorhabenträgers (Unternehmerpersönlichkeit, (kooperatives) Auftreten[431], örtliche Verwurzelung, Investition von inländischem und/oder ausländischem Kapital[432])
- Standortwahl (Innen- oder Außenbereich, geographische Besonderheiten)
- Sozio-ökonomischer Hintergrund

In Bezug auf die Zusammensetzung der Einwender ergab sich im wesentlichen[433] folgendes Bild: Die Einwender waren mehrheitlich Grundeigentümer

---

[427] F8 94 (Établissements dangereux, insalubres et incommodes, Aisne - Rhin (Bas)): Genehmigungsverfahren aus dem Jahr 1814: 124 Einwender in der Gemeinde Bouscat; 84 Einwender in der Gemeinde Chauvenay.

[428] F8 94 (Établissements dangereux, insalubres et incommodes, Aisne - Rhin (Bas)): Genehmigungsverfahren aus dem Jahr 1814: 12 Einwender in der Gemeinde Fresne sur l'Escout.

[429] Z.B.: Besondere Ablehnung der Gasindustrie.

[430] F8 94 (Établissements dangereux, insalubres et incommodes, Aisne - Rhin (Bas)): Genehmigungsverfahren aus dem Jahr 1814: 2 Genehmigungsverfahren in der Gemeinde Fresne sur l'Escout, Gegenstand jeweils der Betrieb einer Leimsiederei, mit 20 bzw. 12 Einwendern im Unterschied zu 2 Genehmigungsverfahren in den Gemeinden Bouscat und Chauvenay, Gegenstand jeweils der Betrieb einer Schießpulverfabrik, mit 120 bzw. 84 Einwendern.

[431] F8 94 (Établissements dangereux, insalubres et incommodes, Aisne - Rhin (Bas)): Genehmigungsverfahren aus dem Jahr 1814: 2 Genehmigungsverfahren in der Gemeinde Fresne sur l'Escout, Gegenstand jeweils die Errichtung einer Leimsiederei, mit 20 bzw. 12 Einwendern; die Nachbarn sind individuell von der Durchführung der information de commodo et incommodo benachrichtigt worden gem. Art. 4 des arrêt de préfecture du Nord vom 22.09.1814 (Lille).

[432] Z.B.: Breite Ablehnung der Investitionen englischer Gasunternehmen in Frankreich.

[433] Eine umfassende Bestandsaufnahme des verfügbaren Materials ist im Rahmen dieser Arbeit nicht zu leisten. Für zukünftige Untersuchungen ist jedoch zu berücksichtigen, dass die im Rahmen des Verfahrens zusammengekommenen Unterlagen anscheinend von Anfang an nicht vollständig archiviert worden sind. Grundsätzlich ist ein Exemplar des Genehmigungsbescheides verwahrt worden. Darüber hinaus sind allerdings nur vereinzelt auch die amtlichen Protokolle (procès-verbal) der enquête publique vorhanden, und zwar (überwiegend) in den Fällen, in denen ein Rechtsbehelf gegen die Genehmigung eingelegt worden ist. Möglicherweise sind diese Protokolle nur in den Fällen aufbewahrt worden, in denen Rechtsbehelfe eingelegt worden sind. Insoweit muss der repräsentative Charakter des vorhandenen Materials hinterfragt werden.

der an den Standort angrenzenden Grundstücke. Regelmäßig gehörten sie der gesellschaftlichen "Elite" der Standortgemeinde an, wofür allerdings in der 1. Hälfte des 19. Jahrhunderts Bildung und Ausbildung (noch) ein verhältnismäßig untergeordnetes Kriterium waren[434]. Die vorgebrachten Einwendungen bezogen sich überwiegend auf Belange des (Grund-) Eigentums und des Gesundheitsschutzes. Praxisrelevant waren darüber hinaus Proteste bereits niedergelassener Wettbewerber, die sich gegen die Neuansiedlung unmittelbarer Konkurrenten richteten.

Das Bewusstsein für die spezifischen Vorteile einer Interessenartikulation während des Genehmigungsverfahrens war insgesamt jedoch nicht besonders ausgeprägt. Mangels Präklusion und privatrechtsgestaltender Wirkung des Genehmigungsbescheides fehlte es wohl an hinreichenden Anreizen für ein Ausschöpfen der Beteiligungsrechte[435]. Parallel zum Auf- und Ausbau der Verwaltungsgerichtsbarkeit gewann der nachträgliche gerichtliche Rechtsschutz an Gewicht. Im Vergleich mit den weitreichenden Rechtsschutzmöglichkeiten traten die Beteiligungsrechte gleichsam in den Hintergrund[436], und die Beteiligungsrechte im Genehmigungsverfahren wurden gleichsam ignoriert[437].
Der Versuch einer Einflussnahme auf die Meinungsbildung war im Rahmen von besonders kontroversen Vorhaben nicht allein auf eine Beteiligung am Genehmigungsverfahren beschränkt, sondern erfolgte auch durch Veröffentlichungen in der allgemeinen Presse und durch die Verbreitung wissenschaftlicher Studien. Naturwissenschaftler und Vorhabenträger nahmen anlässlich konkreter Genehmigungsverfahren im Rahmen von Privatgutachten und Studien Stellung zu den Gefahren und Risiken des Vorhabens[438], und die betroffenen Grundeigentümer

---

[434] F8 94 (Établissements dangereux, insalubres et incommodes, Aisne - Rhin (Bas)): Genehmigungsverfahren aus dem Jahr 1814 in der Gemeinde Bouscat: Nur die Hälfte (64 von 124 Einwendungen) der Einwendungen ist vom jeweiligen Einwender eigenhändig unterschrieben worden.

[435] Rivéro S. 568 ("garantie préalable à la decision").

[436] Rivéro S. 568: "Seulement la tradition s'est perdue; ... car il est apparu, au fur et à mesure des progrès du contentieux administratif, que les garanties préalables, avec leur poids, étaient d'autant moins nécessaires qu'après coup de contrôle du juge venait, en cas de besoin, rétablir le particulier dans ses droits; entre le système de la garantie préalable à la décision, qui triomphe dans le droit américain, et auquel Gérando, aux origines du droit administratif, donnait la préférence, et celui de la garantie postérieure à la décision, l'évolution francaise a, sans hésitation, opté pour la seconde solution.".

[437] Berthélémy S. 339.

[438] Zum Beispiel: F.A. Winsor, Notice Historique sur l'Utilisation du Gaz Hydrogène pour l'Élairage, Paris 1816; ders., Résumé Historique et Démonstratif Sur L'Élairage Par le Gaz Hydrogène, Paris 1824; Charles Nodier / Pichot, Amédée, Essai critique sur le gaz et les Divers Modes d'Éclairage Artificiel, 1823; Hippolyte Lompes, De l'Éclairage au Gaz, 1845.

publizierten ihre Einwendungen in Form von Memoranden[439], was regelmäßig die Publikation von Repliken der Vorhabenträger und -befürworter hervorrief[440].

Die Gasbereitung beispielsweise gehörte seit ihren Ursprüngen zu der Kategorie der "kontroversen Vorhaben", so dass die Genehmigungsverfahren regelmäßig - nach jeweils zeitgenössischem Verhältnis - "Massenverfahren" mit weit über 100 Einwendern waren. Die Ablehnung der Gasindustrie[441] wurde sowohl durch die Presse als auch durch einflussreiche Publizisten aufrecht erhalten. Das Problembewusstsein erstreckte sich nicht nur auf das Störfallrisiko (Explosionsgefahr), sondern auch und vor allem auf die Beeinträchtigungen, die vom Normalbetrieb der Anlagen ausgingen, insbesondere die Luft- und Wasserverschmutzungen. Diese wahrgenommenen Beeinträchtigungen wurden beispielsweise verantwortlich gemacht für Ertragseinbußen in der Landwirtschaft, Baumsterben in der Umgebung von Gasbereitungsanlagen und Atemwegserkrankungen bei der betroffenen Bevölkerung[442].

Demgegenüber beriefen sich die Befürworter der Gasindustrie auf die Vorzüge des Gaslichts. Verglichen mit den herkömmlichen Lichtquellen war das Gaslicht nach Einschätzung der Befürworter eine schönere, kräftigere, kostengünstigere und rauchärmere Lichtquelle[443]. Die befürchteten Gesundheitsgefahren wurden dadurch in Abrede gestellt, dass das Gaslicht in England sogar in besonders sensiblen Bereichen (Krankenhäuser, Sanatorien) eingesetzt wurde, ohne dass Beschwerden auftraten bzw. publik wurden[444]. Im übrigen war nach Auffassung der Befürworter nicht zu befürchten, dass sich die englischen Missstände[445] in Frankreich wiederholten, da das französische Versorgungsnetz anders aufgebaut war als das englische[446] und das französische System der Anlagenzulassung so-

---

[439] Zum Beispiel: Saget, Observations Du Sieur Saget, Négociant à Toulouses, Annexée avec 15 documents, à l'Enquête de Commodo et incommodo, ouverte le 25 août 1846, Par M. le Maire de Toulouse, d'ordre de M. le Préfet pour obtenir l'éloignement des Ateliers insalubres et incommodes de l'Usine à Gaz, qui sont contigus à sa Propriété, 1846.

[440] Zum Beispiel: Conseil de salubrité, Extrait du Rapport Général sur les Travaux du Conseil de Salubrité Pendant l'Année 1822 Avec des Notes et Observations Pour servir de réponse aux critiques publiées contre l'Élairage par le Gaz hydrogène, Paris 1823.

[441] Besnard S. 25.

[442] Nodier/Pichot S. XVI.

[443] Conseil de Salubrité S. 12.

[444] Conseil de Salubrité S. 8 f.

[445] Als solche wurden insbesondere wahrgenommen: (1) das Störfallrisiko, das sich in einer Reihe von Störfällen auch realisierte, (2) Beeinträchtigungen der Medien Luft und Wasser durch Leckagen im Leitungsnetz, (3) Belästigung der Bevölkerung durch mangelnde Koordination des Aufbaus des Leitungsnetzes, was dazu führte, dass in manchen innerstädtischen Bereichen die Leitungsnetze mehrerer konkurrierender Versorgungsunternehmen nebeneinander aufgebaut wurden, (4) mangelnde Berücksichtigung der Belange der Nachbarschaft bei der Standortwahl, (5) mangelnde Eignung des Kohlegases für bestimmte Einsatzbereiche.

[446] Conseil de Salubrité S. 18 ff (Fn. 2).

wie -überwachung Störfällen effektiv vorbeugte[447]. Der Widerstand gegen die Gasindustrie war nach ihrer Ansicht nicht sachlich begründet, sondern beruhte auf einer irrationalen Angst vor Veränderungen und Innovationen[448].

Das Nebeneinander von institutionalisierter Öffentlichkeitsbeteiligung im immissionsschutzrechtlichen Genehmigungsverfahren einerseits und nicht förmlicher Meinungsbildung andererseits wurde vereinzelt von Vorhabenträgern missbraucht, um die öffentliche Meinung zu manipulieren. Dazu initiierten sie bei besonders kontroversen Vorhaben sog. "contre-enquêtes", die den Beweis der Verträglichkeit des Vorhabens mit den Belangen der Nachbarschaft erbringen sollten. Die Betreiber eines Gaswerks in Moutrouge veranstalteten 1836 beispielsweise eine (private) Zusammenkunft der Nachbarn[449]. Zu diesem Beisammensein wurden alle im Umkreis von 600 m um die Anlage herum lebenden Nachbarn brieflich eingeladen[450], wobei den notorischen Anlagengegnern die schriftliche Einladung persönlich übergeben wurde[451]. Im Rahmen dieser Zusammenkunft wurden - in Anwesenheit der Vertreter der *MM Philippe Mathieu & Ce* - die Vor- und Nachteile des Anlagenbetriebs diskutiert[452]. Über den Verlauf der Zusammenkunft wurde ein Protokoll angefertigt, in dem überwiegend positive Stellungnahmen festgehalten wurden[453]. In dem Protokoll wurde niedergelegt, dass das Unternehmen auf den ursprünglich berechtigten Widerstand hin reagiert und Veränderungen an der Anlage und an dem Anlagenbetrieb vorgenommen hatte und der Anlagenbetrieb in der Nachbarschaft nunmehr auf breite Zustimmung stieß, da vom Regelbetrieb keine Beeinträchtigungen mehr für die Nachbarschaft ausging. Diese Vorgehensweise stieß auf erhebliche Kritik. Die Kritiker sprachen dem Protokoll jeden Beweiswert ab[454], da die Anlagenbetreiber keine Befugnis für die Durchführung eines derartigen Verfahrens hätten[455]. Die Durchführung der Anhörung der Öffentlichkeit oblag - wie die Kritiker argumentierten - allein dem örtlichen Bürgermeister im Rahmen eines ordentlichen Genehmigungsverfahrens[456].

[447] Conseil de Salubrité S. 26.
[448] Conseil de Salubrité S. 13.
[449] Mathieu Procès-Verbal S. 3.
[450] Mathieu Procès-Verbal S. 3.
[451] Mathieu Procès-Verbal S. 3.
[452] Mathieu Procès-Verbal S. 3.
[453] Mathieu Procès-Verbal S. 4 ff.
[454] Mathieu Réponse S. 8 f: "Tout ce qui est en dehors de cet acte public ne saurait avoir de force, parce que l'on sait que, presque toujours, l'intrigue dirige les contre-enquêtes où il est si facile de faire opposer des signatures de complaisance, et où il se trouve quelques fois des ennemis particuliers des pincipaux plaignans.".
[455] Mathieu Réponse S. 8: "D'abord, M. Mathieu ni ses amis n'avaient aucune qualité pour dresser un procès-verbal.".
[456] Mathieu Réponse S. 8: "C'est à M. le Maire seul de la commune où l'on se propose de former un établissement classé, à ouvrir un procès-verbal de commodo et incommodo, et c'est

Die Beteiligungsrechte wurden nicht nur bei Erstgenehmigungen wahrgenommen, sondern auch bei Änderungsgenehmigungen, und zwar insbesondere in den Fällen, in denen bereits der genehmigte Anlagenbetrieb zu Nachbarschaftskonflikten geführt hatte. Beispielhaft dafür war ein Verfahren zur Erteilung einer Änderungsgenehmigung aus dem Jahr 1846, in dem die betroffenen Nachbarn nicht nur Bedenken gegen die (beantragten) Änderungen vorbrachten, sondern die Verlegung der gesamten Anlage forderten. Gegenstand des Verfahrens war ein Gaswerk in Toulouse, dem 1841 vom Präfekt der Haute-Garonne die Betriebserlaubnis erteilt worden war, obwohl das Betriebsgrundstück unmittelbar an ein (bestehendes) Wohngebäude angrenzte. Der Nutzungskonflikt wurde dadurch verschärft, dass sich das Wohngebäude in der Windrichtung befand. Nach Erteilung der Betriebserlaubnis entbrannte ein Nachbarschaftsstreit, in dem der Eigentümer des Wohnhauses nahezu alle ihm zur Verfügung stehenden Kanäle ausschöpfte: Er wandte sich wiederholt direkt an die Betreibergesellschaft, die ihn auf den Zivilrechtsweg verwies. Außerdem wandte er sich an die Verwaltung. Den Rat der Präfektur forderte der Nachbar auf, für einen genehmigungskonformen Betrieb zu sorgen. Schließlich holte er zwei Privatgutachten ein, die die Berechtigung seiner Beschwerden bestätigten. Die Betreibergesellschaft berief sich unterdessen darauf, die Anlage genehmigungskonform zu betreiben. Vor diesem Hintergrund erschien der Antrag auf Erteilung einer Änderungsgenehmigung dem betroffenen Nachbarn als bloßes "Täuschungsmanöver". Nach Einschätzung der Nachbarn spiegelte die Betreibergesellschaft ihre Bereitschaft lediglich vor, den Bedürfnissen der Nachbarschaft Rechnung tragen zu wollen[457].

e. Funktionen der Beteiligungsrechte im Verfahren zur Erteilung einer Betriebserlaubnis nach dem Immissionsschutzgesetz

aa. Informationsfunktion

Als Bestandteil eines behördlichen Verwaltungsverfahrens kam den Beteiligungsrechten vor allem eine Informationsfunktion zu. Das besondere Gewicht der Informationsfunktion kommt sprachlich dadurch zum Ausdruck, dass in der

---

seulement dans les colonnes de cet acte administratif que le pour ou le contre doit être consigné dans les termes qui conviennent aux parties intéressées.".

[457] Saget S. 4: "La demande formé par la Compagnie, dans cette circonstance, n'a d'autre but, il faut le reconnaître, que de la faire paraître vouloir satisfaire à toutes les exigences et faire toutes les réclamations. Le mécontentement public s'est trop aggravé pour que l'on ne sente le besoin de faire grande étalage de faux semblables de bonne foi et de bonne volonté on va au devant de l'indignation publique et de la répression de l'autorité auxquelles on espère faire prendre le change au moyen d'une mesure qui en définitive, n'abouterait et ne remédierait à rien, si on la circonscrivait dans les limites où la Compagnie l'a renfermée.".

ersten Hälfte des 19. Jahrhunderts die Bezeichnungen "enquête de commodo et incommodo" und "information de commodo et incommodo" nahezu[458] synonym verwendet werden[459]. Nach französischem Rechtsverständnis[460] erforderte eine umfassende, dem Allgemeinwohl verpflichtete verwaltungsrechtliche Sachverhaltsermittlung[461] auch die Einbeziehung aller Interessierten[462]. Auch nach der Rechtsprechung des Conseil d'État kam der Bürgerbeteiligung im Genehmigungsverfahren vor allem eine Informationsfunktion zu[463].

bb. Rechtsschutzfunktion

Der Stellenwert der Rechtsschutzfunktion war - zumindest in der 1. Hälfte des 19. Jahrhunderts - abhängig von der Klasse, der ein Vorhaben angehörte. Besondere Bedeutung kam der Rechtsschutzfunktion nämlich im Rahmen von Genehmigungsverfahren für Anlagen der 1. Klasse zu, da es gegen die Entscheidung des Conseil d'État keinen Rechtsbehelf gab[464].

Der Rechtsschutzaspekt kam sprachlich auch dadurch zum Ausdruck, dass die Betriebserlaubnis in der rechtswissenschaftlichen Literatur des 19. Jahrhunderts überwiegend als "autorisation" qualifiziert wurde im Gegensatz zu sonstigen (einfachen) Polizeierlaubnissen ("simple permission de police"). Diese begriffliche Unterscheidung war Ausdruck der divergierenden Interpretation von Ge-

---

458 Sofern vereinzelt eine sprachliche Differenzierung zwischen "enquête *de commodo et incommodo"* und "information *de commodo et incommodo*" unternommen wird, ist der entscheidende Anknüpfungspunkt die Weite des Untersuchungsgegenstandes und des Adressatenkreises, wobei mit enquête regelmäßig eine konzentrierte Konsultation von "Fachkreisen" bezeichnet wird (De Gérando Vorlesung S. 9: "Les enquêtes diffèrent des informations de commodo et incommodo en ce qu'elles ont une généralité moins étendue: elles ne s'adressent qu'à ceux qui peuvent avoir de la chose une connaissance spéciale.").

459 Zum Beispiel: Blanche S. 808; Bourguignat S. 67; Constant S. 199; Lober S. 63; Macarel S. XVI f; Trebuchet S. 62.

460 Entsprechend dieses Verständnisses wird die Anhörung der Öffentlichkeit (enquête *de commodo et incommodo*) in der rechtswissenschaftlichen Literatur systematisch im Zusammenhang mit der instruction ordinaire abgehandelt.
(Statt vieler: Chauveau 1er Vol. S. 218).

461 Baube S. 137.

462 Baube S. 137: "l'instruction d'une demande doit en effet être toujours contradictoire avec tous les intéressés".

463 Conseil d'État, 6. août 1824, Recueil Lebon, S. 663: "... le décret de 1810 a chargé l'administration de recueillir toutes les informations qui peuvent l'éclairer sur les dangers ou inconvénients tant publics que particuliers, auxquels peut donner lieu l'établissement à autoriser".

464 Das Gewicht der Rechtschutzfunktion der Beteiligungsrechte im Genehmigungsverfahren für Anlagen der 1. Klasse verleitete *Macarel* dazu, dieses Verfahren mit Öffentlichkeitsbeteiligung in die Nähe von Widerspruchsverfahren ("affaires contentieuses") zu rücken (Macarel S. XXVI).

genstand und Reichweite des Genehmigungsverfahrens. Eine schlichte "permission de police" gewährleistete allein die Vereinbarkeit des Vorhabens mit dem öffentlichen Wohl, während eine "autorisation" auch einen Interessenausgleich zwischen den Belangen des öffentlichen Wohls und den (egoistischen) Einzelinteressen der Privaten versuchte[465]. Praktisch relevant wird diese Differenzierung im Zusammenhang mit der Kontroverse um die privatrechtsgestaltende Wirkung der Betriebserlaubnis[466]. Der staatlichen (Zentral-) Verwaltung kam in diesem Kontext die Rolle eines neutralen "Hüters" aller berechtigten Interessen zu[467]. Dass die Rechtsschutzfunktion des Genehmigungsverfahrens grundsätzlich zweiseitig war, wurde allerdings nur vereinzelt ausdrücklich betont[468], was wohl insbesondere darauf zurückzuführen war, dass die Betriebserlaubnis dem Vorhabenträger aufgrund des Fehlens einer privatrechtsgestaltenden Wirkung und mit Blick auf die nur begrenzte Präklusionswirkung ohnehin nur eine begrenzte Planungssicherheit bot.

cc. Akzeptanz und Befriedung

Der Beitrag der Beteiligungsrechte zur Sicherung einer (Mindest-) Akzeptanz der Verwaltungsentscheidung hatte - wenn überhaupt - nur eine untergeordnete Bedeutung.

Mangels privatrechtsgestaltender Wirkung der Genehmigung und mit Blick auf die begrenzte Präklusionswirkung erreichten die Beteiligungsrechte im Genehmigungsverfahren in der Praxis keine endgültige und dauerhafte Befriedung, da die Kontroverse um das Vorhaben regelmäßig vor den Gerichten, und zwar sowohl vor den Gerichten der ordentlichen Gerichtsbarkeit als auch vor den Verwaltungsgerichten, weitergeführt werden konnte. Die Häufigkeit derartiger gerichtlicher Auseinandersetzungen führte dazu, dass der Sinn von Genehmigungspflicht und -verfahren insgesamt in Frage gestellt wurde[469]. Unter Idealisierung des angelsächsischen Alternativmodells, das bis weit in das 20. Jahrhundert hinein keine (immissionsschutzrechtliche) Genehmigungspflicht kann-

[465] Le Marois, Des Ateliers Insalubres, Dangereux et Incommodes, Paris 1883, S. 173.

[466] Statt vieler: Le Marois S. 172 (Betriebserlaubnis als "autorisation") im Gegensatz zu Serrigny 2. Auflage S. 64 (Betriebserlaubnis als "permission de police").

[467] Avisse S. 18.

[468] Constant S. 89; Trebuchet S. 61 f (62): "... aux entrepreneurs, en leur donnant la certitude que lorsqu'ils auront obtenu une permission, ils ne seront pas troublés dans l'existence de leur industrie.".

[469] Vivien S. 137: "Les nombreux procès engagés à l'occasion des établissements classés prouvent en outre que les voisins n'obtiennent pas non plus les garanties qu'on leur promettait; on se demande quelle est en cet égard l'utilité de l'autorisation?".

te[470], wurde von den Kritikern die Genehmigungspflicht als unnötige Beeinträchtigung der Vorhabenträger empfunden und die Gefahr einer Irreführung der Privaten aufgezeigt. Bei Vorliegen einer Genehmigung würden die Nachbarn nämlich häufig annehmen, sie seien mit ihren Schadensersatzansprüchen ausgeschlossen[471].

Bei den Befürwortern der präventiven Zulassungskontrolle klang demgegenüber die Akzeptanzfunktion an. Entscheidungserhebliches Kriterium war dabei nicht die (endgültige) Befriedung, sondern das Gewicht und die Wertschätzung, mit der - auch nach Genehmigungserteilung - anhaltenden Protesten und Beschwerden notorischer Vorhabengegner begegnet wurde[472]. Insoweit ging es weniger um eine Werbung für mehr Akzeptanz bei den Gegnern eines konkreten Vorhabens als um die Aufrechterhaltung eines gesamt-gesellschaftlichen Konsenses, der durch den Vollzug des geltenden Rechts erreicht werden sollte.

dd. Legitimation

Eine Legitimationswirkung von Genehmigungsverfahren wurde im 19. Jahrhundert nicht diskutiert. Die Legitimität einer Verwaltungsentscheidung wurde nach damaligem Verständnis vom jeweiligen Entscheidungsträger abgeleitet. Das moderne Konzept der "Verwaltungsdemokratie" ("démocratie administrati-

---

[470] Ein umweltspezifisches Vorhabenzulassungsrecht wurde in England erst 1990 durch den Environmental Protection Act, 1990 (EPA) in Verbindung mit dem zugehörigen untergesetzlichen Regelwerk eingeführt.
Es ist allerdings zu berücksichtigen, dass die meisten Vorhaben zumindest seit Inkrafttreten des Bauplanungsgesetzes aus dem Jahr 1947 (Town and Country Planning Act, 1947), einer baurechtlichen Genehmigungspflicht unterlagen. Im Rahmen der baurechtlichen Vorhabenzulassung hatte die Öffentlichkeit bis in die 1990er Jahre allerdings nur beschränkte Beteiligungsmöglichkeiten. Bis zum Inkrafttreten des Planungs- und Entschädigungsgesetzes aus dem Jahr 1991 (Planning and Compensation Act, 1991) wurden Genehmigungsanträge nur in wenigen Ausnahmefällen öffentlich bekannt gemacht, und zwar vor allem bei einem die Nachbarschaft beeinträchtigenden Vorhaben ("bad neighbour development") (entsprechend der jeweils aktuellen Legaldefinition), aber auch bei Bauvorhaben an einem denkmalgeschützten Gebäude bzw. in einem Gebiet, das einer spezifischen Erhaltungssatzung unterlag oder für das bereits ein rechtskräftig verabschiedeter Entwicklungsplan ("development plan") bestand, von dem abgewichen werden sollte (Zur englischen Rechtsentwicklung vgl. auch 5. Teil).

[471] Vivien S. 137: "L'inconvénient du régime actuel est d'apporter des entraves à l'industriel, de tromper les voisins qui pensent souvent que l'autorisation donnée à l'établissement les prive du recours en indemnité, et d'immiser d'administration dans les intérêts privés.".

[472] De Gérando Vorlesung S. 14 (Hervorhebungen S.K.): "D'ailleurs, le succès d'une mesure administrative n'est jamais véritablement complet que par la conviction et **la confiance**. Cette confiance ne peut être acquise qu'autant que tous les intérêts privés aurant été entendus. Sans doute, il pourraient se plaindre encore; ils prétendront presque toujous qu'on ne leur a pas assez accordé. Mais, du moins, ils ne pourront se plaindre d'avoir été négligés, méconnus, et ces plaintes auront moins de faveur dans l'opinion."

ve") darf nicht auf die Genehmigungsverfahren des 19. Jahrhunderts übertragen werden[473]. Für die besonders gefahrenträchtigen Anlagen der 1. Klasse bestand in der ersten Jahrhunderthälfte ohnehin kein Bedürfnis nach einer zusätzlichen Legitimierung der Verwaltungsentscheidung angesichts der Tatsache, dass die Entscheidung als königliche Entscheidung, gestützt auf eine begründete Stellungnahme des Conseil-d'État, erging[474].

ee. Transparenz

Im Zusammenhang mit den Beteiligungsrechten im immissionsschutzrechtlichen Genehmigungsverfahren fiel dabei das Zusammentreffen von aktiven und passiven Informationspflichten des Staates auf. Um eine effektive Beteiligung zu gewährleisten, wurde der Staat nicht nur zu einer Informationsherausgabe auf Antrag (des Beteiligungswilligen) verpflichtet, sondern er war auch zu einer Informationsherausgabe von Amts wegen gezwungen (öffentliche Aushänge, Aufbereitung der Antragsunterlagen). Aus dieser Perspektive betrachtet, ermöglichten die Beteiligungsrechte im immissionsschutzrechtlichen Genehmigungsverfahren eine gewisse Kommunikation zwischen Staat und Bürger, zwischen Verwaltung und Verwaltungsunterworfenem. Diese Kommunikation im Rahmen einzelfallbezogener Verwaltungsverfahren war ein Vorläufer der modernen, umfassend angelegten "communication administrative"[475].

Strukturelle Merkmale der Anhörung der Öffentlichkeit führten jedoch dazu, dass sich die Transparenzfunktion nicht voll entfaltete: Zum einen erfolgte die Kommunikation im Rahmen der Sachverhaltsermittlung und nicht im Rahmen des eigentlichen Entscheidungsvorgangs[476], zum anderen wurde sie über einen Verfahrensleiter vermittelt.

---

473 Problematisch daher: Hostiou / Hélin S. 15: "Les différences que peuvent présenter ces enquêtes ne doivent pas nous faire oublier l'essentiel. Dans un système de Droit régalien, encore peu ouvert au vertus de la participation et la transparence ainsi qu'aux valeurs de la démocratie administrative, les enquêtes publiques présentent un trait commun: elles sont la marque - dans certains domaines, et tout particulièrement celui du droit de propriété, de son usage, de sa protection et de ses limites - d'une association du public aux projets de l'administration, elles témoignent de la volonté de veiller à ce que certaines décisions, et notamment les atteintes ou les limitations apportées à ce droit "inviolable et sacré", ne puissent être réalisées sans une information préalable des intéressés et sans une concertation avec ceux-ci. Elles apparaissent, de la sorte, comme caractéristique d'un style d'administration qui a bientôt deux siècles d'existence.".

474 Macarel S. XXVI.

475 De Forges S. 44.

476 De Gérando Vorlesung S. 21: "On voit aussi par cet exemple, comment, pour les matières administratives, le débat a lieu dans l'information et non dans l'examen. ... Dans l'examen administratif, les particuliers sont absens.".

5. Öffentlichkeitsbeteiligung zwischen Kontinuität und Innovation seit dem Immissionsschutzgesetz

a. Immissionsschutzgesetz von 1917[477]

Das Immissionsschutzgesetz vom 19.12.1917 modernisierte das Anlagenzulassungsrecht schließlich, ohne die 1810 niedergelegten Grundprinzipien zu erschüttern. Die wesentlichen Neuerungen bezogen sich auf:

- Ausdehnung des Anwendungsbereiches des Gesetzes - alle gewerblichen Anlagen, die Gefahren oder Belästigungen für die öffentliche Sicherheit, Sauberkeit, Gesundheit, Belange der Nachbarschaft und für die Landwirtschaft hervorrufen konnten - und der Schutzgüter (Belange der Nachbarschaft)
- Einführung eines vereinfachten Zulassungsverfahrens für Anlagen, die lediglich allgemeinen Vorschriften unterlagen und nur einer Anzeige vor Inbetriebnahme bedurften
- Einführung befristeter Betriebserlaubnisse
- Modernisierung und Verbesserung des Zulassungsverfahrens, insbesondere in Bezug auf die Durchführung der Anhörung der Öffentlichkeit (Bekanntmachung, Durchführungszeitraum, Konsultation von Fachbehörden)
- Mitwirkung der Conseils départementaux d'hygiène am Genehmigungsverfahren
- Abstimmung des Genehmigungsverfahrens zur Erteilung der Betriebserlaubnis mit dem Arbeitsschutz
- Befugnis der Verwaltungsbehörden, der Betriebserlaubnis Nebenbestimmungen beizufügen und/oder nachträgliche Anordnungen zu erlassen
- Etablierung einer staatlichen Anlagenüberwachung; Einführung eigenständiger "inspecteurs des établissements classés"

Mit Blick auf die Beteiligungsrechte wirkte sich die Revision des Anlagenzulassungsrechts in der Praxis nicht erheblich aus. Form und Strukturen der Anhörung der Öffentlichkeit blieben nahezu unberührt. Die Anpassung an den technischen und technologischen Fortschritt sowie an die Bedürfnisse der Massengesellschaft erfolgte behutsam. Die rechtspolitische Diskussion um die Modalitäten der Öffentlichkeitsbeteiligung riss demzufolge auch nach Inkrafttreten des

[477] La loi du 19. décembre 1917, relative aux établissements dangereux, insalubres ou incommodes.

Gesetzes von 1917 nicht ab[478]. Gegenstand der rechtspolitischen Diskussionen waren insbesondere die gesetzliche Festlegung der Einwendungsfrist, die Veröffentlichung der Bekanntmachung in einem Amtsblatt (anstelle des veralteten Mediums des Aushanges), die Publikation des Ergebnisses der Anhörung der Öffentlichkeit und Einführung einer für Vorhabenträger und Vorhabengegner einheitlichen Rechtsbehelfsfrist von 2 Monaten.

Bedeutsam war allein die Einführung einer Anlagenklasse, die nicht der Genehmigungspflicht, sondern lediglich einem Anzeigeverfahren unterlag. Eine Öffentlichkeitsbeteiligung war im Rahmen des Anzeigeverfahrens nämlich nicht vorgesehen. Insofern war zu berücksichtigen, dass die Klasse der anzeigepflichtigen Vorhaben grundsätzlich als "zusätzliche" Klasse konzipiert war und im Ergebnis zu einer erheblichen Ausdehnung des sachlichen Anwendungsbereiches des Anlagenzulassungsregimes führte. Die Einführung eines vereinfachten Zulassungsverfahrens ohne Öffentlichkeitsbeteiligung war demnach kein Ausdruck eines Paradigmenwechsels im französischen Anlagenzulassungsrecht, da die Öffentlichkeitsbeteiligung nicht per se aus Zeit- und Kostengründen zur Disposition gestellt wurde, sondern lediglich auf der Grundlage einer Kosten-Nutzen-Analyse auf gefahrenträchtige Vorhaben beschränkt werden sollte. Zu den anzeigepflichtigen Anlagen gehörten überwiegend Vorhaben, die vollständig neu in den Anwendungsbereich des Gesetzes aufgenommen wurden[479].
Eine nachhaltige Modernisierung des Genehmigungsverfahrens erfolgte erst durch die gesetzeskonkretisierende Anwendungsverordnung, die ausdrücklich Vorgaben machte in Bezug auf:

- Art und Weise der Bekanntmachung durch den Bürgermeister, insbesondere Festlegung des Bekanntmachungsradius (max. 5 km)
- Inhalt der Bekanntmachung (Anlagenart, Ort und Zeitpunkt der Anhörung, Person des Verfahrensleiters)
- Gegenstand und Reichweite der Antragsunterlagen (Beschreibung von Gegenstand und Bedeutung des Vorhabens, Anlagenpläne, maßstabsgetreuer Standort- und Umgebungsplan)

---

478 Magistry Traité S. 31.

479 Rein rechtstatsächlich fand nur in den wenigen Fällen ein "Abbau" von Beteiligungsrechten statt, in denen sich - im Zusammenhang mit einer Novellierung der Tabelle der genehmigungspflichtigen Vorhaben - die Klassifikation einer ursprünglich genehmigungsbedürftigen Anlagenart dergestalt änderte, dass sie zukünftig lediglich einer Anzeigepflicht unterlag. Wenngleich derartige "Umgruppierungen" zwischen den Klassen durchaus stattfanden, erfolgten sie nicht in der gezielten Absicht, einen Abbau der Beteiligungsrechte herbeizuführen, sondern primär vor dem Hintergrund neuer wissenschaftlicher Erkenntnisse, die das Gefährdungspotential der Anlage in einem anderen Licht erscheinen ließen. Besonders gefahrenträchtige Anlagen, also Anlagen der 1. und 2. Klasse des Immissionsschutzgesetzes, waren von einer solchen Neuordnung in der Regel nicht betroffen.

- Ernennung des Verfahrensleiters durch den Präfekten
- Dauer der Anhörung (30 Tage bei Anlagen der 1. Klasse, 15 Tage bei Anlagen der 2. Klasse)

b. Einführung eines modernen umweltschutzorientierten Anlagenzulassungsrechts[480]

Die dritte grundlegende Revision des Anlagenzulassungsrechts erfolgte 1976[481]. Ziel des Gesetzes war nicht nur der Schutz der öffentlichen Sicherheit und Volksgesundheit, sondern gleichermaßen auch der Schutz von Natur und Umwelt.
Im übrigen modernisierte der Gesetzgeber das Anlagenzulassungsrecht in Bezug auf:

- Ausdehnung des materiellen Anwendungsbereiches[482]
- Aufgabe des aus drei Klassen bestehenden Systems zugunsten der bloßen Unterscheidung zwischen genehmigungspflichtigen und anzeigepflichtigen Anlagen[483]
- Verschärfung der Sanktionen
- Zuweisung der Verordnungskompetenz an das 1971 etablierte Umweltministerium
- Einführung einer 4-jährigen Klagefrist

Das Zulassungsverfahren selbst wurde durch das Gesetz vom 19.07.1976 nicht nennenswert reformiert. Mit Blick auf die Beteiligungsrechte wurden lediglich Details modifiziert. Die Verpflichtung zur Verbesserung des Umweltschutzes führte mittelbar dazu, dass die Einwender zu Sachwaltern der Belange von Umwelt und Natur wurden.

Die Konkretisierung des Gesetzes durch die normkonkretisierende Verordnung vom 21.09.1977 führte demgegenüber zu einem Abbau von Beteiligungsrechten im Zusammenhang mit der Erteilung von Änderungsgenehmigungen. Die Ver-

---

[480] Loi n° 76-663 du 19. juillet 1976 relative aux installations classées pour la protection de l'environnement; Décret n° 77-1133 du 21 septembre 1977, pris pour l'application de la loi du 19. juillet 1976 relative aux installations classées pour la protection de l'environnement.

[481] Zur Gesetzgebungsgeschichte: Baucomont / Gousset S. 41.

[482] Fromageau/Guttinger S. 30.

[483] Infolge der Seveso-Richtlinie gibt es faktisch wieder ein aus drei Klassen bestehendes System, bestehend aus:

1. Genehmigungsplichtige Anlagen, die der Seveso-Richtlinie unterfallen
2. Sonstige genehmigungspflichtige Anlagen
3. Anzeigepflichtige Anlagen.

ordnung vom 21.09.1977 beseitigte die prinzipielle Verpflichtung zur Durchführung eines förmlichen Genehmigungsverfahrens mit Öffentlichkeitsbeteiligung für Änderungsgenehmigungen. Nunmehr musste der Vorhabenträger dem Präfekten die geplante Änderung zunächst lediglich mitteilen. Auf der Grundlage der mit der Mitteilung eingereichten Unterlagen entschied der Präfekt darüber, ob die Änderung durch schlichten Ergänzungsbescheid (ohne Öffentlichkeitsbeteiligung) genehmigt werden konnte oder ob der Vorhabenträger dazu aufgefordert wurde, eine Genehmigung im engeren Sinne (mit Öffentlichkeitsbeteiligung) zu beantragen.

c. Verankerung der Anhörung der Öffentlichkeit in einem allgemeinen (Umwelt-) Verwaltungsverfahrensgesetz

Das Gesetz bezüglich der Demokratisierung der Anhörung der Öffentlichkeit ("Anhörungsgesetz") vom 12. Juli 1983[484] zielte im wesentlichen darauf ab, einen Systemwechsel herbeizuführen und die Anhörung der Öffentlichkeit von einem (in der Praxis primär) dem IndividualRechtsschutz verpflichteten Instrument zu einem gemeinwohlorientierten Forum umzuformen. Infolge des gesellschaftlichen Wandels erfuhr die Anhörung der Öffentlichkeit durch ihren Beitrag zum Umweltschutz eine neue Legitimierung[485].

Konzeptionell beschritt das Anhörungsgesetz insofern einen neuen Weg, als es ein allgemeines Verwaltungsverfahrensgesetz war. Die in einer Vielzahl von speziellen Verwaltungsgesetzen niedergelegten Verfahrensvorschriften, die sich in Detailfragen zum Teil erheblich unterschieden, wurden vereinheitlicht und in einem allgemeinen Gesetz festgeschrieben[486].

Das Anhörungsgesetz unterstrich die herausragende Stellung, die der Anhörung der Öffentlichkeit im Bereich der Beteiligung der Öffentlichkeit an staatlichen Entscheidungen im Umweltbereich zukam[487]. Diese herausragende Stellung durfte allerdings nicht darüber hinwegtäuschen, dass es eine Vielzahl weiterer Mechanismen gab, die der interessierten Öffentlichkeit eine Teilnahme an der staatlichen Sachverhaltsermittlung und/oder dem staatlichen Entscheidungsfindungsprozeß ermöglichten[488].

---

[484] Loi du 12 juill. 1983 relative à la démocratisation des enquêtes publiques et à la protection de l'environnement.
[485] Papin Enquêtes Publiques S. 338.
[486] Die Beteiligungsrechte im Rahmen von Genehmigungsverfahren zur Erteilung einer immissionsschutzrechtlichen Betriebserlaubnis unterfallen dem Anwendungsbereich des Anhörungsgesetzes.
[487] Prieur Avenir S. 21.
[488] Prieur Avenir S. 14, 18 ff m.w.N..

aa. Im Fokus der rechtspolitischen Diskussion: Die Rolle des Verfahrensleiters

Wesentlicher Gegenstand der Reform der Anhörung der Öffentlichkeit war der Status des Verfahrensleiters. Entsprechend seiner zentralen Stellung im Rahmen der Anhörung der Öffentlichkeit war das Problembewusstsein in Bezug auf seine Eignung (Unabhängigkeit, Kenntnisse) und seinen Status von Anfang an ausgeprägt. Obwohl im rechtswissenschaftlichen Schrifttum frühzeitig das Erfordernis seiner Unabhängigkeit hervorgehoben wurde[489], blieben Auswahl und Ernennung des Verfahrensleiters lange Zeit der Verwaltung vorbehalten, und zwar derselben Stelle, die auch ansonsten die Verfahrenshoheit über die Anhörung der Öffentlichkeit innehatte[490].

Das Anhörungsgesetz reformierte den Status des Verfahrensleiters grundlegend. Seine Ernennung wurde den Präsidenten der örtlichen Verwaltungsgerichte übertragen, die geeignete Kandidaten einem in eigener Hoheit geführten Verzeichnis entnahmen[491]. Die Ernennung des Verfahrensleiters durch die Verwaltungsgerichte als einer unabhängigen Gewalt sollte seine Unabhängigkeit stärken[492].

Diese Modifikation war in der rechtspolitischen Diskussion nicht unumstritten. Aus Sicht der Präfekten stellte sie einen erheblichen Kompetenzverlust dar und unterstrich gleichsam symbolisch die Berechtigung des gegen ihre Amtsführung gerichteten Misstrauens[493]. Grundsätzlich wurde beanstandet, dass die Verwaltungsgerichte bei der Ernennung des Verfahrensleiters eine Verwaltungsaufgabe wahrnahmen, was dem Gewaltenteilungsgrundsatz widersprach[494]. Im übrigen war nach Auffassung der Kritiker zu befürchten, dass infolge dieser Reform die Unabhängigkeit der Verwaltungsgerichte in Bezug auf die Person und die Amtsausführung des Verfahrensleiters beeinträchtigt wurde[495]. Schließlich rief die Ernennung des Verfahrensleiters durch das Verwaltungsgericht den (rechtlich und tatsächlich unbegründeten) Eindruck hervor, der Verfahrensleiter würde im Lager der Rechtsprechung stehen[496].

---

[489] In der Rechtspraxis werden zu Beginn des 19. Jahrhunderts bevorzugt die Bürgermeister mit der Anhörung der Öffentlichkeit betraut. Mit Blick auf die insoweit bestehenden Interessenkollisionen werden ab der Jahrhundertmitte vor allem örtliche Honoratioren, insbesondere Großgrundbesitzer, zum Verfahrensleiter bestimmt. Auch diese Praxis ist der Kritik ausgesetzt, da sie Vetternwirtschaft befürchten läßt.

[490] Hostiou/Hélin S. 87.

[491] Detailliert zu diesem Verzeichnis: Prieur Avenir S. 37 ff.

[492] Hostiou/Hélin S. 97.

[493] Prieur Avenir S. 28.

[494] Prieur Avenir S. 33.

[495] Prieur Avenir S. 34.

[496] Prieur Avenir S. 35.

Bei besonders komplexen Vorhaben bzw. bei Vorhaben von nationaler Bedeutung konnte zudem anstelle eines einzigen Verfahrensleiter eine aus mehreren Personen bestehendes Gremium ("commission d'enquête") ernannt werden[497].

Die Rolle des Verfahrensleiters wurde dadurch gestärkt, dass ihm im Zusammenhang mit der Verfahrensleitung weitere Freiheiten und Kompetenzen eingeräumt wurden[498]. Bedeutsam war insoweit vor allem sein Recht, eine eigenständige Sachverhaltsermittlung - insbesondere eine Ortsbesichtigung - vorzunehmen und zusätzliche Informationen anzufordern[499].

bb. Einführung eines kontradiktorischen Verfahrenselements

Um die Ausübung der Beteiligungsrechte zu erleichtern und zu verbessern, konnte der Verfahrensleiter nach freiem Ermessen drei Maßnahmen ergreifen[500]:

1. Überarbeitung sowie Ergänzung der zur Einsichtnahme ausgelegten Antragsunterlagen
2. Verlängerung der Anhörung der Öffentlichkeit
3. Durchführung einer "öffentlichen Zusammenkunft" ("réunion publique")

In der Praxis wurde von den letzten beiden Möglichkeiten allerdings nur zurückhaltend Gebrauch gemacht[501], obwohl es sich bei der Option zur Durchführung einer öffentlichen Zusammenkunft um eine rechtspolitisch bedeutsame Innovation handelte.

Der rechtspolitischen Forderung nach Einführung einer kontradiktorischen Debatte[502] versuchte das Anhörungsgesetz dadurch Rechnung zu tragen, dass es die (Wieder-) Einführung[503] eines (mündlichen) Dialoges zwischen dem Verfahrensleiter und der Öffentlichkeit vorsah.

---

[497] Hostiou/Hélin S. 100.
[498] Prieur Avenir S. 71.
[499] Prieur Avenir S. 91.
[500] Prieur Avenir S. 93.
[501] Prieur Avenir S. 94.
[502] Bourjol/Le Lamer S. 27.
[503] Insoweit kann auf eine in den Hintergrund getretene Tradition aus dem Bereich der sog. "enquêtes de droit commun" (Öffentlichkeitsbeteiligung im Rahmen von Enteignungsmaßnahmen bzw. der Planung und Umsetzung öffentlicher -Infrastruktur- Vorhaben) zurückgegriffen werden. In den 1930er Jahren sind im Rahmen dieses Beteiligungsverfahrens mündliche Anhörungen durchgeführt worden (Hostiou/Hélin S. 240 m.w.N.). Dabei handelte es sich um eine in der Regel dreitägige "Anhörung" in der Standortgemeinde, bei der der Verfahrensleiter die Einwohner und die sonstigen Interessierten persönlich hörte. Entsprechend

Bei der "öffentliche Zusammenkunft" handelte es sich demgegenüber um ein wirklich neues Verfahrenselement[504]. Ziel der öffentlichen Zusammenkunft war die Herbeiführung einer dreiseitigen (Vorhabenträger, Einwender, Verwaltung) kontradiktorischen Auseinandersetzung mit dem Vorhaben in der Absicht, die Information der Öffentlichkeit zu optimieren und die Ausübung der Beteiligungsrechte auf einer umfassenden Informationsgrundlage zu gewährleisten[505,506]. In Anbetracht der Tatsache, dass die Durchführung der öffentliche Anhörung lediglich fakultativ war und im Ermessen des Verfahrensleiters stand, führte die Einführung allerdings nicht zu einem Strukturwandel im französischen Recht[507]. Die geringe Praxisrelevanz der öffentlichen Zusammenkunft veranschaulichte, dass ihr Ertrag nach Einschätzung der Verantwortlichen den mit der Durchführung verbundenen Aufwand nicht rechtfertigte[508].

Private Einwender und Umweltschutzorganisationen regten die Durchführung einer öffentlichen Zusammenkunft regelmäßig vergeblich an[509]. Ein Anspruch auf Durchführung war gesetzlich nicht vorgesehen. Deshalb erfolgten in der Praxis vereinzelt formlose private Zusammenkünfte der Vorhabenträger mit den Einwendern[510].

cc. Stärkung der Wirkungsmacht der Beteiligungsrechte

Die Wirkungsmacht der Beteiligungsrechte wurde dadurch gestärkt, dass eine ablehnende Stellungnahme des Verfahrensleiters im Rahmen des einstweiligen Rechtschutzes ausschlaggebend für die Entscheidung des Verwaltungsgerichtes sein konnte. Einem Antrag auf Anordnung der aufschiebenden Wirkung des Widerspruches gegen eine Betriebserlaubnis war dann stattzugeben, wenn der Verfahrensleiter eine ablehnende Stellungnahme abgegeben hatte und berechtigte Gründe vorgebracht worden waren. Entsprechendes galt in Fällen, in denen - gesetzeswidrig - die Durchführung einer enquête publique unterblieb.

---

dieser Tradition verleiht das Anhörungsgesetz den Einwendern das Recht auf eine persönliche (mündliche) Anhörung.

504 Hostiou/Hélin S. 242.

505 Circulaire de Premier ministre, en date du 31 juillet 1982: "Elle donne par conséquent la parole au public et peut réunir, à cet effet, commissaire enquêteur, responsables du projet ainsi que les différents intéressés (Art. 4 al. 3).".

506 Hostiou/Hélin S. 242.

507 Hostiou/Hélin S. 242.

508 Prieur S. 94.

509 Prieur S. 94.

510 Prieur S. 94.

dd. Zeitliche Synchronisation mit dem Verfahren zur Erteilung einer Bauerlaubnis

Während der wirtschaftsschwachen 1960er Jahre gerieten die Beteiligungsrechte im immissionsschutzrechtlichen Genehmigungsverfahren in das Visier der rechtspolitischen Diskussion, insbesondere ihre verfahrensverzögernde Wirkung, die vor allem auf unberechtigte Einwendungen und die zum Teil destruktive Vorgehensweise der Einwender zurückgeführt wurde. Mit Blick auf das Nebeneinander des Baurechts und des Immissionsschutzrechtes wurde (zumindest) eine signifikante Vereinfachung und Verkürzung der Öffentlichkeitsbeteiligung im Rahmen der immissionsschutzrechtlichen Zulassungsverfahren für Vorhaben angeregt, deren Standorte sich in Gebieten befanden, die bauplanungsrechtlich als Gewerbe- bzw. Industriegebiet ausgewiesen worden waren[511]. Beweggrund für derartige Vorschläge war das Ziel, die Effizienz der Verwaltungstätigkeit durch eine Vermeidung von Doppelarbeit zu erhöhen. In materieller Hinsicht beruhten diese Vorschläge auf der Annahme, dass standortspezifische Belange bereits im Rahmen der Bauleitplanung umfassend erörtert worden waren[512].
Die Unabhängigkeit der beiden Zulassungsregime[513] war in der Praxis regelmäßig dann mit Schwierigkeiten verbunden, wenn einander widersprechende Entscheidungen ergingen. Dieses "Konfliktpotential" offenbarte das Erfordernis einer zumindest zeitlichen Synchronisation der beiden Verfahren[514] mit dem Ziel, einer wenigstens zeitlichen Parallele der beiden unabhängigen Verfahren[515]. Deshalb wurde der Antragsteller durch das Gesetz vom 19.07.1976

[511] Gousset/Magistry/Martin S. 138 f: "Il est possible que, dans l'avenir, compte tenu du fait que désormais l'installation d'un nouvel établissement industriel est subordonné aux règles de l'urbanisme et fait l'objet d'un avis des Services qui les appliquent, l'enquête "de commodo et incommodo" puisse être simplifiée, voire même supprimé, dans les zones industrielles.".
[512] In Anbetracht der wachsenden gesellschaftlichen Sensibilisierung für Belange des Umweltschutzes und vor dem Hintergrund der allgemeinen Partizipationsdebatte können sich diese Vorschläge jedoch politisch nicht durchsetzen. Lediglich im Baurecht erfolgt insofern eine "rudimentäre" Umsetzung, als Bauanträge für Vorhaben in beplanten Bereichen keiner (eigenständigen) UVP bedürfen (Prieur S. 714). Diese Erleichterung gilt jedoch nur für Bebauungspläne, die nach dem 1.01.1978 in Kraft getreten und auf der Grundlage der Verordnung Nr. 77-736 vom 7. Juli 1977 erstellt worden sind (Prieur S. 714). Infolge dieser Verordnung ist nämlich im Rahmen der Planaufstellung eine Analyse des Umweltzustandes im Plangebiet sowie eine Folgenabschätzung vorzunehmen und zu dokumentieren (Prieur S. 713).
[513] Charbonneau S. 20; Gousset/Magistry/Martin S. 92; Prieur S. 745; Trib. adm. Paris, 27 janv. 1983, Gomes; Trib. adm. Strasbourg, 11 juin 1981, Stoeckel, Rev. jur. envir. 1982, 107.
[514] Bocquet S. 31.
[515] Bocquet S. 62.

verpflichtet, den Antrag auf Erteilung der Betriebserlaubnis zeitgleich mit dem Baugesuch einzureichen[516].

Die Wirkungsmacht der Beteiligungsrechte wurde durch diese Vorgabe jedoch nicht hinreichend gewährleistet, da die zeitgleiche Verfahrenseinleitung keine zeitgleiche Bescheidung gewährleistete. Bei technisch komplexen Vorhaben im beplanten Bereich erforderte das Verfahren zur Erteilung der Betriebserlaubnis regelmäßig mehr Zeit als das baurechtliche Genehmigungsverfahren. Unmittelbar nach Erteilung der Baugenehmigung konnte der Vorhabenträger mit den Baumaßnahmen beginnen[517]. Erfolgte der Baubeginn bereits vor Durchführung der enquête publique, wurden gleichsam vollendete Tatsachen geschaffen, was erhebliche Auswirkungen auf den Stellenwert und den Verlauf der enquête publique hatte. Diesem Missstand begegnete das Loi n° 92-654 du 13 juillet 1992, wonach die Baugenehmigung erst nach Durchführung der enquête publique erteilt werden durfte bzw. wonach die Baugenehmigung bei Vorhaben, die in einem vereinfachten baurechtlichen Verfahren zugelassen wurden, erst einen Monat nach Beendigung der enquête publique als erteilt galt[518,519].

d. Funktionen des Beteiligungsverfahrens

Bereits während des Ancien Régime war das Beteiligungsverfahren als Bestandteil von Verwaltungsverfahren (im materiellen Sinne) verbreitet[520]. Die Register der Parlements offenbaren eine Vielzahl von Einzelfällen, in denen bereits im vorrevolutionären Frankreich Beteiligungsverfahren (enquêtes *de commodo et incommodo*) zur Vorbereitung von Entscheidungen der öffentlichen Gewalt durchgeführt wurden[521]. Der Rückgriff auf das Beteiligungsverfahren stand da-

---

516 Art. 4 Abs. 1 Loi n° 76-663 du 19. juillet 1976: "L'exploitant est tenu d'adresser sa demande d'autorisation ou sa déclaration en même temps que sa demande de permis de construire.".

517 Charbonneau S. 36.

518 Charbonneau S. 37.

519 Gegenläufig zu dieser "Annäherung" der beiden Verfahren sind allerdings die Auswirkungen der Dezentralisierung auf das Bauplanungsrecht. Infolge des Gesetzes vom 7.01.1983 fallen die Zuständigkeiten für die Zulassungsentscheidungen in der Regel auseinander. Während der Präfekt zuständig ist für die Erteilung der immissionschutzrechtlichen Betriebserlaubnis, werden die Baugenehmigungen in Gemeinden, die über einen wirksamen Bebauungsplan verfügen, durch den Bürgermeister und im Namen der Gemeinde erteilt (Prieur S. 730). Der Präfekt bleibt zuständig für die Erteilung der Baugenehmigung bei Vorhaben im unbeplanten Bereich, falls sich die Anlage über eine Fläche von mehr als 1000 m² erstreckt. Das Auseinanderfallen der Zuständigkeit ist insbesondere dann problematisch, wenn der Präfekt die Vorgaben des POS anders auslegen möchte als der Bürgermeister der Standortgemeinde. In diesem Fall muss der Präfekt zur Klärung das Verwaltungsgericht anrufen (Charbonneau S. 36).

520 Hostiou/Hélin S. 15.

521 Hostiou/Hélin S. 15.

bei allerdings noch vollständig im Ermessen des Souveräns[522]. Eine gesetzliche Verpflichtung zur Durchführung des Beteiligungsverfahrens wurde erst im Anschluss an die Revolution eingeführt, um das Privateigentum zu schützen, dem Informationsbedürfnis der staatlichen Verwaltung gerecht zu werden und die Bürger zu informieren[523].

Die wesentlichen Strukturmerkmale der französischen (Zentral-) Verwaltung, die nicht nur das Beteiligungsverfahren, sondern auch das immissionsschutzrechtliche Genehmigungsverfahren insgesamt bis heute prägen[524], verfestigten sich in der napoleonischen Ära, also in den Geburtsstunden der modernen Verwaltung in Frankreich[525]. Wesensmerkmal der napoleonischen Konsolidierung war - nicht nur mit Blick auf das Beteiligungsverfahren - die Stabilisierung der überkommenen Strukturen, die Rationalisierung und die Vereinheitlichung der Verfahrensabläufe im Rahmen einer vordergründig kontinuierlichen Entwicklung ohne gleichsam "revolutionären" Impetus[526].

Das Beteiligungsverfahren war nicht darauf angelegt, ein Forum für öffentliche Debatten über (politische) Grundsatzfragen zu bieten[527], was bereits dadurch zutage trat, dass prinzipiell keine kontradiktorischen Debatten erfolgten[528]. Das Beteiligungsverfahren war kein Instrument zur Erreichung eines gesamtgesellschaftlichen Konsenses im Umgang mit (industriellen) Risiken[529]. Es handelte sich vielmehr um ein verwaltungsinternes Konsultationsverfahren[530], dessen Besonderheit allein darin bestand, dass nicht ausgewählte Sachverständige und einzelne Behörden, sondern die Öffentlichkeit als solche einbezogen wurde, ohne dass die Genehmigungsbehörde eine Steuerung der Teilnehmer vornehmen konnte und durfte[531].

Die - mit Blick auf die Öffentlichkeitsbeteiligung - ins Auge springenden Kontinuitäten drohen allerdings die wesentlichen inhaltlichen und strukturellen Innovationen zu überdecken, die das Beteiligungsverfahren durch das Entstehen ei-

[522] Lasserre/Lenoir/Stirn S. 22.
[523] Lasserre/Lenoir/Stirn S. 22.
[524] Debbasch 1. Band S. 82.
[525] Bourdeau 1994 S. 19.
[526] Bourdeau 1994 S. 72.
[527] Charbonneau S. 106: "... l'enquête publique a jamais été concu comme l'instrument privilegié du débat public.".
[528] Bourjol/Le Lamer S. 22.
[529] Prieur RJE 1988 S. 415.
[530] Charbonneau S. 106: "Il s'agissait du départ d'une procédure purement interne à l'administration destiné à consulter les personnes ou les propriétaires immédiatement concernés par l'opération."; Papin Enquêtes Publiques S. 338 ("demeure une procédure consultative").
[531] Isaac S. 475.

nes modernen Staatswesens und die Ausprägung eines Verwaltungsapparats im organisatorischen Sinne erfuhren. Erst die Neuerungen des napoleonischen Verwaltungsrechts, nämlich

- die Unterwerfung der Öffentlichkeit unter einen modernisierten (Zentralisierung, Vereinheitlichung des Verwaltungsaufbaus) Verwaltungsapparat,
- die spezialgesetzliche Zuweisung von Aufgaben und Kompetenzen,
- die organisatorische Trennung von verwaltender und rechtsprechender Gewalt und
- die Etablierung eines Verwaltungsrechtswegs

ermöglichten die Emanzipation des Beteiligungsverfahrens von seinen prozessualen Wurzeln und die Annahme eines originären verwaltungsverfahrensrechtlichen Gehalts. Aufgrund dieses Innovationsschubes während der napoleonischen Ära wurde dieses Zeitalter nicht ganz zu Unrecht als "goldenes Zeitalter" der Beteiligung der Bürger an der Erarbeitung der Verwaltungsentscheidungen herausgestellt.

Wesentlich für die Autonomie des Verwaltungsrechts war nicht zuletzt die organisatorische und funktionelle Trennung zwischen den politischen (Repräsentativ-) Organen einerseits und der eigentlichen Exekutivgewalt andererseits[532]. Wenngleich das zeitgenössische Bewusstsein für eine Legitimationswirkung der Beteiligungsrechte nicht sensibilisiert war, war das zeitliche Zusammenfallen dieser funktionellen Trennung mit der gesetzlichen Verankerung der Beteiligungsrechte im Rahmen von Verwaltungsverfahren bedeutsam für die Genese des (zentralstaatlichen) Verwaltungsverfahrensrechts.

Der Fokus des nationalen Immissionsschutzgesetzes auf einer landesweiten Harmonisierung der gesetzlichen Rahmenbedingungen für die unternehmerische Betätigung trat insbesondere im Zusammenhang mit der Behandlung innovativer Technologien zutage und dabei insbesondere im Rahmen der Diskussionen um die Zulässigkeit einer behördlichen Anordnung einer vorläufigen "faktischen" Genehmigungspflicht für den Zeitraum zwischen dem Aufkommen eines neuen Gewerbezweiges und seiner Aufnahme in den Kreis der genehmigungspflichtigen Anlagen. In dieser "Übergangsphase" entfaltete das Immissionsschutzgesetz keine Sperrwirkung im engeren Sinne und blieben die allgemeinen (Polizei-) Behörden mit der Gefahrenabwehr betraut. Um auch insoweit eine landesweite Harmonisierung der Bedingungen zu erreichen, wurden durch Rechtsverordnung vom 14. Januar 1815 Vorgaben bezüglich der Behandlung der Errichtung und des Betriebes innovativer Anlagen gemacht für den Fall, dass

---

[532] Debbasch 1. Band S. 89 f.

nach Einschätzung des Präfekten das Gefährdungspotential dieser Anlagen die Aufnahme in den Kreis der genehmigungspflichtigen Anlagen der ersten Klasse erforderte[533]. Die Kompetenz der Präfekten, Anlagentypen vorläufig einer "faktischen" Genehmigungspflicht zu unterwerfen, erstreckte sich ausschließlich auf technisch innovative Vorhaben, die aufgrund ihres innovativen Charakters noch nicht ausdrücklich in den Kreis der genehmigungspflichtigen Anlagen aufgenommen werden konnten.

In den "Gründerjahren" der französischen Gasindustrie wurde zeitweilig beispielsweise die Kohlegaserzeugung einer solchen faktischen Genehmigungspflicht unterworfen[534], da die Kohlegaserzeugung nicht von Anfang an in den Kreis der genehmigungspflichtigen Anlagen aufgenommen war. Allein eine rechtlich unverbindliche ministerielle Entscheidung vom 2. Oktober 1817 ordnete die Kohlegaserzeugung den Anlagen der zweiten Klasse zu[535]. Die öffentliche Resonanz auf die Einführung der Kohlegaserzeugung in Frankreich war allerdings von Anfang an beachtlich. Eine Reihe von Störfallen erhöhte zudem die allgemeine Verunsicherung und Besorgnis[536]. In dem Übergangszeitraum, in dem die Kohlegaserzeugung der faktischen Genehmigungspflicht unterworfen worden war, legten die Vorhabengegner sowohl gegen einen etwaigen Genehmigungsbescheid als auch gegen den Bescheid der Widerspruchsbehörde

---

[533] Baube S. 94 (Für Anlagentypen, die nach behördlicher Einschätzung der 2. oder 3. Klasse zuzuordnen waren, konnten - unter analoger Anwendung der einschlägigen Verfahrensvorschriften - Genehmigungen erteilt werden.).

[534] Rechtshistorisch bedeutsam ist der verwaltungsrechtliche "Vorlauf" eines Pariser Gaswerkes, das zu Beginn der 1820er Jahre im Faubourg Poisonnière eingerichtet werden sollte. 1821 wurde dort durch Pauwels ein Grundstück erworben, auf dem er das Gaswerk errichten wollte.

[535] Im Einklang mit dieser ministeriellen Entscheidung richtete Pauwels einen Genehmigungsantrag an den Polizeipräfekt, der umgehend die Durchführung einer Sachverhaltsermittlung unter Einbeziehung der Öffentlichkeit (enquête de commodo et incommodo) veranlaßte (Clerault S. 127).

[536] Wegen der starken öffentlichen Resonanz auf die Einführung der Kohlegaserzeugung stieg die Zahl der Einwender in dem von Pauwels betriebenen Genehmigungsverfahren auf 65 an (Clerault S. 127). Der Rat der Präfektur wurde mit der Bewertung der Einwendungen betraut. Neben einer positiven Stellungnahme durch die Gesundheitsbehörde stützte der Rat der Präfektur seine Entscheidung auf eine Ortsbesichtigung. Durch Beschluss vom 9. November 1821 gab der Rat der Präfektur schließlich eine positive Stellungnahme ab, mit der die Einwendungen zurückgewiesen und die Erteilung der Genehmigung begrüßt wurde (Clerault S. 127). Vor dem Hintergrund dieser positiven Stellungnahme erteilte der Polizeipräfekt am 15. November die Genehmigung zur Errichtung des Gaswerks. Zeitlich parallel richteten die Bewohner des Faubourg Poissonière ein Memorandum an die Krone. Im Fokus der Aufmerksamkeit stand dabei der von Pauwels geplante Gasometer mit einem Volumen von 7.000 m³. Die Explosion eines solchen Gasometers hätte nach Berechnungen der Vorhabengegner die Sprengkraft von 1038 Fässern Schießpulver. Auf der Grundlage dieser Annahme appellierten die Vorhabengegner im Rahmen des Memorandums an die staatliche Autorität mit dem Ziel, die Errichtung des Gasometers in einem besiedelten Wohngebiet insgesamt zu verhindern.

Rechtsbehelf ein, wobei sie zur Begründung anführten, dass weder das Immissionsschutzgesetz von 1810 noch der Erlass von 1815 Gaswerke in den Kreis der genehmigungspflichtigen Anlagen der zweiten Klasse aufgenommen hätte. Die legislative Zuweisung zu einer der drei Klassen könne nicht einfach durch einen ministeriellen Beschluss ersetzt werden[537]. Der Innenminister führte vor diesem Hintergrund eine umfangreiche "Expertenkonsultation" (conseil de salubrité, conseil supérieur des arts et manufactures, Académie des Sciences) durch[538]. Auf der Grundlage dieser Empfehlung erging am 20. August 1824 schließlich ein königlicher Erlass, durch den Gasbereitungsanlagen der 2. Klasse zugeordnet wurden[539,540]. Dieses normative Fundament stieß in der Administration auf breite Zustimmung. Noch im selben Jahr wurden durch eine Polizeiverordnung Druck, Veröffentlichung und Aushang der ordonnance vom 20. August 1824 angeordnet sowie eine Mitteilung an alle Betreiber von Gaswerken veranlasst. Die Betreiber bestehender Gaswerke wurden darüber hinaus dazu ver-

[537] In dem Genehmigungsverfahren des Unternehmers Pauwels wurden vor diesem Hintergrund durch Erlass vom 10. September 1823 die Bescheide aufgehoben. Entscheidungserheblich dafür waren allerdings nicht materielle Gesichtspunkte (z.B. die Gefährlichkeit der Anlage), sondern die Tatsache, dass zum Zeitpunkt der Genehmigungserteilung eine gesetzliche Klassifizierung der Kohlegaserzeugung fehlte und der Polizeipräfekt infolgedessen auch keine Kompetenz zur Erteilung einer Genehmigung auf Grundlage des Immissionsschutzgesetzes hatte (Clerault S. 127 f).
Vor dem Hintergrund dieser Entscheidung wandte sich Pauwels nunmehr an den Innenminister. Aus dem Erlass folgte seiner Einschätzung nach, dass Gasbereitunganlagen insgesamt keiner Genehmigungspflicht unterliegen (Macarel S. 130). Pauwels begehrte die Feststellung der Genehmigungsfreiheit der nicht-klassifizierten Gasbereitungsanlagen. Mit Blick auf diese Rechtsauffassung erscheint es auch folgerichtig, dass der Betrieb der Gasbereitungsanlage trotz des Widerspruchsbescheides vom 10.09.1823 fortgeführt wurde (Clerault S. 173).

[538] Nach Einschätzung führender Physiker und Chemiker der Zeit waren Gasbereitungsanlagen der 1. Klasse zuzuordnen und in den Außenbereich zu verbannen. Eine derartige Klassifizierung hätte mit Blick auf zum damaligen Zeitpunkt noch ungelöste Probleme bei Ferntransport und Lagerung die Expansion der Gasindustrie faktisch allerdings erheblich behindert. Die kontroverse wissenschaftliche Debatte wurde schließlich durch die Académie des Sciences entschieden, die feststellt, dass Gasbereitung und Gasbeleuchtung weder gefährlich noch ungesund seien, wenn bestimmte, näher konkretisierte (technische) Sicherheitsvorkehrungen eingehalten würden.

[539] Clerault S. 166.

[540] Auf dieser nunmehr gesicherten normativen Grundlage betrieb Pauwels erneut ein Genehmigungsverfahren, an dem sich die Öffentlichkeit wieder intensiv - diesmal im Ergebnis allerdings "erfolglos" - beteiligte. Durch Bescheid vom 24.11.1824 wurde Pauwels die Betriebserlaubnis erteilt. Auch gegen diesen Bescheid legten die Nachbarn (ebenfalls erfolglos) Widerspruch ein. Sie beantragten die Rücknahme der Erlaubnis, hilfsweise die Überwachung der Einhaltung der Nebenbestimmungen in Bezug auf die Art und Weise des Anlagenbetriebes. Im Unterschied zu dem Widerspruchsverfahren aus dem vorangegangenen Jahr wurde nunmehr keine Grundsatzdebatte über die Chancen und Risiken der Gasindustrie geführt, sondern eine eingehende Auseinandersetzung mit technischen Detailfragen in Bezug auf eine konkrete - bereits existierende und in Betrieb genommene - Gasbereitungsanlage.

pflichtet, innerhalb von Übergangsfristen ihre Anlagen entsprechend der materiellen Vorgaben der Verordnung nachzurüsten[541].

Nur vordergründig gegenläufig zu dem Ziel einer landesweiten Harmonisierung des Anlagenzulassungsrechts erscheint der Aufbau örtlicher Verwaltungsstrukturen und Vertretungsorgane sowie die allmähliche Dezentralisierung von Verwaltungskompetenzen, die während des 19. Jahrhunderts im wesentlichen in 3 Phasen (um 1820, 1830 - 1848, um 1880) zu einer Restrukturierung der französischen Verwaltung führten[542] und - zumindest partiell - auch das immissionsschutzrechtliche Genehmigungsverfahren erfassten. Durch die Dezentralisierungsverordnung vom 25. Mai 1852 wurde nämlich dem Präfekten die Genehmigungskompetenz für Anlagen der 1. Klasse übertragen. Im übrigen blieben die Verfahrensvorschriften allerdings unverändert[543]. Im Ergebnis führte diese "Dezentralisierung" des Anlagenzulassungsrechts zu einer Annäherung der Verfahren für Anlagen der 1. und der 2. Klasse. Ein bedeutsamer Nebeneffekt dieser Modifikation bestand zudem darin, dass fortan auch gegen die Erteilung von Genehmigungen für Anlagen der 1. Klasse ein Widerspruch statthaft war[544]. Nutznießer der Dezentralisierung des Anlagenzulassungsrechts war somit vor allem die Nachbarschaft genehmigungspflichtiger Anlagen in Anbetracht der Tatsache, dass der (Rechts-) Schutz der Nachbarn erheblich verbessert worden war[545]. In dem Maße, in dem der nachträgliche Rechtsschutz gegen die Verwaltungsentscheidung ausgeweitet wurde, haben die Beteiligungsrechte im Genehmigungsverfahren jedoch an Bedeutung verloren[546].

Durch Verordnungen, Erlasse und Rundschreiben wurden die (spärlichen) gesetzlichen Verfahrensvorschriften innerhalb weniger Jahre konkretisiert, was zu einer landesweiten Vereinheitlichung des Verfahrensgangs führte. Daneben förderte die rechtswissenschaftliche Literatur, insbesondere die verbreiteten Formularbücher von *Chauveau*, die Professionalisierung des Beteiligungsverfahrens. Die Rechtsprechung des Conseil d'État entschied nicht nur wesentliche Streitfragen, sondern trug zu einer behutsamen Fortentwicklung und Modernisierung des Verfahrens im Einklang mit der gesellschaftlichen Weiterentwicklung bei.

Im Rahmen der Auseinandersetzung um die Rechtsschutzfunktion der Beteiligungsrechte im immissionsschutzrechtlichen Genehmigungsverfahren trat je-

---

[541] Clerault S. 169 f Anm. 1 (Zitat der Polizeiverordnung vom 20.12.1824 im Wortlaut).
[542] Debbasch 1. Band S. 97.
[543] Porée/Livache S. 85.
[544] Bourguignat S. 70; Carpentier/Frère S. 780; Porée/Livache S. 84; Ressicaud S. 17.
[545] Porée/Livache S. 85.
[546] Ressicaud S. 17: "En assimilant la première classe à la seconde on a prétendu que le décret de 1852 avait fait disparaître tout motif d'existence de l'opposition des tiers avant l'acte.".

doch zutage, dass die eindeutige Unterscheidung und Abgrenzung von öffentlichem Recht und Privatrecht trotz aller Versuche einer theoretischen Grundlegung ein Problem blieb. Insbesondere die Ansicht, nach der das öffentliche Recht seinem Wesen nach einseitig das öffentliche Interesse berücksichtigen würde, während sich das Privatrecht ebenso einseitig auf das private Recht beziehen würde, war mit dem positiven Recht nicht vereinbar. Der öffentlichrechtlichen Natur der verwaltungsverfahrensrechtlichen Beteiligungsrechte stand nicht entgegen, dass diese, wenn auch nicht der alleinigen oder zumindest vorrangigen Sicherung der privaten Interessen, so doch jedenfalls einem gerechten Ausgleich zwischen dem privaten und dem öffentlichen Interesse dienten[547,548]. Die Öffentlichkeitsbeteiligung im immissionsschutzrechtlichen Genehmigungsverfahren gehörte somit einem "Übergangs-" und "Mischbereich" zwischen öffentlichem Recht und Privatrecht an, der die kategorische Unterscheidung zwischen diesen beiden Rechtsbereichen insgesamt in Frage stellte.

[547] Macarel S. XIV: "Le législateur a donc été fondé à vouloir que le gouvernement restât seul juge en pareille occurrence pour statuer sur les prétentions respectives dans l'intérêt combiné des particuliers et de la prospérité publique.".

[548] Magistry Traité S. 144: "En effet, la justice, l'équité et la prudence exigent que l'autorité s'enquière soigneusement de l'utilité, de l'avantage, des inconvénients et des modifications qu'elle propose d'apporter. Il s'agit de concilier l'intérêt publique et celui des particuliers.".

5. Teil: Privatgesetzgebung ("Private Bill Procedure") als rechtlicher Motor der Industrialisierung

1. Privatgesetzgebung als Wegbereiter der Industrialisierung in England

Die Tatsache, dass die Privatgesetzgebung[549] zum rechtlichen Motor der Industrialisierung in England wurde, beruhte im wesentlichen auf den gesellschaftsrechtlichen Rahmenbedingungen bis zum Erlass des Companies Act im Jahr 1862, wonach ein Privatgesetz zumindest immer dann unentbehrlich war, wenn ein Unternehmen - zur Minimierung des persönlichen Haftungsrisikos des Vorhabenträgers - als eigenständige juristische Person geführt werden sollte. Bis zum Erlass des Companies Act, 1862, wurden rechtliche Selbständigkeit, Rechts- und Handlungsfähigkeit nämlich ausschließlich durch einen Legislativakt in Form eines Privatgesetzes zugebilligt. Ein weiterer Beweggrund für die Einholung eines Privatgesetzes war - insbesondere für leitungsgebundene Versorgungsunternehmen auch noch nach Inkrafttreten des Companies Act[550] - das Interesse an einer gesetzlichen Ermächtigung zur Vornahme beeinträchtigender Maßnahmen, so z.B. die Erlaubnis für die Durchführung von Straßenarbeiten im Zusammenhang mit dem Aufbau eines Leitungsnetzes für Unternehmen der Daseinsvorsorge.

Traditionell waren die Regelungsgegenstände der Privatgesetzgebung höchstpersönlicher Natur. Sie entstammten dem Familienrecht, insbesondere dem Eherecht (Scheidungen), dem Erbrecht und dem Staatsangehörigkeitenrecht (Einbürgerungen). Seit der Mitte des 18. Jahrhunderts weitete sich der Kreis der Regelungsgegenstände der Privatgesetzgebung kontinuierlich aus[551]. Anstelle all-

[549] Im Unterschied zu allgemeinen Gesetzen ("Public General Acts") handelt es sich bei "Privatgesetzen" um parlamentarische "Einzelfallgesetze" zur Begünstigung bestimmter Personen oder Vereinigungen. Privatgesetze betreffen ausschließlich die Interessen bestimmter Individuen, Vereinigungen oder (Gebiets-) Körperschaften. Die Erarbeitung der Gesetzesvorlage sowie die Einleitung des Gesetzgebungsverfahrens erfolgt durch - und auf Kosten - desjenigen, der an der Begünstigung interessiert ist.

[550] Grundsätzlich bedurfte es keiner gesetzlichen Ermächtigung zum Aufbau des Leitungsnetzes, da für die Durchführung der Straßenarbeiten regelmäßig die bloße (private) Zustimmung der Betroffenen ausreichte. Das Wagnis, ein leitungsgebundenes Versorgungsunternehmen ohne gesetzliche Ermächtigung zur Vornahme der Straßenarbeiten und Verlegung des Leitungsnetzes, d.h. mit bloßem Einverständnis der Betroffenen, zu errichten, gingen in der Praxis nur wenige Investoren ein (Dodson 1868 S. 14 f).

[551] Der Anwendungsbereich der Privatgesetzgebung verengte sich im Verlauf des 20. Jahrhunderts in dem Maße, in dem sich allgemeine Gesetze mit diesen Regelungsgegenständen befassten (Erskine May's Treatise, 22nd Edition, London 1997, S. 849). Ungeachtet dessen hat die Privatgesetzgebung auch heute noch einen beachtlichen Stellenwert, da Änderungen des durch ein Privatgesetz niedergelegten status quo eines förmlichen Änderungsgesetzes - in Form eines Privatgesetzes - bedürfen. Seit den 1980er Jahren ist daher wieder ein zahlenmä-

gemeiner Gesetze wurde eine endlose Vielzahl von Privatgesetzen bezüglich aller denkbaren Sachbereiche der örtlichen Verwaltung erlassen[552]. Dazu gehörten insbesondere:

- Infrastrukturmaßnahmen,
- Planung und Durchführung von Stadtentwicklungsvorhaben,
- Etablierung von kommunalen Einrichtungen, insbesondere auf dem Gebiet der Daseinsvorsorge und
- Verleihung von Handels- und gesellschaftsrechtlichen Sonderrechten

Die wirtschaftsrelevanten Privatgesetze des Zeitalters der Industrialisierung ermöglichten dem Parlament eine bedeutsame (und nahezu umfassende) wirtschaftspolitische Gestaltungsmacht, denn die Privatgesetze befassten sich nicht nur mit dem Unternehmensgegenstand, der Unternehmensverfassung sowie der Kapitalaufbringung und Kapitalerhaltung, sondern auch mit wesentlichen Aspekten der Unternehmensführung, insbesondere der Vertragsgestaltung (einschließlich - bei Vorhaben aus dem Bereich der Daseinsvorsorge - des Kontrahierungszwangs), des Konkurrenzschutzes sowie der Anlagensicherheit und Qualitätssicherung.

2. Grundzüge des Gesetzgebungsverfahrens im Bereich der Privatgesetzgebung

Das Verfahren zum Erlass eines Privatgesetzes war (und ist bis heute) ein förmliches parlamentarisches Gesetzgebungsverfahren, dessen Gang durch die parlamentarischen Geschäftsordnungen beider Häuser vorgegeben wurde. Sofern der Verfahrensgang bis zur Verabschiedung eines Privatgesetzes vom Gesetzgebungsverfahren für allgemeine Gesetze abwich - Bedeutsame Unterschiede bestanden insbesondere mit Blick auf die weitreichenden Pflichten der privaten Vorhabenträger. -, waren diese Unterschiede Ausdruck der "privatnützigen" Natur der Privatgesetze.

Die Geschäftsordnungen der beiden Häuser des Parlaments gaben den Gang des Gesetzgebungsverfahrens vor, und zwar nicht nur bezüglich des "eigentlichen" parlamentarischen Verfahrens, d.h. des parlamentsinternen Verfahrensgangs nach Einreichung der Gesetzesvorlage durch den Vorhabenträger, sondern auch

---

ßiger Zuwachs an Privatgesetzgebung erkennbar, die sich gegenständlich vor allem mit der Modernisierung und dem Ausbau des Verkehrsnetzes (Eisenbahn, U-Bahn, Straßenbahn) befaßt (Erskine May's Treatise, 22nd Edition, London 1997, S. 850). Herausragendes Beispiel für die moderne Privatgesetzgebung ist die Channel Tunnel Bill, die den Bau des Kanaltunnels ermöglicht hat.

[552] Pulling S. 6.

bezüglich "parlamentsexterner" Vorbereitungshandlungen. Diese Vorgaben bezogen sich zum einen auf die Publizität des Verfahrens, zum anderen trugen sie der Abhängigkeit des Gesetzgebungsverfahrens vom parlamentarischen Geschäftsjahr Rechnung, indem sie eine Vielzahl von Fristen vorgaben, die grundsätzlich als Notfristen ausgestaltet waren. Diese Verfahrensvorschriften waren zwingendes Recht. Eine inhaltliche Auseinandersetzung mit der Gesetzesvorlage erfolgte nur, wenn die Gesetzesvorlage unter Einhaltung aller formellen Anforderungen in das Parlament eingebracht wurde. Für den Fall der Nichtbeachtung der Vorgaben der Geschäftsordnungen konnten persönlich betroffene Dritte die Nichteinhaltung der Verfahrensvorschriften schriftlich rügen[553].

Die Erarbeitung der Gesetzesvorlage oblag dem Vorhabenträger, der sich dabei regelmäßig juristisch beraten ließ. Vorgaben in Bezug auf die Art und Weise, in der die Vorhabenkonzeption zu erfolgen hatte, gab es nicht. Vor der Einreichung der Gesetzesvorlage musste der Vorhabenträger seine Absicht, ein Gesetzgebungsverfahren zum Erlass eines Privatgesetzes einzuleiten, öffentlich bekanntgeben, wobei die Geschäftsordnungen - in Abhängigkeit von den spezifischen Besonderheiten der jeweiligen Vorhabenart - Vorgaben machten in Bezug auf den Inhalt der Bekanntmachung[554], den Zeitpunkt und die Dauer der Bekanntmachung[555] sowie das Bekanntmachungsorgan[556]. Daneben waren - je nach Vorhabenart[557] - Bekanntmachungen (Anschläge, Aushänge) am Standort selbst sowie individuelle Benachrichtigungen der vom Vorhaben Betroffenen erforder-

[553] Dodd/Wilberforce S. 120.

[554] Inhaltlich musste diese Bekanntgabe nicht nur den wesentlichen Gegenstand des Gesetzgebungsverfahrens bezeichnen und die beantragten Sonderrechte (insbesondere das Recht zum Erwerb bestimmter Grundstücke) benennen, sondern sie musste auch eine Belehrung über den Zeitpunkt enthalten, in dem die Vorlage bei der zuständigen Stelle des Parlaments, der sog. Parlamentarischen Verwaltungsgeschäftsstelle für Privatgesetze ("Private Bill Office"), niedergelegt und zur Einsichtnahme bereitgestellt wurde. (Dodd/Wilberforce S. 88 ff).

[555] Die Veröffentlichung hatte in den Monaten Oktober und November des parlamentarischen Geschäftsjahres, spätestens am 27. November des jeweiligen Kalenderjahres, zu erfolgen, in dem die Vorlage eingebracht werden sollte (Dodd/Wilberforce S. 89).

[556] Als Bekanntmachungsorgane waren das jeweils örtlich zuständige Amtsblatt (London, Edinburgh oder Dublin Gazette) und die Presse vorgeschrieben, wobei die Bekanntgabe in der allgemeinen Presse mindestens zweimal erfolgen musste (Dodd/Wilberforce S. 89). Bei der Auswahl des geeigneten Presseorgans war im übrigen vor allem der Einwirkungsradius des Vorhabens zu berücksichtigen. Der Vertriebsbereich des Presseorgans musste im Ergebnis dem voraussichtlichen Einwirkungsradius des Vorhabens entsprechen, d.h. Veröffentlichung in der Lokalpresse bei Vorhaben, die eine einzige Gemeinde betrafen, in der Regionalpresse bei Vorhaben, deren Auswirkungen sich auf eine Region (county) erstreckten, und Bekanntgabe sowohl am Sitz des Vorhabenträgers als auch in jedem möglicherweise betroffenen Landkreis bei Vorhaben, deren Auswirkungen voraussichtlich überregionaler Natur waren.

[557] Bei Gesetzesvorlagen in Bezug auf Gaswerke beispielsweise mussten bis zum 15. Dezember des Kalenderjahres alle Eigentümer, Pächter und Mieter von Wohngrundstücken, die sich in einem Umkreis von 300 yards um den Standort des geplanten Gaswerkes herum befanden, individuell benachrichtigt werden (Dodd/Wilberforce S. 92).

lich[558]. Die Eigentümer, die Bewohner und sonstige dinglich berechtigte Nutzer eines Grundstücks, das der Vorhabenträger zur Umsetzung seines Vorhabens zwangsweise erwerben wollte, mussten nicht nur individuell benachrichtigt werden, sondern sie mussten zu einer Stellungnahme aufgefordert werden, die zu dokumentieren[559] und bis Ende Dezember beim Parlament einzureichen war[560].

Weiter musste der Vorhabenträger die Gesetzesvorlage zusammen mit den erforderlichen Dokumenten, insbesondere den maßstabsgetreuen Plänen[561], in doppelter Ausfertigung zur öffentlichen Einsichtnahme bei den örtlichen Friedensrichtern der vom Vorhaben betroffenen Kommunen hinterlegen[562]. Parallel zu der Hinterlegung der Unterlagen in den betroffenen Kommunen musste eine Ausfertigung der Dokumente bei der parlamentarischen Verwaltungsgeschäftsstelle für Privatgesetze hinterlegt werden[563], die seit 1810 auf Empfehlung des Untersuchungsausschusses zur Frage des Gesetzgebungsverfahrens im Bereich der Privatgesetzgebung ("Select Committee on the Regularity of the Proceedings upon Private Bills, 1810")[564] ein Verzeichnis der anhängigen Gesetzgebungsverfahren der Privatgesetzgebung ("Private Bill Register") führte, in dem die wesentlichen verfahrensrelevanten Details dargelegt wurden[565] und das täglich zur Einsichtnahme für Jedermann zugänglich war[566].

Nach Durchführung der vorhabenbezogenen Informationstätigkeit durch den Vorhabenträger und Gewährung der verfahrensakzessorischen Informationsansprüche war die Gesetzesvorlage in Form einer Petition dem Parlament vorzulegen[567]. Nach einer kursorischen Vorprüfung der formellen Rechtmäßigkeit der Vorlage wurde sie zur inhaltlichen Prüfung und weiteren Beratung einem parlamentarischen Ausschuss zugewiesen, dem die ersten beiden Lesungen der Vorlage oblagen.

---

558 Alle individuellen Benachrichtigungen mussten nicht nur über die Möglichkeit, Einwendungen vorzubringen, belehren, sondern auch - unter Angabe der entsprechenden Passagen der jeweils gültigen Geschäftsordnung - die formellen Anforderungen an eine Einwendung (Frist, Form) benennen (Dodd/Wilberforce S. 93).

559 Dodd/Wilberforce S. 91.

560 Dodd/Wilberforce S. 101.

561 Bei der Erstellung der Dokumente hatte der Vorhabenträger eine Vielzahl von Formvorschriften zu beachten (Dodd/Wilberforce S. 103 f).

562 Dodd/Wilberforce S. 95.

563 Dodd/Wilberforce S. 96.

564 H.C. Reports, 1810, II.

565 Insbesondere: Namen der Parliamentary Agents, eine knappe Zusammenfassung der einzelnen Verfahrensstadien im Plenum und in den Ausschüssen, Datum und Uhrzeit der einzelnen Sitzungen etc. (Clifford Vol. 2 S. 767).

566 Clifford Vol. 2 S. 789.

567 Dodd/Wilberforce S. 98.

Bis 10 Tage nach der ersten Lesung der Vorlage im parlamentarischen Ausschuss[568] konnten Bürger, die von der Vorlage selbst unmittelbar betroffen waren, bei der parlamentarischen Verwaltungsgeschäftsstelle für Privatgesetze Petitionen gegen die Vorlage einreichen. Während bei allgemeinen Gesetzen grundsätzlich jedermann berechtigt war, (Gegen-) Petitionen vorzubringen, war im Rahmen der Privatgesetzgebung grundsätzlich eine "Petitionsberechtigung" ("locus standi") erforderlich, die an die Möglichkeit einer besonderen, spezifischen, meist auch persönlichen Rechtsverletzung anknüpfte, wobei die Möglichkeit einer Rechtsverletzung regelmäßig vom Gegenstand des Vorhabens abhing. Bei grundstücksrelevanten Vorhaben[569] waren vorrangig die Eigentümer der betroffenen Grundstücke und die Eigentümer von Grundstücken, die im Einwirkungsbereich derartiger Anlagen lagen, petitionsberechtigt[570]. Die dingliche Berechtigung an einem Nachbargrundstück war allerdings nicht der einzige Anknüpfungspunkt für die Petitionsberechtigung. Unabhängig von einer dinglichen Berechtigung an einem vorhabenbetroffenen Grundstück wurde beispielsweise aus Gründen der Versorgungssicherheit Betreibern von Unternehmen der Daseinsvorsorge eine Petitionsberechtigung zugestanden gegen Vorlagen, die die Errichtung einer weiteren, konkurrierenden Einrichtung für ihr Versorgungsgebiet zum Gegenstand hatten[571]. Daneben wurde - abhängig von den Umständen des Einzelfalls - auch eine Petitionsberechtigung von Gebietskörperschaften und von Einwohnern einer Kommune angenommen, wenn und soweit sie eine Beeinträchtigung kommunaler Belange befürchteten[572]. Wenn und soweit ein Vorhaben die Interessen der Kommune zu beeinträchtigen drohte, war die Kommune nach allgemeiner Einschätzung sogar zu einer Beteiligung am Verfahren verpflichtet[573].

Bei der Zubilligung einer Petitionsberechtigung stand dem Parlament ein erheblicher Beurteilungsspielraum zu, der im Verlauf des 19. Jahrhunderts dazu führte, dass sich die Petitionsberechtigung allmählich von der dinglichen Berechtigung an einem Grundstück löste. Zudem war das Parlament auch berechtigt, sich im Einzelfall über das Fehlen einer Petitionsberechtigung hinwegzusetzen und den Einwender zu hören, selbst wenn - formell betrachtet - keine Petitionsberechtigung vorlag.

---

568 Späteres Gegenvorbringen galt als präkludiert.

569 Zum Beispiel: Neuerrichtung und/oder Erweiterung von Straßen, Brücken, Eisenbahnlinien, Gas- und Wasserwerken sowie Auf- und Ausbau von Leitungsnetzen.

570 Dodd/Wilberforce S. 131.

571 Baxter S. 13.

572 Dodd/Wilberforce S. 130 f.

573 Simpson S. 46.

Die Petitionen mussten entsprechend der (strengen) Formvorschriften[574] der parlamentarischen Geschäftsordnung abgefasst sein, um Berücksichtigung zu finden. Außerdem mussten die "Gegenpetitionen" der Vorhabengegner seit 1824 ausführlich begründet[575] sein, da nur begründete Petitionen berücksichtigt wurden[576].

Der Widerstand gegen Privatgesetze im Bereich der Gasindustrie wurde beispielsweise auf alle erdenklichen Gründe gestützt, unter anderem auch auf Belange der Nachbarschaft und der Gefahrenabwehr. Zu den wiederkehrenden (umweltschutzrelevanten) Befürchtungen gehörten:

- Angst vor Störfällen, insbesondere vor Explosionen (der Gasometer)
- Angst vor Leckagen des Leitungsnetzes (Explosionsgefahr, Beeinträchtigung der Wasserqualität der örtlichen Wasserversorgung)
- Verschlechterung der Wohnqualität, Unvereinbarkeit von Wohnnutzung mit industrieller Nutzung, unnötige Ansammlung mehrerer Gaswerke in einem Versorgungsgebiet
- Zerstörung von innerstädtischen "Erholungsgebieten"

Wenngleich diese Einwendungsgegenstände nach gegenwärtigem Verständnis umweltrelevant sind, spielten Umweltschutzaspekte im eigentlichen Sinne im 19. Jahrhundert keine (quantifizierbare) Rolle. Vorrangiger Beweggrund war zu

---

574 Die Beteiligung am Privatgesetz-Verfahren war an die strengen Formen gebunden, die die parlamentarischen Geschäftsordnungen vorgaben. Für die Einhaltung der Formerfordernisse waren insbesondere die Rechtsbeistände verantwortlich, die von den Petenten beigezogen wurden. Als Hilfsmittel standen diesen Rechtsbeiständen detaillierte und beständig aktualisierte Formularbücher zur Verfügung (Zum Beispiel: John Halcomb, A Practical Treatise of Passing Private Bills Through Both Houses of Parliament Containing Full Directions for Members who have charge of Private Bills, And for Solicitors, & c., With an Appendix of The Proofs Necessary before Committees and the Standing Orders, And Tables of Fees of Lords & Commons, London 1836), die insbesondere die jeweils aktuelle Entwicklung des Verfahrensrechts darstellten.

575 Bis 1824 genügten ganz allgemeine Ausführungen der Vorhabengegner (Clifford Vol. 2 S. 770). Das oftmals vage Vorbringen der Vorhabengegner erschwerte jedoch die Feststellung des eigentlichen "Widerspruchsgrundes". Deshalb wurde 1824 eine Substantiierungspflicht eingeführt (Clifford Vol. 2 S. 770). Die Petenten mussten fortan ihren Widerspruch genau begründen. Gegenstand und Umfang der schriftlichen Ausführungen bestimmten die Reichweite der mündlichen Anhörung. Weitergehende Argumente waren daher fortan "präkludiert". Seit 1825 wurde zusätzlich angeordnet, dass Petitionen, die ausschließlich die Verletzung verbindlicher Verfahrensvorschriften rügten, (spätestens) nach der ersten Lesung eingebracht werden mussten (Clifford Vol. 2 S. 770).

576 Die Vorhabengegner mussten dabei die Vollständigkeit ihrer Begründung anstreben und alle in Betracht kommenden Gegenargumente vorbringen, da sie nur mit den vorgebrachten Gründen gehört wurden, ein zusätzliches späteres Vorbringen also zurückgewiesen wurde (Dodd/Wilberforce S. 129).

diesem Zeitpunkt die Volksgesundheit, so dass die "Umweltrelevanz" gleichsam ein Reflex war.

Zahlenmäßig mindestens ebenso bedeutsam waren Einwendungen gegenüber dem eigentlichen Gegenstand des "Gasgesetzes", nämlich der Unternehmensverfassung und den Versorgungsbedingungen, wobei insbesondere folgende Themen herausragen:

- Preis der Gasversorgung
- Qualität der Gasversorgung
- Seriosität und Bonität des Vorhabenträgers
- Art und Weise der Bilanzierung.

Die Intensität der parlamentarischen Beratungen variierte in Abhängigkeit davon, ob überhaupt Gegenpetitionen eingebracht worden waren. Gesetzesvorlagen, gegen die Petitionen eingereicht worden waren, wurden als streitige Gesetzesvorlagen in einem Ausschuss für streitige Gesetzesvorlagen beraten, dessen Größe und Zusammensetzung von dem Gegenstand der Vorlage abhing[577]. Die Beratungen der Ausschüsse beschränkten sich auf inhaltliche Aspekte. Während die ersten beiden Lesungen der Gesetzesvorlage in dem jeweils zuständigen Ausschuss erfolgten, wurde das Gesetz schließlich im Plenum (beider Häuser) verabschiedet. Gegenpetitionen, die gegen ein vollständig neues Vorhaben vorgebracht wurden, konnten nur in seltenen Fällen die Realisierung des Vorhabens insgesamt verhindern und führten regelmäßig zu allenfalls geringfügigen Modifikationen des Vorhabens. Demgegenüber war die "Wirkungsmacht" bei Änderungsgesetzen, insbesondere bei geplanten Kapazitätserhöhungen oder Betriebserweiterungen, größer, was wohl nicht zuletzt auf die für jedermann wahrnehmbaren Auswirkungen des bestehenden Anlagenbetriebes zurückzuführen war.

In der Praxis hatten zudem die erheblichen Kosten, die mit einer Beteiligung am Gesetzgebungsverfahren verbunden waren, eine - spürbare - prohibitive Wirkung[578], wobei zwischen den Gebühren und Kosten, die im Verlauf des eigentlichen parlamentarischen Verfahrens entstanden, und den "außerparla-

[577] Grundsätzlich bestehen diese Ausschüsse aus einem Vorsitzenden, drei weiteren Mitgliedern und einem sog. "referee" oder aus einem Vorsitzenden und drei Abgeordneten, die von dem Vorhaben weder persönlich betroffen sind noch einen betroffenen Wahlkreis repräsentieren (Dodd/Wilberforce S. 127). Die Ausschußmitglieder müssen im Rahmen einer schriftlichen Erklärung ihre Unabhängigkeit bekräftigen und sich zur gewissenhaften Amtsführung verpflichten (Dodd/Wilberforce S. 127). Sie sind zur Teilnahme an den Ausschußsitzungen verpflichtet (Dodd/Wilberforce S. 128), zumal die Arbeitsfähigkeit des Ausschusses an ein Anwesenheitsquorum geknüpft ist (Dodd/Wilberforce S. 127).

[578] Clifford Vol. 1 S. 258.

mentarischen" Kosten[579] zu unterscheiden war. Aus diesem Grund gewannen die Möglichkeiten einer mittelbaren bzw. indirekten Beteiligung zumindest in den Fällen an Bedeutung, in denen den Vorhabengegnern eine Mobilisierung der Öffentlichkeit gelang.

Neben der unmittelbaren, direkten Beteiligung am Gesetzgebungsverfahren bestand sowohl die Möglichkeit einer ("mittelbaren") Beteiligung an dem Gesetzgebungsverfahren durch eine Einflussnahme auf die Ausschussmitglieder[580] als auch die Möglichkeit einer ("indirekten") Beteiligung dergestalt, dass die betroffene (Gebiets-) Körperschaft sich an dem Gesetzgebungsverfahren beteiligte. Die Sitzungen der Selbstverwaltungsorgane und Gemeindevorstände (z.B. Gas Committee, District Board, Vestry Board) waren dabei das Forum, in dem die Bedenken der Einwohner vorgebracht und mit der Absicht zur Diskussion gestellt wurden, einen Beschluss über die Beteiligung der Körperschaft an dem Gesetzgebungsverfahren zu fassen[581]. Während Mitglieder dieser Gremien Kraft ihres Status befugt waren, ihre Bedenken vorzubringen, mussten die Einwohner ihre Bedenken mittels einer schriftlichen Eingabe ("petition"[582] oder "memorial"[583]) vorbringen.

---

[579] Kosten für Gutachten, Sachverständige, Zeugen, Reisekosten nach London (Clifford Vol. 1 S. 258 und Vol. 2 S. 805)

[580] Eine Einflußnahme auf die Mitglieder der Ausschüsse konnte sowohl im Rahmen der Wahlen zum Abgeordnetenhaus erfolgen als auch durch gezieltes Lobbying während einer laufenden Legislaturperiode. Die gezielte Wahl von Repräsentanten, die im Wahlkampf "industriekritisch" aufgetreten waren, versprach allerdings nur dann Erfolg, wenn die Abgeordneten nach der Wahl auch konsequent den im Wahlkampf vertretenen Standpunkt weiterverfolgten. Das freie Mandat der Abgeordneten ließ nämlich einen Stimmungsumschwung des Abgeordneten ("Wahlbetrug") zu. Beispielhaft war insoweit das Gesetzgebungsverfahren zur Kapitalerhöhung der Imperial Gas Company (London) aus den Jahren 1865/66. Der plötzliche und unvermittelte Stimmungsumschwung eines aus der betroffenen Gemeinde stammenden, prominenten Ausschußmitgliedes veranlaßte die Vorhabengegner zu Spekulationen über die Motive (Korruption) eines solchen Meinungswechsels (Simpson S. 43). Über das Ausmaß, in dem die Vorhabenträger die Durchschlagskraft ihres Lobbying mittels materieller Zuwendungen erhöhten, kann nur spekuliert werden. Das Ungleichgewicht zwischen den Vorhabenträgern und den Vorhabengegnern wirkte sich auf das Lobbying zumindest dergestalt aus, dass die Vorhabenträger ihre Interessen wirkungsvoller vertreten konnten als die Vorhabengegner, weshalb eine Einflußnahme während der Parlamentsperiode noch weniger Erfolg versprach als die Interessenverfolgung über den Wahlzettel.

[581] Auch insoweit waren die Bürger darauf angewiesen, dass sich das Gremium mehrheitlich den vorgebrachten Bedenken anschloß. Im Vergleich zu der Meinungsbildung im parlamentarischen Ausschuss stehen auf der örtlichen Ebene die Chancen jedoch besser, da die Entscheidungsträger von den Auswirkungen des Vorhabens in der Regel - als Grundeigentümer - mindestens genauso betroffen waren wie die vorhabenkritischen Gemeindebürger.

[582] Exemplarisch: Petition from residents in the Neighbourhood of Stanley Bridge, To the Chairman and other Members of the Vestry of St. Luke, Chelsea, March 31st, 1856 (im Wortlaut abgedruckt bei: Simpson S. 47 f); Another Petition from Residents near Stanley

3. Professionalisierung, Standardisierung und Delegation von Entscheidungsmacht

Im Zuge der Industrialisierung stieg nicht nur die bloße Anzahl der Privatgesetze sprunghaft an (was - zumindest zeitweilig - zu einer Überlastung des Parlaments führte und die Schwerfälligkeit des traditionellen Verfahrens offenbarte), sondern auch und vor allem die Bedeutung der Rechtsakte für die Allgemeinheit. Während es sich bei Privatgesetzen vor Einsetzen der Industrialisierung überwiegend um Rechtsakte handelte, die konkret individuell auf einen spezifischen Einzelfall zugeschnitten waren, konfrontierte die Industrialisierung die Privatgesetzgebung damit, dass eine Vielzahl vergleichbarer Gesetzesvorhaben zeitlich nahezu parallel betrieben wurden.

a. Konsolidierungsgesetze

Die Vielzahl vergleichbarer Verfahren führte dazu, dass sich bis zur Mitte des 19.Jahrhunderts in der Privatgesetzgebung für einzelne Bereiche eine "Standardisierung" der Gesetzgebung vollzog, die es ermöglichte, ein Formular, eine Art "Mustergesetz", zu entwickeln. Die Zusammenfassung und Konsolidierung der üblichen Vorschriften erfolgte durch Gesetz[584]. Nach Verabschiedung des Konsolidierungsgesetzes konnten nachfolgende Gesetzesvorlagen einen Großteil derjenigen Vorschriften, die nach den bisherigen Erfahrungen erforderlich waren, durch einen bloßen Verweis auf das Konsolidierungsgesetz übernehmen. Dem konkreten Gesetzgebungsverfahren verblieb somit allein die Berücksichtigung der Besonderheiten des jeweiligen Einzelfalls und die individuelle Anpassung der typisierten Vorschriften des Konsolidierungsgesetzes. Während die Integration der Konsolidierungsgesetze in die konkrete Gesetzesvorlage anfangs regelmäßig in das Ermessen des Vorhabenträgers gestellt wurde, wurde sie - so-

Bridge, To the Members of the Vestry Board of St. Luke's, Chelsea, May 20th 1861 (im Wortlaut abgedruckt bei: Simpson S. 50).

[583] Exemplarisch: To the Vestry of the Parish Church of St. Luke, Chelsea. The Memorial of the undersigned Owners and Occupiers of Land and Houses in the vicinity of the Works of the Imperial Gas Company (im Wortlaut abgedruckt bei: Simpson S. 50 ff).

[584] Zum Beispiel bezüglich der Gasindustrie: "Gas Works Clauses Act, 1847 (10 & 11 Vict. c. 15), An Act for consolidating in One Act certain provisions usually contained in Act Authorizing the making of Gasworks for supplying Towns with Gas." - Die Vorschriften dieses Konsolidierungsgesetzes bezogen sich thematisch vor allem auf den Aufbau des Versorgungsnetzes (Verlegung unterirdischer Leitungen und Wiederherstellung des ursprünglichen Straßenzustandes) und die Vermeidung bzw. Verminderung von Wasserverunreinigungen. Außerdem erfolgten Eingriffe in Geschäftsführung und Wirtschaftsplanung (Preispolitik, Rücklagenbildung etc.) der Unternehmen. Vorgesehen waren beispielsweise eine Verpflichtung zur Durchführung von Preissenkungen, falls der Gewinn das zulässige Niveau übersteigen sollte.

bald sich das jeweilige Konsolidierungsgesetz bewährt hatte - verbindlich vorgegeben.

Die Konsolidierungsgesetze waren insgesamt ein wesentlicher Schritt zur Vereinfachung und Beschleunigung der Privatgesetzgebung und markierten den allmählichen "Auftakt" für die Etablierung der allgemeinen Gesetzgebung. Von der Standardisierung und Typisierung der Gesetzesvorlagen erwartete man eine erhebliche Effizienzsteigerung. Eingriffe in das Gesetzgebungsverfahren selbst bzw. Modifikationen einzelner Verfahrensschritte erfolgten demgegenüber durch die Konsolidierungsgesetze nicht.

b. Etablierung permanenter parlamentsinterner Verwaltungsstellen für die Privatgesetzgebung

Ursprünglich erstreckte sich die Beratung der Gesetzesvorlage in den parlamentarischen Ausschüssen ("Committees on Petitions") sowohl auf formelle als auch auf materielle Gesichtspunkte. Mit wachsender Zahl von Gesetzgebungsverfahren bedingte diese Aufgabenzuweisung allein schon deshalb Probleme, weil der Abschluss des Gesetzgebungsverfahrens innerhalb eines parlamentarischen Geschäftsjahres wiederholt aus zeitlichen Gründen scheiterte. Daneben entzündeten sich an der personellen Zusammensetzung der Ausschüsse intensive rechtspolitische Debatten.

Erste Korrekturen erfolgten 1824 durch die Einrichtung eines speziellen Geschäftsordnungsausschusses ("Standing Orders' Committee"). Während die Prüfung der materiellen Rechtslage weiterhin den parlamentarischen Unterausschüssen oblag, wurde die Prüfung der Einhaltung der Verfahrensvorschriften dem neu geschaffenen "Fachgremium" übertragen. Ein wesentlicher Nachteil dieser Konstruktion bestand allerdings darin, dass sich dieser Geschäftsordnungsausschuss erst nach Beginn der Sitzungsperiode des Parlaments bildete, so dass das Vorverfahren auch erst nach Beginn der Sitzungsperiode durchgeführt werden konnte[585]. Zur Verfahrensbeschleunigung und -optimierung wurde dieser Prüfungsschritt 1847 schließlich zwei unabhängigen, kontinuierlich (also auch unabhängig vom parlamentarischen Geschäftsjahr) präsenten Angestellten des Parlaments anvertraut[586]. Die Prüfung der Einhaltung der Verfahrens-

[585] Clifford Vol. 2 S. 794 - Die eigenständige Prüfung der Einhaltung der Verfahrensvorschriften im Rahmen eines gesonderten Ausschusses war nicht nur außergewöhnlich zeit- und kostenaufwendig, sondern sie lud vor allem die Vorhabengegner zum Mißbrauch ein. Vorhabengegner führten gezielt Verzögerungen (bzw. Verschleppungen) des Verfahrens herbei, indem sie in diesem Ausschuß eine Flut von (z.T. auch abwegigen) Bedenken artikulierten und Anträge stellten (Clifford Vol. 1 S. 256).

[586] Clifford Vol. 1 S. 257 und Vol. 2 S. 794.

vorschriften erfolgte seitdem schon vor Beginn der Sitzungsperiode des Parlaments[587].

Eine vergleichbare Entwicklung fand in Bezug auf die Prüfung der Einwendungsberechtigung des Petenten statt. Das Vorliegen einer Einwendungsberechtigung wurde bis 1864 im Rahmen der allgemeinen Beratungen der Gesetzesvorlage vor dem jeweils zuständigen parlamentarischen Ausschuss geprüft, d.h. in jedem Einzelfall durch ein personell neu besetztes Gremium, ohne dass eine einheitliche Regel- oder Rechtsbildung stattfinden konnte[588]. Die einzelnen Ausschüsse fällten ihre Entscheidungen regelmäßig ohne Kenntnis zu haben von bereits getroffenen Entscheidungen in vergleichbaren Konstellationen[589]. Es fehlte an einer "Organisationsstruktur", die den parlamentsinternen Austausch beförderte und dadurch die Herausbildung einer gewissen einheitlichen Entscheidungspraxis beflügelte[590]. Aus verfahrensökonomischen Gründen wurde vor diesem Hintergrund in der rechtspolitischen Diskussion nicht nur eine zeitliche Vorverlagerung dieser Prüfung befürwortet[591], sondern auch die Einführung eines Sonderausschusses für "locus-standi-Angelegenheiten". Von der Etablierung eines unabhängigen, permanenten Gremiums erwartete man zudem die Stärkung der Rechtsschutzfunktion[592]. 1864 wurde im Unterhaus der sog. "Court of Referees" geschaffen, dessen Aufgabe darin bestand, in einem möglichst frühen Verfahrensstadium das Bestehen der Einwendungsberechtigung festzustellen[593]. Der Court of Referees bestand aus drei bezahlten (hauptamtlichen) Amtsträgern und einer beliebigen Zahl von ehrenamtlich mitwirkenden Abgeordneten[594].

c. Delegation von Entscheidungskompetenz auf parlamentsexterne Stellen

Diese Reformen des Gesetzgebungsverfahrens zum Erlass eines Privatgesetzes konnten zwar punktuell zu einem Abbau der verfahrensbezogenen Missstände beitragen, nicht aber das grundsätzliche Problem der politischen Natur[595] der parlamentarischen Entscheidung lösen. Das Gesetzgebungsverfahren war den wechselnden politischen Stimmungen ausgesetzt, wodurch sowohl Verlauf als

[587] Clifford Vol. 1 S. 257 und Vol. 2 S. 795; Spencer S. 71.
[588] Clifford Vol. 2 S. 805.
[589] Clifford Vol. 2 S. 806.
[590] Clifford Vol. 2 S. 806.
[591] Clifford Vol. 2 S. 805.
[592] "If a judicial and permanent element be introduced into the Committees, their judgements will be reported and gathered together, and will form precedents which will guide future decisions." - 175 Hansard; speech of Mr. Lowe, pp. 1563-4, zit. nach: Clifford Vol. 2 S. 806.
[593] Clifford Vol. 2 S. 806.
[594] Clifford Vol. 2 S. 807.
[595] Dodson 1868 S. 4: "It is essentially a question of policy.".

auch Ausgang unberechenbar wurden[596]. Als Ausweg wurden in der rechtspolitischen Diskussion im wesentlichen zwei Alternativvorschläge unterbreitet:

- Ablösung der parlamentarischen Ausschüsse durch ein (permanentes) Gremium mit Letztentscheidungskompetenz[597]
- Übertragung der Entscheidungskompetenz auf die Exekutive (mit einem Rechtsbehelf zum Parlament gegen die Entscheidung) für Vorhaben von lokaler Bedeutung[598], wobei eine spezifische örtliche Betroffenheit die Durchführung der Sachverhaltsermittlung, insbesondere die Ermittlung der öffentlichen Meinung, vor Ort ermöglichen würde[599]

Durch die Übertragung der Entscheidungskompetenz auf ein (parlaments-) externes Gremium sollte das Verfahren zudem von den engen zeitlichen Vorgaben befreit werden, die durch die im Gesetzgebungsverfahren zum Erlass eines Privatgesetzes bestehende Bindung an das parlamentarische Geschäftsjahr bestanden.

Diese Reformvorschläge bezogen sich im wesentlichen auf Genehmigungsverfahren für Infrastruktureinrichtungen, insbesondere aus den Bereichen Transport (Eisenbahnen) und Energieversorgung. Sie wurden geprägt von einer wachsenden gesamtgesellschaftlichen Akzeptanz der Maßnahmen, die zu einem "Rollentausch" zwischen Vorhabenträgern und Vorhabengegnern führte[600]. Während zu Beginn der Industrialisierung die Vorhabenträger den Widerstand gegen die neuen Technologien überwinden und den Nutzen der Innovation nachweisen mussten, wurde in der zweiten Hälfte des 19. Jahrhunderts der Nutzen des Fortschritts unterstellt, so dass es den Vorhabengegnern oblag, die Berechtigung ihrer Kritik nachzuweisen.

aa. Das Provisional Order System

Die Einführung von sog. "Provisional Orders" ging einher mit der Delegation parlamentarischer Befugnisse auf einzelne Fachministerien. Sie stieß auf ein geteiltes Echo[601], wobei grundsätzlich die Aushöhlung der Kompetenzen des Par-

---

[596] Dodson 1868 S. 3 f.
[597] Dodson 1868 S. 4.
[598] Dodson 1872 S. 13.
[599] Dodson 1868 S. 14: "opinion can be ascertained either directly or through some representative body".
[600] Exemplarisch in Bezug auf den Ausbau des Eisenbahnnetzes: Dodson 1868 S. 10.
[601] Clifford Vol. 2 S. 676.

laments befürchtet wurde[602], der dadurch begegnet werden sollte, dass die Übertragung nur in Übereinstimmung mit vorab festgelegten allgemeinen Grundsätzen erfolgen durfte[603]. Die Kritik bezog sich nicht nur auf derartige grundsätzliche Bedenken, sondern auch auf Detailfragen. Zentraler Kritikpunkt war der Verlust an Transparenz. Mit großer Sensibilität wurden nicht nur die Modifikationen des Verfahrensgangs betrachtet, sondern auch und vor allem die Auswirkungen infolge der Übertragung der Bearbeitung auf ein Regierungsorgan. Als zentraler Unterschied wurde die Unabhängigkeit des Entscheidungsträgers herausgestellt, die - nach zeitgenössischer Einschätzung in der 2. Hälfte des 19. Jahrhunderts - bei parlamentarischen Ausschüssen im Gegensatz zur Ministerialbürokratie gewährleistet war[604].

Den Fachministerien wurden durch spezielle Gesetze[605] erstmals weitreichende Kompetenzen im Bereich der konkreten Vorhabenzulassung zugewiesen[606]. Diese Delegation von Kompetenzen auf die zuständigen Fachministerien sollte nicht nur zur Beschleunigung und Kostenreduzierung der einzelnen Verfahren beitragen, sondern sie sollte auch und vor allem das Parlament entlasten[607].

Das Verfahren zum Erlass einer Provisional Order bestand im wesentlichen aus zwei Phasen: In einer ersten Phase erarbeitete die Exekutive einen Entscheidungsvorschlag, der in einer zweiten Phase dem Parlament zur Bestätigung zugeleitet wurde. Die parlamentarische Bestätigung ("confirmation") einer Provisional Order war - rein formell betrachtet - ein Public Act. Sobald jedoch Einwendungen gegen eine solche Order vorgebracht wurden, wurde sie als Privatgesetz behandelt, um die Untersuchung durch einen parlamentarischen Ausschuss zu ermöglichen[608]. Je nach Antragsteller[609] und Gegenstand des Verfahrens[610] wurde das Fachministerium verpflichtet, im Zuge der Erarbeitung seines

---

602 Clifford Vol. 1 S. 244.

603 Martin S. 1.

604 Bedenken bestanden insbesondere in Bezug auf eine Voreingenommenheit der Verwaltung, auf ihre Vorab-Festlegung auf regierungsnahe Positionen und auf die Instrumentalisierung eines konkreten Verfahrens zur Umsetzung der Regierungspolitik (Clifford Vol. 2 S. 709 f).

605 Für den Bereich der Gasindustrie beispielsweise: Gas and Water Works Facilities Acts, 1870 (33 & 34 Vict. c. 70) und Amending Act, 1873 (36 & 37 Vict. c. 89).

606 Clifford Vol. 2 S. 676 - Im Zusammenhang mit Provisional Orders verfügten die Fachministerien nicht über "originäre" Kompetenzen, sondern sie wurden lediglich mit der Wahrnehmung genuin parlamentarischer Befugnisse betraut. Das Parlament behielt sich das Recht vor, die ministeriellen Vorlagen zu überarbeiten und gegebenenfalls auch zu modifizieren.

607 Clifford Vol. 2 S. 676.

608 Clifford Vol. 1 S. 270 und Vol. 2 S. 677.

609 Die Verpflichtung zur Durchführung eines Beteiligungsverfahrens bestand zum Beispiel in den Fällen, in denen Gebietskörperschaften einen Antrag auf Erlass einer Provisional Order stellten (Clifford Vol. 2 S. 688).

610 Zusammenstellung der Gegenstände bei: Clifford Vol. 2 S. 688 f.

Entscheidungsvorschlages in der vom Vorhaben betroffenen Kommune die Öffentlichkeit zu beteiligen[611]. Im Zusammenhang mit kontroversen Provisional Orders bot das parlamentarische "Bestätigungsverfahren" zudem nachteilig betroffenen Individuen somit eine weitere "Rechtsschutzinstanz". Dabei bestand die Petitionsberechtigung im parlamentarischen Bestätigungsverfahren unabhängig davon, ob bereits im Rahmen der Anhörung vor Erteilung der Provisional Order Einwendungen vorgebracht worden waren[612]. Die Provisional Order war bis zu ihrer parlamentarischen Bestätigung schwebend unwirksam.

bb. Special Orders

Mit dem Provisional Order System war die Delegation der Entscheidungskompetenz noch nicht abgeschlossen. Eine weitere Vereinfachung und Beschleunigung erwartete man von der Einführung der "special orders"[613]. Wesensmerkmal der special orders war, dass sie keiner Bestätigung durch das Parlament mehr bedurften, was es der Zentralverwaltung ermöglichte, die Verfahren vollständig unabhängig vom parlamentarischen Kalender durchzuführen. Im übrigen wurden die wesentlichen Verfahrensschritte, insbesondere die Durchführung einer öffentlichen Anhörung, beibehalten[614]. Die Durchführung der Anhörung oblag einem erfahrenen, naturwissenschaftlich ausgebildeten Verwaltungsbeamten. Die regelmäßig fehlende juristische Ausbildung des Verwaltungsbeamten wurde durch Erfahrungen bei der Leitung derartiger Anhörungen kompensiert. Die Anhörung wurde regelmäßig in den Räumen der Genehmigungsbehörde abgehalten. Die "Parteien", also der Vorhabenträger und die Vorhabengegner, wurden häufig durch Anwälte vertreten. Trotz der Einhaltung gewisser Förmlichkeiten wurde der Verlauf der Anhörung durch weniger Zeremoniell

---

611 Aus verfahrensökonomischen Gründen wurden diese Anhörungen vor Ort, d.h. in den Standortgemeinden, durchgeführt. Vor der Erteilung einer Provisional Order, durch die Errichtung und Betrieb eines Gaswerks ermöglicht wurden, konnte das Board of Trade (in seiner Eigenschaft als zuständige Behörde) in der durch das Vorhaben betroffenen Region eine öffentliche Anhörung abhalten (Clifford Vol. 2 S. 683). Erforderlich war die Durchführung einer solchen Anhörung nur, wenn sich das Board of Trade über die Stellungnahme der kommunalen Selbstverwaltungsorgane hinwegsetzen wollte (Clifford Vol. 2 S. 683) oder wenn die Gasversorgung durch die Kommune selbst erfolgen sollte (Clifford Vol. 2 S. 689).

612 Fairlie S. 64.

613 Für den Bereich der Gasindustrie beispielsweise: Gas Regulations Act, 1920 (10 & 11 Geo. 5, C. 28); Gas (Special Orders) Rules, 1922 (S. R. & O. 1922, No. 187.), Made by the Board of Trade with respect to applications for Special Orders under section 10 of the Gas Regulations Act, 1920 (10 & 11 Geo. 5, C. 28).

614 Die auf Grundlage des Gasgesetzes von 1920 in Verbindung mit den normkonkretisierenden Vorschriften der Ausführungsverordnung zum Gasgesetz aus dem Jahr 1922 durchgeführten Anhörungen sind Prototypen der Anhörungen, die in allen (Sach-) Bereichen durchgeführt wurden, in denen zu Beginn des 20. Jahrhunderts special orders das als zu aufwendig empfundene Provisional Order System ablösten.

gekennzeichnet als gerichtliche Verfahren oder Ausschusssitzungen des Parlaments[615]. Grundlage der Verhandlungen waren im Vorfeld eingereichte, gedruckte Dokumente, auf die Bezug genommen wurde. Der Vorhabenträger stellte das Vorhaben vor und verteidigte es gegen die vorgebrachten Einwendungen. Im Anschluss daran wurden Zeugen und Sachverständige zu den streitigen Punkten angehört. Nach Schluss der Anhörung verfasste der Verfahrensleiter einen Abschlußbericht.

4. Funktionen der Beteiligungsrechte im Gesetzgebungsverfahrens zum Erlass eines Privatgesetzes

Wenngleich die Abläufe in den Ausschüssen einen "gerichtsförmigen" Charakter aufwiesen, kam dem Beteiligungsverfahren zu Beginn des 19. Jahrhunderts vor allem eine Informationsfunktion zu. Ziel der Anhörungen war die Erarbeitung einer möglichst ausgewogenen Informationsgrundlage, auf der die Abwägung der widerstreitenden Belange vorgenommen werden konnte[616].

Aufgrund der spezifischen Natur der Privatgesetze kam dem Beteiligungsverfahren allerdings auch eine Rechtsschutzfunktion zu. Als Ausgleich für die Möglichkeit der Privilegierung eines Einzelnen durch ein Privatgesetz sollte durch die Gestaltung des Gesetzgebungsverfahrens der Rechtsschutz der möglicherweise Betroffenen sichergestellt werden. Ausdruck der Rechtsschutzfunktion der Beteiligungsrechte im Gesetzgebungsverfahren zum Erlass eines Privatgesetzes war die Beschränkung der Einwendungsbefugnis auf diejenigen Vorhabengegner, denen durch das Vorhaben eine Rechtsverletzung drohte.

Bei Vorliegen eines substantiellen öffentlichen Interesses oder Bedürfnisses an der Vorhabenverwirklichung drängte der eminent politische Charakter der parlamentarischen Entscheidung die Rechtsschutzfunktion in den Hintergrund. Das Verfahren garantierte nur eine faire Berücksichtigung der Rechte und Interessen der betroffenen Einwender, nicht aber ihre umfassende Verwirklichung, da die Belange des Einzelnen hinter das Allgemeinwohl zurückzutreten hatten[617].

---

[615] Fairlie S. 61.

[616] Vor diesem Hintergrund erscheint es folgerichtig, dass nur den Vorhabengegnern ein Anhörungsrecht zugestanden wurde, während die Vorhabenträger allenfalls als "Zeugen" angehört werden konnten. Diese Unterscheidung beruhte im wesentlichen auf der Annahme, dass die Vorhabenträger ihre Argumente bereits mit Einreichung der Gesetzesvorlage vorbringen konnten, während die Gegenargumente erst "nachträglich" im Rahmen der Beratung der Vorlage erhoben wurden (Clifford Vol. 2 S. 804).

[617] Martin S. 3: "They know that as matters now stand, while personal rights and vested interests are sure of a fair consideration, no substantial public interest or advantage is allowed to be obstructed by them.".

In dem Maße, in dem die Reformen des Gesetzgebungsverfahrens zum Erlass eines Privatgesetzes darauf abzielten, eine Annäherung an das gerichtliche Verfahren herbeizuführen (Etablierung eines permanenten Entscheidungsorgans, Absicherung der Unabhängigkeit der Entscheidungsträger, Zubilligung des rechtlichen Gehörs gegenüber dem Vorhabenträger), wurde die Rechtsschutzfunktion der Beteiligungsrechte gestärkt. Diese Entwicklung kulminierte im Zusammenhang mit der Einführung des Provisional Order System. Zentrales Element im Hinblick auf die Rechtsschutzfunktion war nach zeitgenössischer Einschätzung die örtliche Anhörung, deren gerichtsförmiger Charakter beibehalten werden sollte. Im Unterschied zu gerichtlichen Erkenntnisverfahren, die auf die Ermittlung der Wahrheit zielten, dienten die "administrativen" Beteiligungsverfahren allerdings von Anfang an dazu, den Entscheidungsträgern (gleichwertige) Alternativen aufzuzeigen, die eine dezidiert politische Entscheidung erforderten.

Die Akzeptanzfunktion der Beteiligungsrechte spielte - soweit ersichtlich - im Rahmen von Gesetzgebungsverfahren zum Erlass eines Privatgesetzes keine Rolle. Im Zuge der Einführung des Provisional Order System wurde jedoch der Zusammenhang zwischen dem Verfahren und der Zustimmung zu der Entscheidung herausgestellt[618]. Um die Akzeptanz der Entscheidung sicherzustellen, wurde die Durchführung einer öffentlichen Anhörung gefordert, bei der alle Betroffenen Gelegenheit erhielten, eine Stellungnahme abzugeben[619]. Die Entscheidungsbefugnis sollte einem Gremium übertragen werden, dem öffentliches Vertrauen entgegengebracht wurde[620].

Die Befriedungsfunktion der Anhörung wurde dadurch unterstrichen, dass in den Fällen, in denen im Rahmen des Provisional Order System eine Verpflichtung zur Abhaltung einer Anhörung bestand, das parlamentarische Bestätigungsverfahren regelmäßig ohne - oder mit nur geringem - Widerstand betrieben werden konnte[621]. Prominente Gegenbeispiele waren Verfahren, die eine Reform der kommunalen Verfassung - insbesondere die Etablierung von county boroughs - zum Gegenstand hatten. Eine statistische Untersuchung dieser Verfahren belegte, dass das Provisional Order System bei diesen Verfahren keine

[618] Dodson 1872 S. 6: "Provisional Orders, to be generally acquiesced in, must be made by a tribunal possessing public confidence, after a public hearing, where all concerned had an opportunity of appearing by witnesses and counsel.".

[619] Dodson 1872 S. 6.

[620] Dodson 1872 S. 6.

[621] Fairlie S. 63: "The general success of local inquiries in matters covered by provisional orders is indicated by the fact that most provisional orders are confirmed by Parliament with little or no opposition.".

Vorteile brachte, da uneingeschränkt im parlamentarischen Bestätigungsverfahren Einwendungen erhoben wurden[622].

Die Legitimationsfunktion der Beteiligungsrechte spielte weder im Gesetzgebungsverfahren zum Erlass eines Privatgesetzes noch im Provisional Order System eine Rolle. Die Legitimation eines Privatgesetzes leitete sich unmittelbar von dem Gesetzgebungsorgan, dem Parlament, ab. Im Provisional Order System war die Letztentscheidungskompetenz des Parlaments, d.h. die Kompetenzen, die ihm im Zusammenhang mit der Bestätigung der Provisional Order zukamen, maßgebend für die Legitimation der Entscheidung. Im Zusammenhang mit besonders kontroversen, einzigartigen Vorhaben wurde rechtspolitisch daher nicht etwa der Ausbau von Partizipationsmöglichkeiten im Provisional Order System gefordert, sondern die Befugnis der Exekutive, die Angelegenheit unmittelbar dem Parlament zu übertragen[623].

Mit Blick auf die Legitimationsfunktion der Beteiligungsrechte setzte erst mit Einführung der Special Orders eine nennenswerte Zäsur ein, da Special Orders im Unterschied zu Provisional Orders grundsätzlich nicht vom Parlament bestätigt wurden. Infolgedessen konnten Special Orders ihre Legitimation nicht mehr vom Parlament ableiten. Erst in dieser Konstellation kam der Verfahrensgestaltung ein besonderer Stellenwert zu. Die Verfahrensvorschriften wurden zunehmend als Sicherungsmechanismen wahrgenommen, wobei eine Zeitlang rechtspolitisch umstritten blieb, ob sie den Special Orders eine gleichwertige Legitimation verleihen konnten, wie sie Entscheidungen der Privatgesetzgebung bzw. des Provisional Order System zukam[624].

Entgegen der aktuellen rechtspolitischen Diskussion, in der der Grundsatz der Legitimation durch Verfahren einen großen Stellenwert einnimmt, sollten die Beteiligungsrechte im 19. Jahrhundert vor allem die räumliche Entfernung zwischen Entscheidungsträger und Entscheidungsunterworfenem ausgleichen. Die Kodifikation des Verfahrens mitsamt der standortbezogenen Anhörung trug dazu bei, die Balance zwischen der örtlichen und der zentralstaatlichen Verwaltung aufrecht zu erhalten, die im 19. Jahrhundert als Garant für die politische

[622] Vor diesem Hintergrund empfahl die Royal Commission in diesen Fällen den Rückgriff auf die Privatgesetzgebung (Fairlie S. 65).
[623] Dodson 1872 S. 7: "discretion should be given to the Court to remit them at once to Parliament".
[624] Stamp S. 36: "Devolution now is of a mixed character, proceeding partly from a "mood of distrust, and it is doubtful whether the expedients provided will be as suitable as the old ones, such as Select Committees sitting upon private bills, or the ordinary statutory confirmation of provisional orders.".

Stabilität empfunden wurde[625]. Sofern zeitgenössische Autoren den Anhörungen im Rahmen der Privatgesetzgebung vor allem eine Akzeptanzfunktion zuschreiben[626], erscheint diese Interpretation von den aktuellen rechtspolitischen Diskussionen geleitet.

In dem Maße, in dem im Laufe des 20. Jahrhunderts auch die Entscheidungen der örtlichen Behörden federführend von hauptamtlichen Verwaltungsbeamten getroffen worden sind, hat die Akzeptanzfunktion der Beteiligungsrechte allerdings an Bedeutung gewonnen. Bis in die Gegenwart ist theoretisch die unmittelbare demokratische Legitimation der Kommunalbehörden herausgestellt worden. In der Praxis ist jedoch eine Vielzahl der Entscheidungen zwar im Namen der direkt gewählten Kommunalorgane getroffen, inhaltlich jedoch von hauptamtlichen Kommunalbeamten vorbereitet worden. Grundsätzlich waren und sind die gewählten Verwaltungsspitzen, in deren Namen die Verwaltungsentscheidungen ergehen, zwar befugt, von der Empfehlung der Verwaltungsbeamten abzuweichen, ihr Entscheidungsspielraum wird jedoch durch den Gesetzesvorbehalt erheblich eingeschränkt, da sie ihre Entscheidung nur auf die jeweils gesetzlich vorgesehenen Entscheidungsgründe stützen dürfen. Sofern sie ihre Entscheidungen auf sachfremde Gesichtspunkte stützen, kann ihre Entscheidung infolge dieser Kompetenzüberschreitung ("ultra vires") angegriffen werden[627].

Die bis in die Gegenwart für das englische Recht charakteristische Weite der statthaften Erörterungsgegenstände kann zum einen mit den Ursprüngen des Beteiligungsverfahrens erklärt werden, zum anderen ist dafür aber auch die Tatsache verantwortlich, dass - bis heute - bedeutsame Entscheidungen Entscheidungsträgern vorbehalten sind, die unmittelbar demokratisch legitimiert oder die zumindest gegenüber dem demokratisch legitimierten Organ persönlich (politisch) verantwortlich und rechenschaftspflichtig sind. Diese "Kürze" der Legitimationskette bedingt, dass die Entscheidungsträger sich als Vertreter des gesamten Volkes verstehen und nicht primär als Fachbehörde, die bestimmte Einzelinteressen - wie z.B. den Umweltschutz - in den Vordergrund rücken darf. Als Vertreter des gesamten Volkes fühlen sich die Entscheidungsträger vielmehr dem Allgemeinwohl verpflichtet und stellen - gleichsam von sich aus - eine Vielzahl widerstreitender Belange in die Abwägung ein. Insofern besteht ein erheblicher Unterschied zwischen den "Standardverfahren", die durch die Im-

---

625 Bagot S. 8: "Still, if there has been any uniform characteristic which has peculiarly marked the complexity of our Constitutional development or of the nice balance of Local and Central Government. If asked for the secret of our political stability, we would certainly lace it here.

626 Z.B.: Purdue S. 2: "... the inquiry system developed in the nineteenth century as a useful means if obtaining ***approval*** for important decisions affecting property rights without involving Parliament" (Hervorhebung S.K.).

627 Bell / McGillivray S. 175.

missionsschutzbehörden entschieden werden, und den besonderen Verfahren, für die das Ministerium die Entscheidungszuständigkeit beansprucht. Während im Rahmen der ersteren die Beteiligungsverfahren typischerweise sachbezogen verlaufen und nahezu ausschließlich die für die Genehmigungsentscheidung entscheidungserheblichen Umstände erörtert werden, entwickeln sich die Anhörungen - oftmals mit Billigung der Verhandlungsführer - zu quasi-parlamentarischen Foren, in denen grundsatzpolitische Debatten geführt werden.

6. Teil: Zusammenfassung

Die gegenwärtige Ausgestaltung der Beteiligungsrechte im immissionsschutzrechtlichen Genehmigungsverfahren basiert auf einer jahrhundertelangen Tradition. Für ihre Entwicklungsgeschichte war nicht allein der Wille des jeweiligen (historischen) Gesetzgebers maßgebend, sondern auch und vor allem die jeweiligen historischen Umstände, also die politischen, sozialen, wirtschaftlichen, technischen und kulturellen Verhältnisse. Im Rahmen der allmählichen Entwicklung und Etablierung der Beteiligungsrechte im immissionsschutzrechtlichen Genehmigungsverfahren gaben der technologische Fortschritt und das durch ihn beflügelte Streben nach wirtschaftlicher Expansion die entscheidenden Impulse für den wesentlichen Entwicklungsschub, durch den die Durchführung des Beteiligungsverfahrens zu einem **obligatorischen, verfahrensakzessorischen Verfahrenselement** wurde.

Für die Entwicklung der Beteiligungsrechte im eigentlichen Sinne entscheidend ist das Kriterium der **"Verbindlichkeit"**. Beteiligungs*rechte* liegen nur dann vor, wenn dieser Verfahrensschritt nicht fakultativ, sondern obligatorisch ist und die Nichteinhaltung der obligatorischen Verfahrensvorschriften "geahndet" wird, wobei die Folgen von Verfahrensfehlern und die Möglichkeit ihrer Ahndung abhängig sind von der jeweiligen nationalen Rechtsordnung.

Hinsichtlich des Kriteriums der "Verbindlichkeit" offenbart der Vergleich zwischen der englischen und der kontinentaleuropäischen Rechtsentwicklung die Notwendigkeit eines engen Begriffsverständnisses in dem Sinne, dass ein Beteiligungsrecht bereits dann vorliegt, wenn ein bestimmtes Verfahren die obligatorische Durchführung eines Beteiligungsverfahrens vorsieht. Davon zu unterscheiden ist die Verpflichtung, ein solches Verfahren überhaupt einzuleiten, wie dies bei Bestehen einer Genehmigungspflicht der Fall ist. Die Verfahrensakzessorietät unterstreicht den rein administrativen Charakter der Beteiligungsrechte, die nicht als "quasi-parlamentarisches" Forum konzipiert sind zur Bewältigung von abstrakten Grundsatzdebatten. Verfahrensakzessorische Beteiligungsrechte setzen voraus, dass die prinzipiellen Debatten bereits im Vorfeld, und zwar im Rahmen des Gesetzgebungsverfahrens, im Zusammenhang mit der Konzeption des Anlagenzulassungsrechts und der Zuweisung von Vorhaben zu einer bestimmten Verfahrensklasse geführt worden sind, so dass es bei der Durchführung des konkreten Verfahrens allein um die spezifischen Besonderheiten des jeweiligen konkreten Einzelfalls geht. Bei der Zuordnung zu dem Bereich von Politik und Gesetzgebung einerseits sowie dem Bereich der Verwaltung andererseits sind die **Beteiligungsrechte dem Bereich der Verwaltung**, die Grundsatzentscheidung über Gegenstand und Reichweite der Technikkontrolle einschließlich der Frage der Genehmigungspflicht für bestimmte Vorhaben dem Bereich der Politik zuzuweisen. Eine Revision der politischen

Grundsatzentscheidung im Rahmen eines einzelfallbezogenen Verwaltungsverfahrens kann und soll durch das Beteiligungsverfahren nicht ermöglicht werden, was nicht zuletzt durch den Anspruch auf Erteilung der Genehmigung bei Vorliegen der gesetzlich determinierten Genehmigungsvoraussetzungen veranschaulicht wird.

Der tatsächliche Wandel von einer agrarischen Gesellschaft hin zu einer Industriegesellschaft "moderner" Prägung beeinflusste die Entwicklung der Beteiligungsrechte stärker als die jeweiligen (staats-) rechtlichen Rahmenbedingungen. Die Genese der Beteiligungsrechte in Frankreich veranschaulicht exemplarisch, dass das Entstehen des Verwaltungsrechts sowie die Einführung und der Ausbau der modernen Verwaltungsstrukturen ("Verwaltung im organisatorischen Sinn") über die Grenzen der jeweiligen staats- und verfassungsrechtlichen Epochen hinweg erfolgte[628]. Die Beteiligungsrechte gehören insoweit zu denjenigen Aufgaben und Strukturen im Bereich des "Anlagenzulassungsrechts", die jeder Verwaltung eigen sind und die **unabhängig von der Zeit und den verfassungsrechtlichen Verhältnissen** bestehen. Dabei erwiesen sich die Beteiligungsrechte als flexible prozedurale Mechanismen, die mit der Zeit gegangen sind und sich jeweils den gewandelten Wertvorstellungen anpasst haben.

Die grenzüberschreitende Natur des technologischen Fortschritts kann am Beispiel der europäischen Gasindustrie beleuchtet werden. Die Expansion der Gasindustrie war kein innerhalb einzelstaatlicher Grenzen erfolgendes Phänomen, sondern eine "europäische" Entwicklung, bei der die Akteure auf Seiten der Gasindustrie europaweit agierten. Dieser Ansatz führte dazu, dass zumindest die bereichsspezifische Rechtspraxis frühzeitig rechtsvergleichend analysiert und aufbereitet wurde. Mit dem Aufkommen von Berührungspunkten zwischen den verschiedenen Rechtssystemen begann ihre wechselseitige Beeinflussung, deren Relevanz für die Entwicklung der Beteiligungsrechte im immissionsschutzrechtlichen Genehmigungsverfahren jedoch nicht nachzuweisen ist. Ungeachtet der formellen und strukturellen Unterschiede zwischen den Rechtsordnungen bestand mit Beginn der Industrialisierung nicht nur übereinstimmend die Notwendigkeit - in Deutschland und Frankreich in Form einer Genehmigungspflicht, in England in Form einer unternehmerischen Zweckmäßigkeit - einer Vorhabenzulassung / Genehmigung für als besonders gefahrenträchtig eingeschätzte Vorhaben, sondern auch das Erfordernis einer "Verfahrensöffnung" für die Öffentlichkeit. Diesem Zweck dienten die "Beteiligungsrechte" im immissionsschutzrechtlichen Genehmigungsverfahren, deren funktionelle Äquivalente in den untersuchten Rechtsordnungen frühzeitig aufkamen. Die wachsende Konvergenz der nationalen Ausgestaltungen der Beteiligungsrechte ist vor allem

---

628 Bourdeau 1994 S. 19.

Ausdruck eines vergleichbaren Problemdrucks, nicht aber Ergebnis einer planvollen Angleichung der Gesetzeslage auf Initiative des Gesetzgebers.

Die Entwicklungsgeschichte der Beteiligungsrechte im immissionsschutzrechtlichen Genehmigungsverfahren verlief weitgehend parallel zu der Anerkennung eines "Kernbestandes" des (allgemeinen) Verwaltungsrechts, also derjenigen Regelungen, Grundsätze, Begriffe und Rechtsinstitute, die grundsätzlich für alle Bereiche des Verwaltungsrechts maßgebend sind und über die der Gesetzgeber nicht frei verfügen kann (Gesetzmäßigkeit, Grundsatz der Verhältnismäßigkeit, Verpflichtung zur Anhörung des Betroffenen, Begründungspflicht, Schutz von Betriebs- und Geschäftsgeheimnissen). Die Beteiligungsrechte im immissionsschutzrechtlichen Genehmigungsverfahren reflektieren darüber hinaus das Bedürfnis der rechtlichen Bewältigung der Konflikte, die bei einer örtlich unerwünschten Nutzung von Land entstehen, so dass sie als entsprechender "allgemeiner Grundsatz des Anlagenzulassungsrechts" anzusehen sind. Daraus folgt, dass es nicht nur im Bereich des allgemeinen Verwaltungsrechts derartige Grundsätze gibt, sondern auch im Bereich des besonderen Verwaltungsrechts, was zu einer Beschränkung des gesetzgeberischen Gestaltungsspielraumes führt, soweit ein derartiger Grundsatz betroffen ist.

Zu diesem "Kernbestand" der Beteiligungsrechte gehören hinsichtlich des *äußeren Ablaufs*

1. Bekanntmachung des Vorhabens,
2. Auslegung der Antragsunterlagen,
3. Einwendungsrecht,
4. Anspruch auf Entscheidung und
5. Bekanntmachung der begründeten Entscheidung

sowie hinsichtlich der *Funktion* ein Nebeneinander sich ergänzender Funktionszuschreibungen, von denen der Informationsfunktion und der Rechtsschutzfunktion über den gesamten Untersuchungszeitraum eine herausragende Stellung zukommen. Während im französischen Recht ein leichtes Übergewicht der Informationsfunktion feststellbar ist, dominiert in England und Deutschland die Rechtsschutzfunktion, was die Ausprägung eines "gerichtsförmigen" Verfahrensgangs zur Folge hat. Während diese Anlehnung an das Prozessrecht in **England** im wesentlichen mit Blick auf das Prinzip der "**natural justice**" erfolgte, ist die Prozeßähnlichkeit des Genehmigungsverfahrens in **Deutschland** Ausdruck des **vorgelagerten Rechtsschutzes**, der durch die Beteiligungsmöglichkeit gewährt wird. Während in England das starke Gewicht der Rechtsschutzfunktion auf dem Fehlen einer eigenständigen Verwaltungsgerichtsbarkeit beruht, ist die privatrechtsgestaltende Wirkung der Genehmigung in Verbindung mit der Präklusionswirkung maßgebend für die Bedeutung der Rechtsschutzfunktion im deutschen Recht. Dieser Unterschied ist wohl auch ursächlich dafür, dass nur das deutsche Anlagenzulassungsrecht eine mehrpolige (dreiseitige) mündliche Verhandlung - den Erörterungstermin - als "Herzstück" des Verfahrens betrachtet. Der Erörterungstermin unterstreicht die Prozeßähnlichkeit des Verfahrens und erscheint gleichsam als Kompensation für die privatrechtsgestaltende Wirkung des Genehmigungsbescheides, die in dieser Form ebenfalls ein Spezifikum des deutschen Rechts ist.

Die Gründe für die Verrechtlichung des Genehmigungsverfahrens, insbesondere für die "Kodifizierung" der Beteiligungsrechte, sind nur im kontinentaleuropäischen Recht vergleichbar. Maßgebender Gesichtspunkt in Frankreich und Deutschland war die **Systematisierung** des Anlagenzulassungsrechts, das mit Einsetzen der industriellen Revolution zunehmend unübersichtlich geworden ist, was die Wirtschaftsentwicklung hemmte. Das Nebeneinander von kommunalen, regionalen und nationalen Vorschriften, von Gewohnheitsrecht und Gesetzgebung verlangte nach einer landesweiten **Harmonisierung**. Dieses Bedürfnis wurde in Frankreich unterstützt durch die "Emanzipation" der Zentralgewalt, in Preußen durch das Erfordernis der Integration der verschiedenen Landesteile. Zentrales Anliegen ist insoweit nicht nur die Harmonisierung des - formellen und materiellen - Rechts gewesen, sondern auch die Beseitigung der Unzulänglichkeiten der Verwaltungsstrukturen. Die Einführung eines landesweit einheitlichen Anlagenzulassungsrechts wurde begleitet von dem Auf- und Ausbau eines zentralen Verwaltungsapparates, von dem man eine **Vollzugsoptimierung** erwartete. In diesem Kontext sollten die Beteiligungsrechte dazu beitragen, eine Brücke zwischen der vorhabenbetroffenen Standortgemeinde und der Zentralgewalt zu schlagen.

Die englische Rechtsentwicklung wurde demgegenüber geprägt durch die spezifischen rechtspolitischen Debatten um die **delegated legislation** und die gleichsam programmatische Verneinung der Existenz eines englischen Verwaltungsrechts. Ungeachtet dieser rechtspolitischen Diskussion handelte es sich bei der englischen **public inquiry** von Anfang an um eine "Verwaltungstechnik"[629]. Ihre Entwicklungsgeschichte ist untrennbar verbunden mit der "Genese" des englischen Verwaltungsrechts[630]. Insofern spielen ähnliche Gesichtspunkte eine Rolle wie in der kontinentaleuropäischen Rechtsentwicklung (Aufbau eines "zentralen" Verwaltungsapparates, Distanz zwischen der Standortgemeinde und dem Entscheidungsträger); daneben ist für die englische Rechtsentwicklung eine besondere Neigung zu konsultativem Verwaltungshandeln festzustellen[631], die sich an der großen Vielzahl an Erscheinungsformen von Beteiligungsmöglichkeiten festmachen lässt.

---

[629] Boussard S. 3.
[630] Boussard S. 7.
[631] Boussard S. 11 ("un goût évident pour l'administration consultative").

Soweit die Beteiligungsrechte nach dem Topos der Verfassungsabhängigkeit der Verwaltung ("Verwaltungsrecht als konkretisiertes Verfassungsrecht"[632]) vorrangig als spezifische Ausprägung des "ökologischen Verfassungsstaats" (*R. Steinberg*) interpretiert werden, wird dies ihrer Tradition und Eigenständigkeit nicht vollumfänglich gerecht. Andererseits überfordern die wechselnden Funktionszuschreibungen - insbesondere der Stellenwert, der den Beteiligungsrechten im Zusammenhang mit der Forderung nach Ausweitung der direkten Partizipation zugeschrieben wird - die verfahrensakzessorischen Beteiligungsrechte, was zwangsläufig zu Kritik und Akzeptanzproblemen führen muss. Maßgebend für diese Überforderung ist die Einbettung der Beteiligungsrechte in ein Zulassungsverfahren, das durch einen einseitig-hoheitlichen Zulassungsakt abgeschlossen wird. Das **Entscheidungsmonopol der Staatsgewalt** wird durch die Beteiligungsrechte nicht in Frage gestellt, was auch dadurch zutage tritt, dass der Entscheidungsträger nicht an das "Ergebnis" der Beteiligung gebunden wird[633].

Ein allein auf die Entwicklung der Beteiligungsrechte beschränkter Blick ruft allerdings den Eindruck der Kontinuität hervor, der unter Berücksichtigung der allgemeinen Rechtsentwicklung relativiert werden muss. Insofern wirkt sich der Wandel von einem autoritären hin zu einem kooperativen Verwaltungsstaat auch auf Akzeptanz und Wirkungsmacht der Beteiligungsrechte aus.

Parallel zu der Ausprägung des Umweltrechts als einer eigenständigen "Disziplin" entwickeln sich die Beteiligungsrechte im immissionsschutzrechtlichen Genehmigungsverfahren zu einem Garanten der "**environmental democracy**". Als innovatives und charakteristisches Merkmal des Umweltrechts erscheint die Tatsache, dass sich das Umweltrecht nicht nur (vorrangig) an Juristen wendet, sondern gleichberechtigt auch an den juristischen Laien in seiner Rolle als mündigem Staatsbürger. Diese Ausrichtung des Umweltrechts ist Ausdruck des Bemühens, die Krise der Zivilgesellschaft durch eine verstärkte Einbeziehung des Einzelnen und durch seine Mitwirkung an der Verwirklichung der Belange des Umweltschutzes zu überwinden.

In diesem Kontext erfahren die Beteiligungsrechte im immissionsschutzrechtlichen Genehmigungsverfahren gleichsam eine "Renaissance". Für das Umweltrecht ist eine solche Wiederbelebung alter juristischer Techniken durch-

---

[632] Fritz Werner DVBl. 1959, 527.

[633] Livet S. 197: "En tout état de cause, l'avis, même s'il se trouve être obligatoire comme dans le cas que l'on vient d'envisager, ne lie pas l'autorité administrative dans la délivrance de l'autorisation; on doit donc admettre que cette consultation reste accessoire et que, comme le constate M. Rivero, "il s'agit souvent d'un rite plus que d'un authentique débat".".

aus charakteristisch[634]. Den Beteiligungsrechten im immissionsschutzrechtlichen Genehmigungsverfahren kommt dabei eine Vorreiterrolle zu in Bezug auf die Transparenz der Verwaltungstätigkeit und die "administrative Demokratie"; sie durchbrechen nämlich seit jeher den Geheimhaltungsgrundsatz des staatlichen Verwaltungshandels[635], tragen zu Transparenz bei und ermöglichen so eine Kontrolle der Verwaltungstätigkeit.

Beweggrund für die Zubilligung von Beteiligungsrechten war im 19. Jahrhundert vorrangig das Bemühen um eine gute, effiziente und fachkompetente Verwaltungstätigkeit. Diesem Ziel war und ist die systematische Verankerung von Beteiligungsrechten in immissionsschutzrechtlichen Genehmigungsverfahren verpflichtet, da sich die Entscheidungsträger von der "Anhörung" der Öffentlichkeit einen Erkenntnisgewinn versprechen.

Daneben sind die Beteiligungsrechte bereits zu Zeiten, in denen Forderungen nach Partizipation, "Transparenz" des staatlichen Verwaltungshandelns und "administrativer Demokratie" noch als ferne Zukunftsmusik erscheinen, Ausdruck für das Bedürfnis nach einer Einbindung der Öffentlichkeit gewesen. Diese zukunftsgerichtete, "moderne" Flanke der Beteiligungsrechte ermöglichte ihnen einen nahtlosen Übergang von der reaktiven, punktuellen und bilateralen Tätigkeit der Ordnungsverwaltung hin zu der zukunftsgerichteten, planerisch-gestaltenden (Umwelt-) Verwaltung, bei der das Verwaltungsverfahren als Prozess der Entscheidungsfindung eine selbständige, ergebnisrelevante Bedeutung hat.

* * *

634 Romi S. 1.
635 Burdeau S. 337 f.

Literaturverzeichnis

Avisse, Henry, *Établissements Industriels. Industries Dangereuses, Insalubres et Incommodes, Tome Premier*, Paris 1851, zit. wie folgt: *Avisse S.* <>

Bagot, John, *Private Bill Legislation and Local Government, An Essay on Parliamentary Reform*, Dublin 1881, zit. wie folgt: *Bagot S.* <>

Batbie, A., *Introduction Générale Au Droit Public et Administrative*, Paris 1861, zit. wie folgt: *Batbie S.* <>

Baube, Édouard, *De damno infecto en droit romain. Législation Concernant les Établissements Réputés Insalubres, Dangereux et Incommodes en Droit Francais*, Faculté de Droit de Paris, Paris 1880, zit. wie folgt: *Baube S.* <>

Baxter, R. Dudley, *Private Bill Legislation and Competition*, London 1868, zit. wie folgt: *Baxter S.* <>

Bayerl, Günter, *Vorindustrielles Gewerbe und Umweltbelastung - das Beispiel der Handpapiermacherei*, Technikgeschichte 48, 1981, Seite 206 bis 238, zit. wie folgt: *Bayerl Vorindustrielles Gewerbe und Umweltbelastung - das Beispiel der Handpapiermacherei, Technikgeschichte 48, 1981, S.* <>

Bell, Stuart / McGillivray, Donald, *Environmental Law, The Law and Policy Relating to the Protection of the Environment,* 5th Edition, London 2000, zit. wie folgt: *Bell/McGillivray S.* <>

Benöhr, Hans-Peter, *Umweltrechtsentwicklungen in Deutschland zwischen 1800 und 1918*, in: Kloepfer (Hrsg.), Schübe des Umweltbewußtseins und der Umweltrechtsentwicklung, Bonn 1995, Seite 35 bis 54, zit. wie folgt: *Benöhr, Umweltrechtsentwicklungen in Deutschland zwischen 1800 und 1918, in: Kloepfer (Hrsg.), Schübe des Umweltbewußtseins und der Umweltrechtsentwicklung, Bonn 1995, Seite 35 bis 54,* ***S.*** <>

Berger, T. Ph., *Reichs-Gewerbe-Ordnung mit den für das Reich erlassenen Ausführungsbestimmungen,* Text-Ausgabe mit Anmerkungen und Sachregister, Neunte Auflage, Berlin 1889, zit. wie folgt: *Berger §* <> *Anm.* <>

Berger, T. Ph. / Wilhelmi, L. (Hrsg.), *Gewerbeordnung für das Deutsche Reich nebst allen Ausführungsbestimmungen. Textausgabe mit Anmerkungen und Sachregister, Ursprünglich herausgegeben von T. Ph. Berger und Dr. L. Wilhelmi, Siebzehnte vermehrte Auflage*, bearbeitet von H. Spangenberg, Berlin 1907, zit. wie folgt: *Berger/Wilhelmi §* <> *Anm.* <>

Bernewitz, A., *Die Reichs-Gewerbeordnung in ihrer dermaligen Fassung nebst den damit in Verbindung stehenden Reichs- und Sächsischen Landesgesetze, sowie den einschlägigen Verordnungen. Nach den Gesetzgebungsmaterialien und der Judikatur der höchsten Gerichts- und Verwaltungsbehörden,* Siebente Auflage mit ausführlichem Sachregister, 2 Bände, Leipzig 1901, zit. wie folgt: *von Bernewitz § <> Anm. <>, S. <>*

Berthélémy, Henri, *Traité Élémentaire de Droit Administratif,* Paris 1900, zit. wie folgt: *Berthélémy S. <>*

Besnard, Henri, *L'Industrie du gaz à Paris depuis ses origines*, Université de Paris - Faculté de Droit, Thèse de Doctorat, Paris 1942, zit. wie folgt: *Besnard S. <>*

Beuttenmüller, Hermann, *Der rechtliche Schutz des Gehörs*, Karlsruhe i.B. 1908, zit. wie folgt: *Beuttenmüller S. <>*

Beyendorff, R., *Die Geschichte der Reichsgewerbeordnung. Eine Einführung in das deutsche Gewerberecht für Beamte, Studierende, Industrielle.* Leipzig 1901, zit. wie folgt: *Beyendorff S. <>*

Biermann, Johannes, *Privatrecht und Polizei*, Berlin 1897, zit. wie folgt: *Biermann S. <>*

Blackerby, Samuel, *The Justice of Peace. His Companion or A Summary of all the Acts of Parliament Whereby One, Two, or more Justices of the Peace are authorized to act, not only in, but out of the Sessions of Peace,* London 1759, zit. wie folgt; *Blackerby S. <>*

Blanche, Alfred, *Dictionnaire Général d'Administration, Contenant La Définition de tous les mots de la langue Administrative et sur Chaque Matière (1e L'histoire de la Législation, 2e L'exposé des Lois, Ordnonnances, Règlements et Instructions, 3e Le Résumé de la Jurisprudence, 4e L'indication des Formalités à Remplir, Des Autorisations à Demander, Des Pièces à produire etc.),* Paris 1846, zit. wie folgt: *Blanche S. <>*

Bocquet, Alain, *Guide des Installations classées*, Paris 1979, zit. wie folgt: *Bocquet S. <>*

Boivin, Jean-Pierre, *Droit des Installations Classées,* Collection l'Actualité Juridique, Paris 1994, zit. wie folgt: *Boivin S. <>*

Bond, Maurice, *Records of Parliament: 2. Private Bill Records*, in: The Amateur Historian, Vol. 4 No. 7, 1960, Seite 267 bis 274, zit. wie folgt: *Bond S.* <>

Bourguignat, August, *Législation Appliquée Des Établissements Industriels Notamment des Usines hydrauliques, ou à vapeur, des Manufactures, Fabriques, Ateliers dangereux, Incommodes et Insalubres, Moulins, Hauts Fourneaux, Établissements métallurgiques, Mines, Minières, Carrières etc., Traité Complet, D'après Le Dernier État Lois, de la Doctrine et de la Jurisprudence, Des Règles à Observer Pour la Création, l'Exploitation, la Location, la Vente, l'Abandon ou la Suppression Des Établissements Appartenant à l'Industrie,* Paris 1958, zit. wie folgt: *Bourguignat S.* <>

Bourjol, Maurice / Le Lamer, Christian, *énergie et démocratie*, Rapport au ministre délégué auprès du ministre de l'Industrie chargé de l'Éngergie, Paris 1982, zit. wie folgt: *Bourjol/Le Lamer S.* <>

Boussard, Jean-Luc, *L'Enquête Publique en Angleterre, Un moyen politico-juridique de contrôler l'Administration*, Travaux et Recherches de la Faculté de Droit et Des Sciences Économiques de Paris, Série "Sciences Administratives", N° 3, Paris 1969, zit. wie folgt: *Boussard S.* <>

Bradley, A. W. / Ewing, K. D., *Constitutional and Administrative Law,* Twelfth Edition - With appendix on constitutional reform, Harlow 1998, zit. wie folgt: *Bradley / Ewing S.* <>

Brüggemeier, Franz Josef, *Natur, Gesundheit, Eigentum. Zur Entwicklung des Umweltbewußtseins in Deutschland im 19. und 20. Jahrhundert,* in: Kloepfer (Hrsg.), Schübe des Umweltbewußtseins und der Umweltrechtsentwicklung, Bonn 1995, Seite 1 bis 17, zit. wie folgt: *Brüggemeier Zur Entwicklung des Umweltbewußtseins in Deutschland im 19. und 20. Jahrhundert S.* <>

ders., *Das unendliche Meer der Lüfte. Luftverschmutzung, Industrialisierung und Risikogesellschaft im 19. Jahrhundert*, 1996, zit. wie folgt: *Brüggemeier Das unendliche Meer der Lüfte S.* <>

Bühler, Ottmar, *Die subjektiven öffentlichen Rechte und ihr Schutz in der deutschen Verwaltungsrechtsprechung,* Berlin 1914, zit. wie folgt: *Bühler S.* <>

Bunel, H., *Établissements Insalubres, Incommodes et Dangereux; Législation, Jurisprudence et Conditions techniques d'autorisation généralement proposées par les conseils d'hygiène publique et de salubrité,* Deuxième Édition, Paris 1876, zit. wie folgt: *Bunel S.* <>

Burdeau, Francois, *Histoire de l'administration francaise. Du 18e au 20e siècle,* 2e édition, Paris 1994, zit. wie folgt: *Burdeau S.* <>

Butt, Mark Eric, *Die Ausweitung des Rechts auf Umweltinformation durch die Aarhus-Konvention,* Stuttgart 2001, zit. wie folgt: *Butt S.* <>

Carpentier, A. / Frère, G., *Établissements Dangereux, Insalubres et Incommodes* in: Recueil Général des Lois & des Arrêts et Journal du Palais, Répertoire Général Alphabétique du Droit Francais, Tome Vingtième, Électricité - Établissements Francais, Seite 766 bis 822, Paris 1900, zit. wie folgt: *Carpentier / Frère S.* <>

Cavayé, M. J., *Des Pouvoirs de l'Autorité Judiciaire en matière d'établissements Dangereux, Insalubres et Incommodes,* Toulouse 1908, zit. wie folgt: *Cavayé S.* <>

Chabrol-Chaméane, M. E. De, *Dictionnaire de Législation Usuelle, Contenant les Notions Du Droit Civil, Commercial, Criminel et Administratif,* Tome Premier, Paris 1835, zit. wie folgt: *De Chabrol-Chaméane S.* <>

Charbonneau, Simon, *Droit des installations classées,* Bordeaux 1995, zit. wie folgt: *Charbonneau S.* <>

Chaumet, Michel, *CONDUIRE L'ENQUÊTE PUBLIQUE une démarche de commissaire enquêteur,* Paris 1993, zit. wie folgt: *Chaumet S.* <>

Chauveau, Adolphe, *Code d'Instruction Administrative contenant dans l'ordre du Code de procédure civile, avec des rubriques correspondants aux titres de ce code, les règles de l'instruction devant les tribunaux administratifs et les règles particulières à l'instruction en matière de conflits, d'élections, d'autorisation de plaider, de contributions directes, Suivi d'un Formulaire annoté de tous les actes d'instruction administrative, Ouvrage faisant suite aux lois de la procédure civile, à la compétence administrative et au formulaire de procédure civile,* 2e édition, , 1er Volume, Paris 1860, zit. wie folgt: *Chauveau 1er Vol. S.* <>

ders., *Code d'Instruction Administrative ou Lois de la Procédure Administrative Contenant dans l'ordre du Code de procédure civile, avec des rubriques correspondants aux titres de ce code, les règles de l'instruction devant les tribunaux administratifs, Suivi d'un Formulaire,* 2e édition, 2e volume, Paris 1861, zit. wie folgt: *Chauveau 2e volume S.* <>

Clerault, St. Ch., *Traité des Établissements Dangereux, Insalubres ou Incommodes,* Paris 1845, zit. wie folgt: *Clerault S.* <>

Clifford, Frederick, *A History of Private Bill Legislation. In Two Volumes.* Volume I: London 1885; Volume II: London 1887, zit. wie folgt: *Clifford Vol.* <> *S.* <>

Conseil de Salubrité, *Extrait du Rapport Général sur les Travaux du Conseil de Salubrité Pendant l'Année 1822 Avec des Notes et Observations Pour servir de réponse aux critiques publiées contre l'Éclairage par le Gaz hydrogène,* Paris 1823

Constant, Charles, *Petite Encyclopédie Juridique XVI, Code des Établissements Industriels Classés, Ateliers Dangereux, Insalubres ou Incommodes, Commentaire Pratique Des Décret du 15 octobre 1810 et Ordonnance du 14 janvier 1815,* Paris 1881, zit. wie folgt: *Constant S.* <>

Coreil, Francois / Nicholas, Léon, *Les Industries Insalubres, Établissements Classés,* Paris 1908, zit. wie folgt: *Coreil/Nicholas S.* <>

Debbasch, Charles, *Institutions et droit administratifs, 1/ Les structures administratives,* Paris 1991, zit. wie folgt: *Debbasch 1. Band S.* <>

ders., *Institutions et droit administratifs, 2/ L'action et le contrôle de l'administration,* Paris 1998, zit. wie folgt: *Debbasch 2. Band S.* <>

Deffaux, Marc / Harel, Adrien, *Encyclopédie des Huissiers ou Dictionnaire Général et Raisonné De Législation, de Doctrine et de Jurisprudence en matière civile, commerciale, criminelle et administrative,* 2e édition, Tome Quatrième, Paris 1856, zit. wie folgt: *Deffaux / Harel S.* <>

Department for Environment, Food and Rural Affairs, *Integrated Pollution Prevention and Control, A Practical Guide,* Edition 3, February 2004, London 2004, zit. wie folgt: *Department for Environment, Food and Rural Affairs Practical Guide S.* <>

Dobry, George, *Review of the Development Control System,* Interim Report presented to the Secretary of State for the Environment and the Secretary of State for Wales, London 1974, zit. wie folgt: *Dobry S.* <>

Dodd, Cyril / Wilberforce, H. W. W., *Private Bill Procedure,* A guide to the Procedure upon Private Bills together with Forms, Standing Orders of the House of Commons, Condensed Standing Orders of the House of Lords, Tables of Fees, Rules & c., London 1898, zit. wie folgt: *Dodd/Wilberforce S.* <>

Dodson, John George, *Speech on the Private Bill Legislation of the House of Commons,* February 18, 1868, London 1868, zit. wie folgt: *Dodson 1868 S.* <>

ders., *Private Bill Legislation,* Speech of Mr Dodson, In the House of Commons, March 15, 1872, London 1872, zit. wie folgt: *Dodson 1872 S.* <>

Ellul, Jacques, *Histoire des institutions, 4 / XVIe - XVIIIe siècle,* Mis à jour avec le concours de Marie Dinclaux, 12e édition, Paris 1994, zit. wie folgt: *Ellul S.* <>

Fairlie, John Archibald, *Administrative Procedure in connection with Statutory Rules and Orders in Great Britain,* University of Illinois Studies in the Social Sciences, Vol. XIII, September 1925, No. 3Urbana 1925, zit. wie folgt: *Fairlie S.* <>

Findeisen, *Für welche Veränderungen der Betriebsstätte oder in dem Betriebe gewerblicher Anlagen im Sinne des § 16 GewO wird nach § 25 derselben eine neue Genehmigung erforderlich?,* Leipzig 1904, zit. wie folgt: *Findeisen S.* <>

Fleiner, Fritz, *Institutionen des Deutschen Verwaltungsrechts,* Dritte, vermehrte Auflage, Tübingen 1913, zit. wie folgt: *Fleiner S.* <>

Forges, Jean-Michel De, *Les institutions administratives francaises,* 2e éd. revue et mise à jour, Paris 1989, zit. wie folgt: *De Forges S.* <>

Fournel, M., *Traité du Voisionage, Considéré dans l'Ordre Judiciaire et Administratif,* Troisième Édition, Revue et Augmentée, Tome Premier, MDCCCXII, zit. wie folgt: *Fournel 3. Auflage S.* <>

ders., *Traité du Voisionage, Considéré dans l'Ordre Judiciaire et Administratif et dans ses rapports avec le Code Civil,* Quatrième Édition, Revue et considérablement Augmentée par M. Tardif, Paris 1834, zit. wie folgt: *Fournel 4. Auflage S.* <>

Fraaß, Helmut, *Die Polizeierlaubnis in der Reichsgewerbeordnung,* Leipzig 1927, zit. wie folgt: *Fraaß S.* <>

Fromageau, Jérôme, *La Police de la Pollution à Paris. De 1666 à 1789,* Thèse pour le doctorat d'État, Université de Droit, d'Économie et des Sciences Sociales de Paris (Paris 2), Paris, zit. wie folgt: *Fromageau S.* <>

Fromageau, Jérôme / Guttinger, Philippe, *Droit de l'Environnement,* Paris 1993, zit. wie folgt: *Fromageau/Guttinger S.* <>

Gérando, M. Baron de, *De la Procédure Administrative,* Extrait de la 16e livraison de la Thémis ou Bibliothèque de Jurisconsulte, Sommaire d'une Lecon faite par M. De Gérando, Conseiller d'État, Professeur de droit public positif et de droit administratif francais, à la Faculté de Paris, en juin 1820, zit. wie folgt: *de Gérando Vorlesung S.* <>

ders., *Institutes Du Droit Administratif Francais ou Éléments Du Code Administratif,* Réunis et unis en ordre Par M. Le Baron Gérando, Tome Premier, Paris 1829, zit. wie folgt: *de Gérando Institutes S.* <>

Gilhaus, Ulrike, *"Schmerzenskinder der Industrie". Luftverschmutzung, Umweltpolitik und sozialer Protest im Industriezeitalter in Westfalen 1845 - 1914,* Paderborn 1995, zit. wie folgt: *Gilhaus S.* <>

Gousset, P. / Magistry, G. / Martin, R., *Le droit des Établissements Classés, dangereux, insalubres ou incommodes (Loi du 19.12.1917, décret du 1er avril 1964 et textes modificatifs),* Paris 1968, zit. wie folgt: *Gousset/Magistry/Martin S.* <>

Gousset, Pierre, *Le droit des installations classées pour la protection de l'environnement,* Paris 1979, zit. wie folgt: *Gousset S.* <>

Graffe, Udo, *Die Beteiligung des Bürgers an umweltschutzrechtlich relevanten Verfahren unter besonderer Berücksichtigung des VwVfG,* Dissertation, Mainz 1980, zit. wie folgt: *Graffe S.* <>

Halcomb, John, *A Practical Treatise of Passing Private Bills Through Both Houses of Parliament Containing Full Directions for Members who have charge of Private Bills, And for Solicitors, & c.,* With an Appendix of The Proofs Necessary before Committees and the Standing Orders, And Tables of Fees of Lords & Commons, London 1836, zit. wie folgt: *Halcomb S.* <>

Hart, Garry, *The Value of the Inquiries System,* in: JPL Occ. Papers No. 25, 1997, Seite 8 bis 23, zit. wie folgt: *Hart S.* <>

Hatschek, Julius, *Lehrbuch des deutschen und preussischen Verwaltungsrechts,* Dritte und vierte Auflage, Leipzig / Erlangen 1924, zit. wie folgt: *Hatschek S.* <>

Henneking, Ralf, *Chemische Industrie und Umwelt, Konflikte um Umweltbelastungen durch die chemische Industrie am Beispiel der schwerchemischen, Farben- und Düngemittelindustrie der Rheinprovinz (ca. 1800-1914),* Stuttgart 1994, zit. wie folgt: Henneking S. <>

Hönighaus, R., *Gewerbeordnung für das Deutsche Reich in der Fassung des Gesetzes vom 1. Juli 1883.* Mit den Ausführungsbestimmungen des Bundesraths, Ministerial-Erlassen, gerichtlichen Entscheidungen, Gesetzesstellen, erläuternden amtlichen Motiven u.s.w für den praktischen Gebrauch herausgegeben, Achte Auflage, Berlin 1884, zit. wie folgt: *Hönighaus § <> S. <>*

Holl, Bernd, *Die Verbietungsrechte des Nachbarn gegen Beeinträchtigungen durch gewerbliche Anlagen, insbesondere das Verhältnis des § 26 Gewerbeordnung zu den nachbarrechtlichen Vorschriften des Bürgerlichen Gesetzbuches,* Erlangen 1930, zit. wie folgt: *Holl S. <>*

Holtzendorff, Franz von (Hrsg.), *Rechtslexikon,* Herausgegeben unter Mitwirkung vieler namhafter Rechtsgelehrter von Dr. Franz von Holtzendorff, Erster Band, Abandon - Justitium, Zweite, durchgehends verbesserte und erheblich vermehrte Auflage, Leipzig 1875; *Rechtslexikon,* Herausgegeben unter Mitwirkung vieler namhafter Rechtsgelehrter von Dr. Franz von Holtzendorff, Zweiter Band, Kabinetsjustiz - Zypoeus, Mit einem ausführlichen Autoren- und Sachregister, Zweite, durchgehends verbesserte und erheblich vermehrte Auflage, Leipzig 1876, zit. wie folgt: *<Verfasser> "<Beitrag>" Rechtslexikon S. <>*

Hien, Eckart, *Die Umweltverträglichkeitsprüfung in der gerichtlichen Praxis,* in: NVwZ 1997, Seite 422 bis 428, zit. wie folgt: *Hien, Die Umweltverträglichkeitsprüfung in der gerichtlichen Praxis, in: NVwZ 1997, Seite 422 bis 428, S. <>*

Hostiou, René / Hélin, Jean-Claude, *Droit Des Enquêtes Publiques, Les différents types d'enquêtes, Le statut du commissaire enquêteur, Le déroulement de l'enquête,* Paris 1993, zit. wie folgt: *Hostiou/Hélin S. <>*

House of Commons (Eds.), *Fifth Report from the Environment Committee Session 1985-1986; Planning: Appeals, Call-in and Major Public Inquiries,* Volume 1, Report together with the Proceedings of the Committee, London 1986, zit. wie folgt: *House of Commons Fifth Environmental Report S. <>*

Isaac, Guy, *La Procédure Administrative Non Contentieuse,* Université de Toulouse, Faculté de Droit et des Sciences Économiques, Paris 1968, zit. wie folgt: *Isaac S. <>*

Kimminich, Otto / Lersner, Heinrich / Storm, Peter-Christoph, *Handwörterbuch des Umweltrechts (HdUR),* 2. Auflage, Berlin 1994, zit.: *<Verfasser> in: HdUR Bd. <> Sp. <>*

Krahl, Elisabeth, *Die Entstehung der Gewerbeordnung von 1869,* Inaugural-Dissertation zur Erlangung der Doktorwürde genehmigt von der Philosophischen Fakultät der Friedrich-Wilhelms-Universität zu Berlin, Jena 1937, zit. wie folgt: *Krahl S. <>*

Krug, Paul Hermann, *Gewerbeordnung für den Norddeutschen Bund vom 21. Juni 1869 nebst den darauf bezüglichen im Königreiche Sachsen gültigen Gesetzen und Verordnungen,* Mit Erläuterungen, Leipzig 1870, zit. wie folgt: *Krug § <> Anm.<>*

Langlois, Paul, *Des Ateliers Dangereux, Insalubres ou Incommodes,* Étude Administrative, Amiens 1861, zit. wie folgt: *Langlois S. <>*

Lasserre, Bruno / Lenoir, Noelle / Stirn, Bernard, *Politique d' Aujourd'hui, La Transparance Administrative,* Paris 1987, zit. wie folgt: *Lasserre / Lenoir / Stirn S. <>*

Le Marois, Pierre, *Des Ateliers Insalubres, Dangereux et Incommodes,* Paris 1883, zit. wie folgt: *Le Marois S. <>*

Leoni, Albert, *Das Oeffentliche Recht des Reichslandes Elsaß-Lothringen. Erster Theil. Das Verfassungsrecht von Elsaß-Lothringen,* Freiburg 1892, zit. wie folgt: *Leoni S. <>*

Livet, Pierre, *L'autorisation administrative préalable et les libertés publiques,* Paris 1972, zit. wie folgt: *Livet S. <>*

Lober, Désiré-Francois-Joseph, *Les établissements insalubres, dangereux ou incommodes. Reconnus par le décret du 31 décembre 1866,* Lille 1867, zit. wie folgt: *Lober S. <>*

ders., *Les Établissements Insalubres, Dangereux ou Incommodes*, Lille 1868, zit. wie folgt: *Lober 1868 S. <>*

Lomas, Owen, *Die Anwendung der EG-Richtlinie über die Umweltverträglichkeitsprüfung in Großbritannien,* in: DVBl. 1990, Seite 1201 bis 1207, zit. wie folgt: *Lomas, Die Anwendung der EG-Richtlinie über die Umweltverträglichkeitsprüfung in Großbritannien, DVBl. 1990, 1201 bis 1207 (Seite)*

Lompes, Hippolyte, *Salubrité Publique, De L'Éclairage au Gaz, Étudié au Point de Vue économique et administratif, et spécialement de son action sur le Corps de l'Homme,* Paris 1845, zit. wie folgt: *Lompes S.* <>

Macarel, L. A., *Législation et Jurisprudence Des Ateliers Dangereux, Insalubres et Incommodes, ou Manuel des Manufacturiers, Propriétaires, Chefs d'Ateliers etc.,* Paris 1828, zit. wie folgt: *Macarel S.*<>

ders., *Ateliers Dangereux, Insalubres ou Incommodes, in: Encyclopédie de Droit ou Répertoire Raisonné De Législation et de Jurisprudence en Matière Civile, Administrative, Criminelle et Commerciale (...),* Ouvrage de Plusieurs Jurisconsultes Rédigé et Publié sous la direction de MM. Sebire et Carteret, Tome Deuxième, Paris 1839, zit. wie folgt: *Macarel Encyclopédie S.* <>

Macrory, R., *Integrated Prevention and Pollution Control: the UK Experience; in: Integrated Pollution Prevention Control, The EC Directive from a Comparative Legal and Economic Perspective,* Chris Backes & Gerrit Betlem (Eds.), Kluwer Law International, London 1999, Seiten 53 bis 64, zit. wie folgt: *Macrory IPPC S.* <>

Magistry, A., *Le Petit Vade-Mecum des Établissements Classés pour Cause de Danger, d'Incommodité ou d'Insalubrité,* Paris 1907, zit. wie folgt: *A. Magistry Vade-Mecum S.* <>

Magistry, Léopold / Magistry, A., *Traité Général Sur l'application de la Nouvelle Législation Des Établissements Dangereux, Insalubres ou Incommodes, Réglementation, Conditions d'autorisation, Commentaire des articles de la Loi, Jurisprudence,* Paris 1923, zit. wie folgt: *Magistry Traité S.* <>

Manchester, A. H., *Sources of English Legal History. Law, History and society in England and Wales 1750 - 1950,* London 1984, zit. wie folgt: *Manchester S.* <>

Marcinowski, F., *Die Deutsche Gewerbe-Ordnung für die Praxis in der Preußischen Monarchie mit Kommentar und einem Anhange enthaltend die Gesetze zur Ergänzung der Gewerbe-Ordnung (eingeschriebene Hülfskassen, Verkehr mit Nahrungsmitteln, Gebrauch von Sprengstoffen, Gewerbegerichte, Novelle zum Berggesetz), sowie die Preußischen Gewerbesteuergesetze und das Gesetz betreffend die Einführung der Gewerbe-Ordnung in Elsaß-Lothringen,* Fünfte Auflage, Berlin 1892, zit. wie folgt: *Marcinowski § <> Anm. <> S.* <>

Marcou, G., *Le droit administratif entre l'ordre juridique national et l'intégration européenne,* in: Les mutations du droit de l'administration en Europe - Pluralisme et convergences, hrsg. von G. Marcou, Paris 1995, zit. wie folgt: *Marcou S.* <>

Martin, Theodore, *Notes in the Present System of Private Bill Legislation,* Westminster 1872, zit. wie folgt: *Martin S.* <>

Mathieu, Philippe & Compagnie, *Procès-Verbal De la Déliberation Prise le 8 Avril 1836 Par Messieurs les Voisins de l'Usine à gaz de Résine de MM Philippe Mathieu & Ce avec Autorisation de M. le Maire de Moutrouge,* 1836, zit. wie folgt: *Mathieu Procès-Verbal S.* <>

ders., *Réponse A l'imprimé que font circuler dans les maisons de la Chaussée du Maine, les sieurs Mathieu et Ce, dans le but d'atténuer les oppositions formées par les voisins citoyens de l'Usine à Gaz, au milieu de maisons habitées sur cette chaussée, L'écrit qu'il s'agit de réfuter à pour titre: Procès-Verbal de la Déliberation prise le 8 Avril 1836 par messieurs les voisins de l'Usine à Gaz de Résine de Messieurs Ph. Mathieu et Compagnie, avec Autorisation etc. ...,* 1836, zit. wie folgt: *Mathieu Réponse S.* <>

May, Thomas Erskine, *Erskine May's Treatise on The Law, Privileges, Proceedings and Usage of Parliament,* Twenty-second Edition, Editors Sir Donald Limon & W.R. McKay, Assistant Editors G. Cubie, R. J. Willoughby, W. A. Proctor, H. E. Irwin, E. C. Ollard, London 1997, zit. wie folgt: *Erskine May's Treatise 22nd Edition (1997) S.* <>

McLaren, John P.S., *The Common Law Nuisance Actions and the Environmental Battle - Well-tempered Swords or broken Reeds?,* in: Osgoode Hall Law Journal, Vol. 10, No. 3, December 1972, Seiten 505 bis 561, zit. wie folgt: *McLaren S.* <>

Mieck, *Luftverunreinigung und Immissionsschutz in Frankreich und Preußen zur Zeit der frühen Industrialisierung,* Technikgeschichte 48, 1981, Seite 239 bis 251, zit. wie folgt: *Mieck, Luftverunreinigung und Immissionsschutz in Frankreich und Preußen zur Zeit der frühen Industrialisierung, Technikgeschichte 48, 1981, Seite 239 bis 251, S.* <>

Murdie, Alan, *Environmental Law and citizen action,* London 1993, zit. wie folgt: *Murdie S.* <>

Muthesius, Hans, *Das Erfordernis besonderer Genehmigung bei Anlagen nach der Reichsgewerbeordnung,* Leipzig 1909, zit. wie folgt: *Muthesius S.* <>

Nodier, Charles / Pichot, Amédée, *Essai Critique sur Le Gaz Hydrogène et les Divers Modes d'Éclairage Artificiel,* Paris MDCCCXXIII, zit. wie folgt: *Nodier / Pichot S.* <>

Olivier-Martin, Fr., *Histoire du Droit Francais des origines à la Révolution,* 1992 (Nachdruck), zit. wie folgt: *Olivier-Martin S.* <>

Palmer, Ingo, *Die Entwicklung des deutschen privatrechtlichen Immissionsrechts,* 1978, zit. wie folgt: *Palmer S.* <>

Papin, Jean-Philippe, *Chronique: L'impartialité du Commissaire Enquêteur,* in: Cahiers Juridiques de l'Électricité et du Gaz, 34e année, 1983, Seite 165 bis 168, zit. wie folgt: *Papin Commissaire Enquêteur S.* <>

ders., *Chronique: La Réforme des Enquêtes Publiques,* in: Cahiers Juridiques de l'Électricité et du Gaz, 34e année, 1983, Seite 335 bis 353, zit. wie folgt: *Papin Enquêtes Publiques S.* <>

Pill, Bernd Wilhelm, *Der Schutz gegen industrielle Immissionen im englischen Recht,* Frankfurt 1988, zit. wie folgt: *Pill S.* <>

Porée, Henri / Livache, Ach., *Traité Théorique et pratique Des Manufactures et Ateliers Dangereux, Insalubres ou Incommodes (Établissement classés), Condition de leur autorisation et de leur exploitation, Obligations et responsabilité de l'industriel à l'égard des voisins,* Paris 1887, zit. wie folgt: *Porée/Livache S.* <>

Preußischer Landtag, *Entwurf eines Gesetzes, die Errichtung gewerblicher Anlagen betreffend (No. 81),* Stenographische Berichte über die Verhandlungen der durch die Allerhöchste Verordnung vom 27. Dezember 1860 einberufenen beiden Häuser des Landtages, Haus der Abgeordneten, Fünfter Band, Anlagen zu den Verhandlungen des Hauses der Abgeordneten, Zweiter Theil, No. 57 bis 119, S. 369 bis 864, Berlin 1861, zit. wie folgt: *Stenographische Berichte Preußischer Landtag S.* <>

Priester, Wilhelm, *Das Nachbarrecht des Bürgerlichen Gesetzbuchs im Verhältnis zum öffentlichen Recht (insbesondere §§ 906, 907 BGB. und § 26 GewO),* Leipzig 1910, zit. wie folgt: *Priester S.* <>

Prieur, Michel, *Le Droit à l'Environnement et les Citoyens: La Participation,* in: RJE 1988, Seite 397 bis 417, zit. wie folgt: *Prieur RJE 1988 S.* <>

ders., *Les enquêtes publiques quel avenir? Environnement et information des citoyens,* Paris 1990, zit. wie folgt: *Prieur Avenir S.* <>

ders., *Droit de l'environnement,* 4e édition, Paris 2001, zit. wie folgt: *Prieur S.* <>

Pulling, Alexander, *Private Bill Legislation - Can Anything be now done to improve it?,* London 1859, zit. wie folgt: *Pulling 1859 S.* <>

ders., *Proposal for Amandment of the Procedure on Private Bill Legislation In a Letter addressed to Colonel Wilson Patten, M.P.,* London 1862, zit. wie folgt: *Pulling 1862 S.* <>

Purdue, Michael, *Planning Appeals: A Critique,* Bristol 1991, zit. wie folgt: *Purdue S.* <>

Reimers, Bernhard, *Der vorbeugende Schutz gegen störende Anlagen auf Nachbargrundstücken, § 907 BGB, unter Berücksichtigung der Reichsgewerbe-ordnung,* Rostock, 1910, zit. wie folgt: *Reimers S.* <>

Ressicaud, Louis, *Des Droits des Tiers Lésés par le voisinage des Établissements incommodes, insalubres et dangereux,* Université de Lyon - Faculté de Droit, Thèse pour le Doctorat, Lyon 1902, zit. wie folgt: *Ressicaud S.* <>

Rivéro, Jean, *Le système francais de protection des citoyens contre l'arbitraire administratif à l'epreuve des faits,* in: Mélanges Jean Dabin, Bruylant, Bruxelles, 1963, Seite 813 bis 814 (Nachdruck in: Pages de doctrine, Hrsg. André de Laubadère, André Mathiot, Jean Rivéro, Georges Vedel, LGDJ, Paris 1980, Seite 563 bis 580), zit. wie folgt: *Rivéro S.* <>

Robson, William A., *Administrative Justice and Injustice; A Commentary on the Franks Report,* in: Public Law, 1958, S. 12 bis 31, zit. wie folgt: *Robson S.* <>

Rohrscheidt, Kurt von, *Die Reichsgewerbeordnung mit der Novelle vom 6. August 1896 und den Ausführungsbestimmungen für das Deutsche Reich und für Preußen. Für den praktischen Gebrauch erläutert von Kurt von Rohrscheidt,* Leipzig 1896, zit. wie folgt: *Rohrscheidt §* <> *Anm.* <>

Rosenkampff, Horst, *Bauerlaubnis und Nachbarrecht,* Greifswald 1914, zit. wie folgt: *Rosenkampff S.* <>

Roth, Fritz, *Grundeigentum und Immissionen. (§§ 906, 907, 1004 BGB, § 26 RGO),* Inaugural-Dissertation verfaßt und der Hohen Rechts- und Staatswissenschaftlichen Fakultät der Kgl. Bayer. Julius-Maximilians-Universität Würzburg zur Erlangung der rechts- und staatswissenschaftlichen Doktorwürde vorgelegt, Zweibrücken 1905, zit. wie folgt: *Roth S.* <>

Rüffer, Fritz, *Das gewerbliche Recht des Allgemeinen Landrechts für die Preussischen Staaten vom 1. Juni 1794 und die Preussische gewerbliche Gesetzgebung von 1810 und 1811,* Geschichte - Darstellung - Vergleich, Tübingen 1903, zit. wie folgt: *Rüffer S.* <>

Ruffert, Matthias, *Subjektive Rechte im Umweltrecht der Europäischen Gemeinschaft, Unter besonderer Berücksichtigung ihrer prozessualen Durchsetzung,* Heidelberg 1996, zit. wie folgt: *Ruffert S.* <>

Saget, *Observations Du Sieur Saget,* Négociant à Toulouse, Annexées avec 15 documents, à l'Enquête de Commodo et incommodo, ouverte le 25 août 1846, Par M. Le Maire de Toulouse, d'ordre de M. le Préfet pour obtenir l'éloignement des Ateliers insalubres et incommodes de l'Usine à Gaz, qui sont contigus à sa Propriété, zit. wie folgt: *Saget S.* <>

Schelhaß, W. v., *Das Nachbarrecht nach gemeinem Rechte und heutiger Praxis,* Würzburg 1863, zit. wie folgt: *v. Schelhaß S.* <>

Schell, Wilhelm, *Die Gewerbe-Ordnung für das Deutsche Reich in der auf Grund des Gesetzes vom 1. Juli 1883 veröffentlichten Fassung nebst den zugehörigen Preußischen Gesetzen, unter Berücksichtigung der zu derselben ergangenen bundesräthlichen, ministeriellen und sonstigen Ausführungs-Verordnungen, sowie der Motive,* Mit vollständigem Sachregister, Für den praktischen Gebrauch bearbeitet, Düsseldorf 1883, zit. wie folgt: *Schell § <> S. <> Anm. <>*

Schwarze, Jürgen, *Grundlinien und neuere Entwicklungen des Verwaltungs-Rechtsschutzes in Frankreich und Deutschland,* NVwZ 1996, 22 bis 29, zit. wie folgt: *Schwarze, Grundlinien und neuere Entwicklungen des Verwaltungs-Rechtsschutzes in Frankreich und Deutschland, NVwZ 1996, 22 bis 29, S.* <>

Scott, David / Felix, Alexandra, *Principles of Administrative Law,* London 1997, zit. wie folgt: *Scott/Felix S.* <>

Serrigny, Denis, *Traité de l'Organisation, de la Compétence et de la Procédure en matière Contentieuse Administrative, Dans leurs rapports avec le droit civil,* Second Volume, Paris 1842, zit. wie folgt: *Serrigny 1. Auflage S.* <>

ders., *Traité de l'Organisation, de la Compétence et de la Procédure en matière contentieuse administrative, Dans leurs Rapports avec le droit civil,* Deuxième Édition, Troisième Volume, Paris 1865, zit. wie folgt: *Serrigny 2. Auflage S.* <>

Sewell, W. R. Derrick / O'Riordan, Timothy, *The culture of Participation in Environmental Decision-Making,* in: Albert E. Utton / W. R. Derrick Sewell / Timothy O'Riordan (Eds.), Natural Resources for a Democratic Society, Public Participation in Decision-Making, London, Seite 1 – 21, zit. wie folgt: *Sewell / O'Riordan S.* <>

Shennan, J. H., *The Parlement of Paris,* Revised paperback edition, Gloucestershire 1998, zit. wie folgt: *Shennan S.* <>

Silsoe, *Governing by Planning Inquiries,* University of Southampton, The Third CEGB Lecture, 1988, zit. wie folgt: *Silsoe, Governing by Planning Inquiry, 1988, S.*<>

Simpson, Thomas Bartlett, *Gas Works:* The Evils inseparable from their existence in populous places, and the Necessity for removing them From the Metropolis As has been done in Paris with Extracts from the daily and weekly press, and an analytical table of contents Addressed To the Peers and Commons of Parliament by Thomas Bartlett Simpson, London 1866, zit. wie folgt: *Simpson S.* <>

Skibowski, Franz, *Das Nachbarrecht nach dem Bürgerlichen Gesetzbuch für das Deutsche Reich,* Inaugural-Dissertation zur Erlangung der juristischen Doktorwürde der hohen juristischen Fakultät der Königlichen Universität zu Greifswald, Greifswald 1902, zit. wie folgt: *Skibowski S.* <>

Spencer, Frederick H., *Municipal Origins. An account of English Private Bill Legislation relating to Local Government, 1740 - 1835; With a Chapter on Private Bill Procedure,* London 1911, zit. wie folgt: *Spencer S.* <>

Stamp, Josial, *Recent tendencies Towards the Devolution of Legislative Functions to the Administration,* in: The Journal of Public Administration Issued by the Institute of Public Administration, 1924, Seite 23 bis 38, zit. wie folgt: *Stamp S.* <>

Sueur, Philippe, *Histoire du droit public francais, XVe - XVIIIe siècle, La genèse de l'État contemporain, 2 / Affirmation et crise de l'État sous l'Ancien Régime,* Paris 1994, zit. wie folgt: *Sueur S.* <>

Suskin, Maurice / Ong, David M. / Wight, Robert, *Sourcebook on Environmental Law,* London 1998, zit. wie folgt: *Suskin Sourcebook S.* <>

Tambour, Ernest, *De la Compétence en matière d'établissements dangereux, insalubres ou incommodes,* Extrait de la Revue pratique de Droit Francais (Nos. de 1er et 15 septembre 1866), 1866, zit. wie folgt: *Tambour S.* <>

Thieme, Benno, *Schutz der mit obrigkeitlicher Genehmigung errichteten gewerblichen Anlagen gegenüber dem Rechte auf Abwehr von Immissionen,* Leipzig 1909, zit. wie folgt: *Thieme S.* <>

Trebuchet, Adolphe, *Code Administratif des Établissements Dangereux, Insalubres ou Incommodes,* Paris 1832, zit. wie folgt: *Trebuchet S.* <>

Vivien, M., *Études Administratives, Deuxième Édition, Tome Second, Titre Seconde - La police,* Paris 1852, zit. wie folgt: *Vivien S.* <>

Wenz, E. M., *Verfahrensänderung zur Öffentlichkeitsbeteiligung bei der Genehmigung von umweltrelevanten Großvorhaben,* Anmerkungen zum Karlsruher Kolloquium "Die Öffentlichkeitsbeteiligung bei der Genehmigung von umweltrelevanten Großvorhaben" am 10./11. Juni im Kernforschungszentrum Karlsruhe, in: Forschungsinstitut für die öffentliche Verwaltung bei der Hochschule für Verwaltungswissenschaft Speyer und Kernforschungszentrum Karlsruhe (Abteilung für angewandte Systemanalyse) (Hrsg.), Die Öffentlichkeitsbeteiligung bei der Genehmigung von umweltrelevanten Großvorhaben - Zwischenergebnisse eines gemeinsamen Forschungsprojektes - Band 2, Speyer 1988, Seite 85 bis 98, zit. wie folgt: *Wenz S.* <>

Windscheid, Bernhard, *Lehrbuch des Pandektenrechts, 9. Auflage unter vergleichender Darstellung des deutschen bürgerlichen Rechts* bearbeitet von Theodor Kipp, in 3 Bänden, Band 2, Frankfurt am Main 1906, zit. wie folgt: *Windscheid S.* <>

Winsor, F. A., *Notice Historique sur l'Utilisation du Gaz Hydrogène pour l'Éclairage, Avec un Extrait du Procès-Verbal d'enquête faite par le Parlement d'Angleterre sur cet éclairage et l'application aux arts et métiers des produits tirés de la déstillation du charbon de terre, Par F. A. Winsor, Auteur du Système d'éclairage par le Gaz, en Angleterre, fondatuer de la Compagnie incorporée par Charte Royale, à Londres, et breveté par sa Majesté pour l'emploi de ce système en France,* Paris 1816, zit. wie folgt: *Winsor Notice Historique S.* <>

ders., *Résumé Historique et Démonstratif Sur L'Élairage Par le Gaz Hydrogène,* Paris 1824, zit. wie folgt: *Winsor Résumé Historique S.* <>

Würtenberger, Thomas, *Die Akzeptanz von Verwaltungsentscheidungen,* Baden-Baden 1996, zit wie folgt: *Würtenberger S.* <>

Archivalien

Archives Nationales (Paris)

C 711 Corps Législatif; **Extrait du Procès-verbal des séances du Corps Législatif**; Du 12 avril 1810; Le Corps Législatif arrête que le Projet de Loi concernant (Mines); présenté aujourd'hui au Corps Législatif par les Orateurs du Conseil-d'État, ainsi que le Décret impérial relatif à la présentation de ce projet de loi et de l'exposé des motifs sera communiqué à la Commission de l'intérieur, Collationné à l'original par Nous Président etc., A Paris, le 13 avril 1810, zit. wie folgt: *Motive Minen 13. April 1810 S.* <> *(C 711 Corps Législatif)*

***F7 12160,* Préfecture de Police,** Ordonnance concernant les Établissements dangereux, ou insalubres ou incommodes, Paris, le 30 novembre 1837, zit. wie folgt: Ordonnance 30.11.1837 (*F7 12160*)

***F8 93,* Contenu,** I. Circulaire du 22.11.1811, II. Ordonnance royale du 14.01.1815 et III. Ordonnance de police du 20.02.1815, IV. Problème de l'autorisation administrative, V. Rapports et projet de décret 1868-1869, VI. Pièces à Ranger dans F2 I 935, F2 I 962, Paris, le 9 Décembre 1868 / 28 janvier 1869, Note sur la Législature février 1869, zit. wie folgt: Gesetzgebungsmaterialien 9.12.1868 / 28.01.1869 (*F8 93*)

***F8 94,* Établissements dangereux, insalubres et incommodes,** Aisne - Rhin (Bas), zit. wie folgt: F8 94 (**Établissements dangereux, insalubres et incommodes,** Aisne - Rhin (Bas))

***F8 176,* Contenu,** I. Affaires contentieuses (exécution de l'art. 13 du décret du 15 octobre 1810) 1811 – 1844. II. Affaires contentieuses sans référence explicite à l'art. 13 du décret du 15 octobre 1810 1841 – 1852, III. Commission des établissements insalubres de Paris, IV. Documentation en rapport avec les Travaux de la Commission des établissements insalubres de Paris 1849 – 1857, zit. wie folgt: Schreiben des Ministers für Landwirtschaft und Handel vom 25.10.1851 (*F8 176*)

Deutsches Zentralarchiv

Ministerium des Innern, Gewerbe, Handel und Bauwesen, Acta betreffend die Vorarbeiten zu einem neuen Gewerbepolizeigesetze, 1819 bis 1823 Rep 120, B, Gewerbe Polizei, Generalia, Abth. I Fach 1 Nr. 11 (304 Blatt). zit. wie folgt: *GStA PK, I. HA Ministerium des Handels und der Gewerbe, Rep. 120 Gewerbe-*

Polizei, B Abth. <> Fach <> Nr. <> Vol. <> (Kurzbezeichnung) [Jahre], <Blatt>

Ministerium für Handel und Gewerbe, Acta, betreffend die Revision der gewerbepolizeilichen Gesetzgebung, 1831 bis 1835, Rep 120, B, Gewerbe Polizei,Generalia, Abth. I Fach 1 Nr. 1 Vol. 2 (259 Blatt), zit. wie folgt: *GStA PK, I. HA Ministerium des Handels und der Gewerbe, Rep. 120 Gewerbe-Polizei, B Abth. <> Fach <> Nr. <> Vol. <> (Kurzbezeichnung) [Jahre], <Blatt>*

Ministerium für Handel und Gewerbe, Acta, betreffend die Revision der gewerbepolizeilichen Gesetzgebung, Januar 1837 bis Mai 1837, Rep 120, B, Gewerbe Polizei, Generalia, Abth. I Fach 1 Nr. 1 Vol. 4 (327 Blatt), [Entwurf eines allgemeinen Gewerbe-Polizeigesetzes nebst Motiven, 1837, Berlin], zit. wie folgt: *GStA PK, I. HA Ministerium des Handels und der Gewerbe, Rep. 120 Gewerbe-Polizei, B Abth. <> Fach <> Nr. <> Vol. <> (Kurzbezeichnung) [Jahre], <Blatt>*

Ministerium für Handel und Gewerbe, Acta, betreffend die Revision der gewerbepolizeilichen Gesetzgebung, 1837 bis 1839, Rep 120, B, Gewerbe Polizei, Generalia, Abth. I Fach 1 Nr. 1 Vol. 5 (343 Blatt), zit. wie folgt: *GStA PK, I. HA Ministerium des Handels und der Gewerbe, Rep. 120 Gewerbe-Polizei, B Abth. <> Fach <> Nr. <> Vol. <> (Kurzbezeichnung) [Jahre], <Blatt>*

Ministerium für Handel und Gewerbe, Acta, betreffend die Revision der gewerbepolizeilichen Gesetzgebung, 1839 bis 1849, Rep 120, B, Gewerbe Polizei, Generalia, Abth. I Fach 1 Nr. 1 Vol. 1 (227 Blatt), zit. wie folgt: *GStA PK, I. HA Ministerium des Handels und der Gewerbe, Rep. 120 Gewerbe-Polizei, B Abth. <> Fach <> Nr. <> Vol. <> (Kurzbezeichnung) [Jahre], <Blatt>*

Ministerium für Handel und Gewerbe, Reform der Gewerbegesetze, Akten, betreffend die Verhandlungen des Staatsrathes über die Gewerbe- und Entschädigungsordnung vom 17.01.1845, Rep 120, BB, Abth. I Fach 1 Nr. 4 Band 1 (441 Blatt), zit. wie folgt: *GStA PK, I. HA Ministerium des Handels und der Gewerbe, Rep. 120 Gewerbe-Polizei, B Abth. <> Fach <> Nr. <> Vol. <> (Kurzbezeichnung) [Jahre], <Blatt>*

Ministerium für Handel und Gewerbe, Reform der Gewerbegesetze, Akten, betreffend die Verhandlungen des Staatsrathes über die Gewerbe- und Entschädigungsordnung vom 17.01.1845, Rep 120. BB, Abth. I Fach 1 Nr. 4 Band 2 (664 Blatt), zit. wie folgt: *GStA PK, I. HA Ministerium des Handels und der Gewerbe, Rep. 120 Gewerbe-Polizei, B Abth. <> Fach <> Nr. <> Vol. <> (Kurzbezeichnung) [Jahre], <Blatt>*

Sächsisches Hauptstaatsarchiv

Gedruckter Entwurf 1857, Specielle Erläuterungen und Bemerkungen zu dem Entwurfe einer Gewerbeordnung für Sachsen, zit. wie folgt: *Gedruckter Entwurf 1857 S.* <>

Lars Hinrichs

Die Durchsetzung der Beteiligungsrechte des Europäischen Betriebsrats

Die Umsetzung der Richtlinie 94/45/EG in das deutsche, österreichische und schwedische Arbeitsrecht

Frankfurt am Main, Berlin, Bern, Bruxelles, New York, Oxford, Wien, 2007.
335 S.
Europäische Hochschulschriften: Reihe 2, Rechtswissenschaft. Bd. 4526
ISBN 978-3-631-56148-5 · br. € 59.70*

Die gemeinschaftsrechtliche Harmonisierung erfasst im zunehmenden Maße auch das kollektive Arbeitsrecht. Im Zentrum der Harmonisierung steht insbesondere die Beteiligung der Arbeitnehmer auf betrieblicher Ebene.
Die Richtlinie 94/45/EG enthält als einer der ersten gemeinschaftsrechtlichen Rechtsakte Vorgaben für die Errichtung eines Europäischen Betriebsrats bzw. eines alternativen Unterrichtungs- und Anhörungsverfahrens in gemeinschaftsweit tätigen Unternehmen bzw. Unternehmensgruppen.
Die effektive Beteiligung des Europäischen Betriebsrats bzw. der alternativen europäischen Arbeitnehmervertretung ist dabei maßgeblich abhängig von den gerichtlichen Rechtsbehelfen zur Durchsetzung der konkreten Beteiligungsrechte. Die Arbeit untersucht die Umsetzung der Vorgaben der Richtlinie 94/45/EG für die Errichtung des Europäischen Betriebsrats bzw. der alternativen europäischen Arbeitnehmervertretung in das deutsche, österreichische und schwedische Arbeitsrecht und erörtert insbesondere Rechtsbehelfe, die der Arbeitnehmervertretung nach dem jeweiligen nationalen Arbeitsrecht zur Durchsetzung der Beteiligungsrechte zur Verfügung stehen.

Aus dem Inhalt: Vorgaben der Richtlinie 94/45/EG für die Errichtung der europäischen Arbeitnehmervertretung · Gemeinschaftsrechtliche Vorgaben für die Umsetzung einer Richtlinie in das nationale Recht · Richtlinienkonforme höchstrichterliche Rechtsfortbildung · u.v.m.

Frankfurt am Main · Berlin · Bern · Bruxelles · New York · Oxford · Wien
Auslieferung: Verlag Peter Lang AG
Moosstr. 1, CH-2542 Pieterlen
Telefax 00 41 (0) 32 / 376 17 27

*inklusive der in Deutschland gültigen Mehrwertsteuer
Preisänderungen vorbehalten

Homepage http://www.peterlang.de

FSC
www.fsc.org
MIX
Papier | Fördert gute Waldnutzung
FSC® C083411

Kolibri 360 GmbH
Ferdinand-Jühlke-Straße 7
99095 Erfurt, Deutschland
produktsicherheit@kolibri360.de

Druck:
CPI Druckdienstleistungen GmbH
im Auftrag der
Kolibri 360 GmbH
Ferdinand-Jühlke-Str. 7
99095 Erfurt